光 譜 計 畫

——幼小階段學習活動

梁雲霞　總校閱

朱　瑛　譯

Project Zero Frameworks for Early Childhood Education
Volume2

Howard Gardner
David Henry Feldman
Mara Krechevsky
General Editors

PROJECT SPECTRUM :
Early Learning Activities

Jię-Qi Chen
Editor

Emily Isberg
Mara Krechevsky
Contributing Editors

Published by Teachers College Press, 1234 Amsterdam Avenue, New York, NT10027

總校閱簡介

梁雲霞

　　政大教育系，教育研究所碩士，早期的工作生涯中，深受板橋教師研習會研究室同仁的啟發，認識課程設計與發展的歷程、理論與實務融合的精妙。後取得教育部公費留學，赴美國伊利諾大學（香檳校區）主修認知與教學，完成教育心理學博士學位。現為國立台灣海洋大學教育學程中心副教授，曾兼任該校諮商輔導組組長。近年來致力與中小學教師協同合作，發展專業成長團體，研發多元教學策略與評量活動。目前擔任基隆市深美國小課程發展指導教授、教育部多元智慧示範學校專案指導教授，並帶領基隆市中小學教師進行行動研究與國際交流。譯有「多元智慧與學生成就」、「光譜計畫：幼兒教育評量手冊」。

譯者簡介

朱瑛

學歷：英國華威大學　　延續教育研究所
　　　台北市立師範學院　幼兒教育系
經歷：幼稚園教師、園長
　　　台東師院幼兒教育系兼任講師
現職：幼稚園教師
　　　　中華醫事學院兼任講師

序

　　本書是光譜計畫工作小組自一九八四至一九九三歷時九年的研究成果。我和同事們都很感謝 Spencer Foundation、William T. Grant Foundation 及 Rockefeller Brothers Fund 等基金會對本計畫的贊助。

　　這本手冊的完成需要向許多人致謝。因著他們的協助，本書才逐漸成形而臻於完善。我僅在此向所有光譜計畫工作人員致謝，他們對兒童認知發展的研究為這本《光譜計畫：幼小階段學習活動》建立良好的基礎。我也要謝謝設計各領域活動的研究者 Roger Dempsey、Miriam Raider-Roth、Winnifred O'Toole 及 Julie Viens。他們不僅負責個別領域的活動設計，並且腦力激盪，為彼此提供寶貴的意見。

　　書中部分活動是出自 Lyle Davidson、Tom Hatch、Laurie Liebowitz、Ulla Malkus、Valerie Ramos-Ford、Larry Scripp、Janet Stork、Joseph Walters、Carey Wexler-Sherman 及 Dennis Palmer Wolf 所研發的光譜計畫──幼兒評量活動。我非常感謝他們和所有參與本計畫研究人員的貢獻。此外，還要向那些直接為本書寫稿的人致謝。他們是：Corinne Greene，約有一半「親子活動」的內容出自他的構想，並撰寫「實施學習區可能會遇到的困擾及解決辦法」；Miriam Raider-Roth，負責另外一半「親子活動」及「迷你課程」的部分。還有各領域活動設計的撰稿人：Connie Henry（數概念活動）；Emily Isberg（機械與建構活動、科學活動、社會化認知活動）；Tammy Kerouac（機械與建構活動）；Ilyse Robbins（視覺藝術活動）及 Tammy Mulligan，為社會化認知活動、科學活動和機械與建構活動提供許多意見。

　　另外，Andrea Bosch、Jill Christiansen、Jim Gray、Elise Miller 及 Ilyse Robbins Mohr 於本計畫初期，幫忙對光譜計畫在教室裡實施的情況做觀察評析。Ann Benjamin 和 Lyn Fosoli 針對各領域活動設計的初

稿提出建言。Janet Stork、Deborah Freeman、Tammy Mulligan 和 Julia Snyder 也給予我們不少高見。Ann Benjamin 為編寫教師的教學資源提供諮詢；Nancy Jo Cardillo、Meredith Eppel、Kimberly Johns、Cindy Kirby、Vanessa Trien、Ed Warburton 為活動加標題。我對他們的貢獻深表謝忱。

我也要對 Somerville 公立小學的老師 Mary Ann DeAngelis、Pam Holmes、Jean McDonagh 和 Marie Kropiwnicki 表示衷心的感謝。他們實際試驗光譜活動並給予我們坦誠珍貴的回饋。同樣謝謝前任督學 John Davis 和 Somerville 小學的教務主任 Wayne LaGue 對這項計畫的全力支持，以及 Somerville 一年級熱情參與本計畫的小朋友。

Shirley Veenema 也是我最感謝的人之一，她將原稿製作成你手中這本編排完善、兼具美觀與實用的書，並且在製作過程中監看每一頁的品質。而光譜計畫小組成員 Roger Dempsey 及 University Publisher's Office 的 Andy Winther 負責創作極具吸引力的插圖──Roger 以手繪，Andy 則以電腦畫圖。Kathy Cannon 的繪畫讓每個學習領域的首頁增色不少；視覺藝術活動篇的幾幅插圖也有相同的效果。Karen Chalfen 則負責需要細心謹慎的校對工作。

我要向 Mara Krechevsky 和 Emily Isberg 兩位編輯獻上由衷的謝忱。特別是光譜計畫的負責人 Mara，謝謝她在整個計畫進行中所表現的明智的看法、堅定的支持及鼓勵的話語。從提出構想、有效地監督實驗教學、到對整本原稿精闢的建議與評論，她的領導是這個計畫能夠成功的重要因素。

Emily 在本書最後的統整階段所展現傑出的協調能力，以及為這本書的品質所付出的心血讓我至為感佩。她以精益求精的態度及敏銳的眼光，慎重地檢閱自引言到教學資源等每個段落。她對編輯、提問、建議及改寫的敏感度讓這些各自獨立的篇章趨向整體化。

最後，要向光譜計畫的主要研究者──David Feldman 和 Howard

Gardner 的啟發、引導和支持表達最誠摯的謝意。他們的貢獻成就了這本書。

陳杰琦
Cambridge, MA

總校閱序
從零到炫麗的光譜

　　當你看到光譜計畫這個名詞時，請先想像一下，天邊的彩虹，一層層的色層，匯集成令你眼睛一亮的奇景。你是否曾經這樣的聯想：我們人類群族，每個人所擁有的獨特性，是否也像一道彩虹？當每個孩子有機會能展現他們各自擁有的潛能時，是不是也像色彩豐富的彩虹一樣？是的，光譜計畫如同它的名字一樣，它的目的希望能採用不同於傳統的智能評量方式，找出每個孩子各自獨具的多元優勢能力，並且根據這樣的優勢能力，提供合適的教育方案，讓孩子展現出獨特的光彩。

　　光彩的出現，背後是長期的支持和努力，光譜計畫也是如此。

一、從零開始

　　光譜計畫源自於哈佛大學零方案（Project Zero）研究計畫。零方案研究計畫的形成，起於一九六七年，當時哈佛大學學者 Nelson Good-man 組織了一個研究團隊，結合哈佛教育研究所中的著名學者，如 Howard Gardner 和 David Perkins 等人，共同致力於研究人類認知與發展的歷程。一九六〇年代，正是行為主義學說在教育與心理領域中最盛行的時刻，然而 Goodman 等人卻主張藝術方面的學習也是人類認知活動中的一環，應該積極地進行嚴謹的研究。同時他們體察到一個令人深思的現象，也就是，多年來（以當時六十年代的情況）這個領域中令人信服的具體研究成果仍然是「零」。因此，他們便為自己的研究計畫，取名為 Project Zero。自我期許，從零開始。

　　至今，零方案對於兒童、成人與組織的學習歷程發展方面，進行各種研究，已有三十四年的歷史。在這漫長的旅程中，零方案始終維

續著他們對藝術領域方面熱情的投入，但是也陸續地將觸角擴及到教育中的各個學科領域——不僅只關注個人的層面，也重視教室、學校和其他的教育文化組織對於研究結果的應用。

　　光譜計畫就是其中之一。這個計畫的醞釀，等待基礎理論的成熟，共花了十七年。

二、光譜的旅程

　　一九八四年，當文學家歐威爾筆下所預言的「1984」新世界，尚未來得及實現的時刻，零方案的研究團隊已經整裝進入一個新旅程。Howard Gardner 在一九八三年出版了二十世紀後期研究人類智能最具影響力的一本書「*Frame of Mind: The Theory of Multiple Intelligences*」。就研究上來看，這是人類智能發展研究上一項重要的創新想法之一，但是，最重要的，也是我要特別指出來的，人類學習歷程與發展的最佳試驗場不在大學研究室和實驗室，而是在教學現場。光譜計畫，值得國內外重視的地方，就在他走出研究室，十年的計畫過程中，他們與學校中的學生、老師、家長與社區同在一起。

　　光譜計畫在十年的努力之中，如果有歡喜收割的成果，平心而論，要歸功於兩個影響力非常深遠的見解，作為計畫推動的指導理論，其一是 Howard Gardner 的多元智慧理論，其次是，塔夫特大學 David Henry Feldman 的非泛文化理論（Nonuniversal Theory）。Feldman 不同意皮亞傑的觀點，皮亞傑認為所有的個體在發展改變上有共通的次序。然而 Feldman 主張積極的外在支持和個人的努力，才是個人認知發展上更有解釋力的影響因素。揉和這兩種觀點，使得光譜計畫在研究的設計和進行中，充滿了人文的精神。光譜計畫不僅是一個研究，而是一個充滿關懷的教育行動，他們深知自己是教育社群一份子，在研究進行中，積極回應學生的發展，學校教育目標和家長的關切。

基本上來說，從一九八四年至一九九三年間，光譜計畫的基本信念是每個孩子擁有不同能力組成的獨特剖面圖，或是智慧的光譜。而這些智慧並非是固定不變的，它們可以在充滿啟發性的材料和活動而形成的教育機會中，得到滋潤和成長。因此，這個計畫中有兩個重要的階段。第一階段為一九八四年到一九八八年。在這段時期中，研究者針對七個領域方面——語言、數學、音樂、藝術、社會理解、科學、肢體動作等，設計了相當具有開創性的評量活動，以找出孩子的獨特優勢能力。第二階段為一九八八～一九九三年，研究者將研究計畫的結果推廣到學校中。此時，他們著重四方面：(1)利用已經發展出來的評量活動，進一步修改成評量的量表；(2)設計學習中心的活動幫助孩子發展各領域中的能力；(3)將光譜的架構和兒童博物館形成合作關係；(4)以光譜計畫的方法為基礎，創設了師傅方案（Mentoring Program）。

這段十年的旅程中，分別形成了三本書：第一本：「Building on Children's Strength: The Experience of Project Spectrum（因材施教：光譜計畫的經驗）」，綜合敘述了整個計畫的歷史、研究觀點和在教室現場、兒童博物館和師傅方案的設計等。第二本書：「Project Spectrum: Early Learning Activities（光譜計畫：幼小階段學習活動）」，則詳細的收錄了他們在光譜計畫中為啟發兒童在各領域發展，所設計出的各種領域的學習活動。而第三本書「Project Spectrum: Preschool Assessment Handbook（光譜計畫：幼兒教育評量手冊）」，則細膩的描述了各個能力領域的評量活動，以及每一個活動的設計、實施、計分與結果。

同時，由於光譜計畫對於家長的關注，也了解回應家長是研究計畫中不可忽略的一部分，因此這個計畫不同於其他的研究的地方是，它也為家長編寫出各個領域的親子共做活動。研究計畫與普羅家庭的溝通，用心之深，這本書最能令人看見。

三、光譜計畫的中文現身

我在這幾年中參與教育部推動多元智慧理論本土化的研究，並且也在基隆市參與地方實驗小學的設立與課程規劃，因此非常關注 Gardner 和其研究團隊，以及其他國內外學校實施多元智慧理論的經驗。很有幸地，參與這一套書的第三冊翻譯工作，略盡一己之力。我很高興另外兩位來自幼教工作界的朋友葉嘉青老師和朱瑛老師，也不辭辛苦地擔任譯者的工作，在此也致上最高的敬意。書中的內容由於涉及七到八個領域，每位譯者都歷經了繁複的理解與查證工作，務求譯文能夠為國內教師實際參考時，不僅忠實反映原計畫的涵義，同時也讓國內讀者感覺淺顯易懂。國內有關教育書籍的翻譯，由於尚未有共識，因此向來某些名詞未能有統一的譯名。在這一系列三本書出版之前，我們也試圖盡最大的努力，將重要名詞或概念的譯名加以協調，但由於有些名詞沿用已久，若要一次更動，恐怕也讓讀者混淆，因此，在慎重考量之後，某些名詞仍然保留其譯名的彈性。我對這樣的彈性賦予正面積極的期許，希望每位閱讀者悅納我們對於譯名上的包容，每位閱讀者經由理解書中深入淺出的理論說明，活動設計的來龍去脈，結合自己的背景經驗，加以反芻，產生自己的見解和深度的應用。

國內學界與學校對於多元智慧的理論也許不再陌生，然而對於實施的部分，仍然有許多的成長空間。尤其在九年一貫課程推動之際，不論是在幼兒教育或小學階段，或中學階段，對於教學目標、課程和評量的精進方面，都有很高的需求。然而，就目前課程改革試辦和初步實施的結果來看，教學活動中固然充滿了熱情活潑的氛圍，但是真正核心的「學到帶的走的能力」和「實施多元評量」兩部分，仍然需要進一步的深思和努力。我和現場教師協同研究的經驗中，也深刻發覺，「基本理論的澄清」和「實務的研發」兩部分，是當務之急，也

急需大量有效資料的閱讀。這一系列書籍中文版的上市，正值國內教學革新的轉變之際，我深信十年長期的研究精粹，正是支持國內有心的教育工作者的最佳禮物。而這一系列書籍中所提供的理論、學習活動和評量方式，正是教師用以精進教學品質的最有利的閱讀資源。

　　最後，感謝心理出版社獨具慧眼，為這一套書長期的堅持和督促。群書喧嘩的翻譯市場中，心理出版社專業的堅持和勇氣，每位教育工作者和讀者應該給與最大的支持和掌聲。

　　　　　　　　　　　　　　　　　　　　　　　　　　　梁雲霞

譯者序

　　老師們都知道，鼓勵、讚美、肯定學生的優點，對於成功的教學是多麼重要！然而相信許多老師有這樣的經驗：在寫親子聯絡簿、期末評語或與家長溝通時，總有幾位孩子讓你很難具體描述他在班上的正面表現。這會不會是因為我們總以有限的角度看學生，以致看不到他們的潛藏天分？

　　光譜計畫就是針對這樣的學生，根據多元智慧的理論，協助老師重新認識孩子的能力和興趣的教學計畫。這個計畫的研究者相信每個孩子都有某方面獨特的天賦，並以幼稚園和小學低年級的小朋友為對象，將學習活動分為語文、數概念、肢體動作、音樂、科學、機械與建構活動、社會化認知及視覺藝術等八大領域，提供豐富多樣的學習經驗，讓孩子充分探索以發現其潛能，再善用孩子的天賦加以拓展。其最終目的是希望將學生的專長興趣，以及從事這些活動所產生的信心，和良好的自我概念，發揮在課業上，並為未來生涯作準備。本書的活動實例即是為幫助幼、小階段的老師，將多元智慧理論靈活應用在自己的班級裡而設計，為「把每個學生帶上來」的願景提出具體可行的步驟和方法。

　　讀者掌握了光譜計畫的理念之後，將會發現它與我們目前教育改革所推行的九年一貫精神不謀而合——它們皆強調了解每個學生的特質，適才適性地教學。將課程以學習領域區分，且各領域間可以相互結合、融入，讓知識可以轉化、創新，應用在實際生活中，讓學校課程和實際生活產生聯結；並以多元化、實作化、檔案式的學習評量取代傳統的紙筆測驗。老師的角色是發揮專業與創意，不斷增進教學能力，以滿足更多樣的學生需求。因此，依循光譜計畫的理論架構，可以作為落實九年一貫的具體方法。

　　此外，本書極適合新手教師做為進入教室現場的實用指南，書中對教學上可能會遇到的困難及解決辦法有詳細的說明。例如：學習區的規劃經營、各項活動的指導方式、觀察記錄的要點、學習檔案的整理、如何開始及結束一項活動、如何進行學習經驗的分享等等，讓新手教師掌握每位孩子的學習特性。

　　資深的教師也不必擔心要重新學一套知識或技巧，而感到有壓力。光譜計畫的主張並非新的教學法或理念，而是將老師原本已具有的教學知能做更有系統的整理。例如，可能有些老師們雖然知道觀察和記錄有助於對學生的了解，卻不見得永遠都很清楚地知道要觀察些什麼，因此他們的觀察對規劃學習經驗的幫助有限；或者不知如何將所蒐集的觀察記錄、學習檔案作有效的運用，化被動的觀察為主動的引導。這些疑惑均可在本書找到實用的建議，老師可依據本身實際情況、教學風格及教學對象作調整，讓學生有更多發揮的機會，老師也因而對自己的教學更有信心！

　　在譯書過程中，雖不斷反覆推敲、小心求證，仍恐有疏誤之處，尚祈先進不吝指正。在此特別向海洋大學教育學程中心的梁雲霞教授表示誠摯的謝意，感謝她提供我許多專業而寶貴的意見。最後，期盼藉著本書，協助老師「看到」每位孩子的獨特天分，幫助他們在教室裡建立自己的價值感，進而在人生中找到自己的舞台！

朱　瑛

2001 年 7 月

目　錄

科學活動 ——————————————————————75

———• 光譜計畫緒論 •———

初　探

　　進入小學一年級已經三個月了，丹尼（註1）的老師用盡了所有的方法來教導他卻仍然不見起色。他不認識字母、不能做簡單的加法，對學習活動也不感興趣。即使丹尼花了不少時間接受矯正輔導，老師還是認為他最好留級一年。

　　查理是丹尼的同學，不但各學科的表現欠佳，而且頑皮得令人頭疼。考試時他不是瞪著空白試卷發呆，就是靠在椅子上捉弄別人。

　　琳達在學期一開始就下定決心要努力用功，也一直表現得不錯。但課程進行到減法時，她就跟不上了，作業簿上盡是滿江紅。

　　丹尼、查理和琳達都在波士頓一處勞工階級的社區公立小學就讀。以傳統的標準來看，他們在學校的表現顯然令人失望。然而這樣的孩子並不少，包括四分之一以英語為第二語言並在都會區公立小學就讀的孩子，以及五分之四接受聯邦政府補助，實施補救教學計畫（Chapter I program）的小學都遇到這樣的難題。這些孩子在強調讀寫算的標準化課程中，因缺乏必備的技巧而居於劣勢。

　　但他們也許在某些學習領域特別有天分；比方音樂、肢體動作或視覺藝術等，同樣是智慧的一種表現，在職場上也是受到重視的學科。試想，若以不同的標準，而非傳統的紙筆測驗來評鑑他們的能力，他們還會是失敗的學生嗎？

註1　文中提及的學生姓名均為假名。

　　從一九八九至一九九○學年，丹尼、查理、琳達及他們的同學參與了一系列光譜計畫教學實驗的評鑑活動── 一項由 Tufts University 的 David Feldman 教授及 Harvard 零方案的 Howard Gardner 與麻州的 Somervile 公立小學所共同合作的研究發展計畫。其目的是想確定學業成績不理想的小學一年級小朋友是否具有相關的學習潛力？若將其潛力加以激發培養，是否就能改善他們的學業表現？以下是實驗結果。

　　丹尼是全班最善於拆卸與組裝食物研磨機的小朋友，也是班上少數能組合油壓幫浦的孩子之一。老師對丹尼所表現出的能力及專注力感到十分驚訝，並封他為班上的「修理專家」，讓丹尼第一次在學校體驗到了成就感和自我價值感。

　　查理則在被要求以故事板（詳見語文活動篇）創作故事時，展現了他這方面的天賦。然而學校通常以書寫的形式來衡量一個孩子的語文能力，查理因此被埋沒了。為了強化查理這項才能，老師請他和同學們製作自己的故事板，讓這個不被重視的孩子有了發揮的機會。

　　琳達在玩公車遊戲時，體驗到了學習的樂趣。這個由光譜計畫研究小組所設計的活動，目的在讓小朋友練習計算上下玩具公車的乘客人數。當琳達使用籌碼代表乘客人數時，突然領悟到：「這不就只是『拿開』嗎？」從此，她的減法有了明顯的進步，證明她真的開竅了。

　　這些例子讓我們相信光譜計畫不僅能讓孩子的潛能顯現出來，更有助於使他們投入學校課業。在每個案例中，老師重新認識了學生的能力和興趣，並調整課程內容，以充分滿足他們的學習需求。例如對丹尼，老師設置了一個關於組裝機械的學習區；對查理，老師將口語的表達能力納入語文教學的重點；而向琳達說明基本的數學概念時，必須要更講究技巧。可以想見的，和丹尼、查理、琳達有類似興趣或學習類型的同學也會因老師兼顧各領域的教學而受惠。

起　源

　　光譜計畫是在一九八四年為學前和小學低年級的孩子設計及評估課程

所發展出來的計畫。它的基本信念是認為每個孩子都有某方面獨特的本領或不同領域的智能。這些本領或智能並非固定不變的，適當的教育方式及富有啟發性的學習環境都可以擴展小朋友的能力。一旦學生的潛能被激發出來，老師就可因材施教，設計符合個人需求的課程。

這個概念是由 David Feldman 及 Howard Gardner 所主張的理論而來。在一九八三年《*Frames of Mind：The Theory of Multiple Intelligences*》這本書中，Gardner（註2）對於傳統上，心理學將智力視為一種單一能力的看法提出質疑。他認為每個人都至少擁有七項個別的智能：語言、邏輯數學、音樂、空間、肢體動覺、與他人及與內在自我的互動。每一項都有其象徵系統及問題解決的方式。

Feldman 的非普遍發展理論發表在一九八○年《*Beyond Universals in Cognitive Development*》這本書裡，他反對智力發展是每個孩子與生俱來、與生活背景和經驗無關的說法。他認為認知結構必須分別在各個領域慢慢建立起來，那是一種需要在適當環境的配合下持續進行的過程。

最初四年，光譜計畫的目標是發展評估幼稚園兒童認知能力的方法。在 Spencer 基金會的贊助下，我們的工作小組研發了一套活動（包括上述機械的裝配、故事板和公車遊戲）。當小朋友們操作工具材料、玩遊戲時，就可評量他們各方面能力的發展。這些活動並不要求小朋友以紙筆寫下答案，卻比傳統的測驗工具更能直接且廣泛地了解孩子們認知及語言等各方面的能力。本系列的另一本書《光譜計畫：幼兒教育評量手冊》對這些活動有詳盡的說明。

計畫進行到第五年，我們與 William T. Grant 基金會合作研究這些評量方式是否同樣適用於年齡較大（小學低年級）、在學校表現不佳的小朋友。他們之所以被認為「表現不佳」，是根據老師對他們的行為所作的觀察，以及他們在讀、算、寫等標準化測驗的成績所下的結論。我們和丹尼、查理、琳達分屬的兩個班級合作，設計適合他們的年齡又符合需求的

註2　Gardner 近來提出第八項智慧——自然觀察者智慧（Gardner, 1998）。

光譜計畫評量活動。經過一連串嚴格的檢驗後，我們發現這些活動的確能幫助和丹尼、查理、琳達有類似困難的小朋友發揮潛能。

一九九〇年，光譜計畫接受 Grant 基金會的贊助，與同一社區、不同學校的四個班級合作。這次的目標是想了解光譜計畫是否能在公立學校的環境下實施，提高小朋友的學業成就及適應能力。我們以評量活動為起點，蒐集並設計了語言、數學、肢體動作、音樂、科學、機械與建構、社會化認知及視覺藝術等八項領域的學習活動。除了協助孩子展現能力，這些活動也提供機會讓小朋友認識各領域的相關用具及練習基本技巧（如音樂領域中辨別音調的高低、科學領域中的觀察技巧）。我們根據參與計畫的老師們實施之後的反應和建議再加以修改，依上述八大領域分類，寫成本書。

這個研究計畫是以學習區的方式進行。學習區是一小塊劃分出來的區域，如自然區或木工區；孩子們在那兒可以使用具啓發性的教具進行活動，或個別探索。學習區每週至少開放兩次、每次兩小時。老師們仔細觀察小朋友的工作情形、做記錄並和光譜計畫的研究者共同討論，使教學內容確實符合學生的需求和興趣。

計畫進行到最後階段，根據小朋友在學習區所表現出的能力和興趣，我們已可確認十三～十五位原本被學校視為適應不良學生的專長。儘管一年的時間不足以讓孩子的成績持續改善，我們發現光譜計畫的學習經驗確實增強了他們的學習動機。當他們從事自己擅長的工作時，那種專注、自信和合作的態度是他們的老師從未見過的。

老師們著眼於學生的專長，強調學習的益處。特別對課業上處於弱勢的孩子提供正向的鼓勵，以便幫助他們將學習成效表現在課業方面。參與本計畫的每位老師就各自發展出一套創造性的教學方式，將學生的專長和其他學習領域結合起來。

另一方面，我們嘗試將光譜計畫應用到學校以外的地方。例如 Rock-efeller Brothers 基金會和我們共同策劃，利用兒童博物館及幼稚園獨特的學習環境，發展學校課程與博物館展覽的合作教學。我們還安排了師徒制課

程，讓學生有機會向具特殊專長的成人學習。這些專業人員包括公園管理員、都市計畫者、音樂家、詩人等，他們與光譜計畫研究小組討論後，每週一次到班上和小朋友分享專業知識及經驗。

在這九年裡，光譜計畫證明了它廣泛的應用範圍。我們認為不應只將它當作單一的課程或活動，而更應重視它強調激發及培養孩子各種認知能力的理論基礎。這樣的理念已讓許多老師的教學和小朋友的學習產生了關鍵性的轉變。

──────•光譜計畫理念架構•──────

掌握架構以善用活動範例

　　當我們在全國相關機構舉辦研討會時，常有老師要求我們多介紹學習區的活動。剛開始因為擔心老師們會將焦點都放在活動的本身，而忽略了形成這些活動的背景架構，或被動地期待複製現成的課程，所以我們不太願意這麼做。我們並無意讓這些活動取代系統化的教學，相反的，光譜計畫可當作聯結小朋友的好奇心和教學內容之間、孩子專長和課業要求之間、學校課程和實際生活之間的橋梁。這些活動只是幫助老師和小朋友達成上述目標的工具而已。

　　然而愈來愈多的這種要求讓我們相信，也許有些老師覺得本書所提供的活動範例能幫助他們從各種不同的角度了解學生，並滿足孩子們的需求。我們希望老師利用這些活動實例，將授課內容與學習評量作最適當的結合，或作為輔助工具，拓展到以往較少觸及的教學範疇。更希望藉由這些例子拋磚引玉，激發老師新的構想，幫助那些受困於傳統評量標準的孩子。我們鼓勵老師依據本身的實際情況、教學風格及教學對象，將這些例子做適當修改，靈活運用。

　　還有一點我們要聲明的，本書所介紹的活動範例大部分是由光譜計畫研究小組所設計的（包括從《光譜計畫：幼兒教育評量手冊》所延伸出來的活動），其他則改編自現有的教學資源。我們刻意選擇較為普遍的活動，是希望老師了解他們並不需要重新學一套知識或技巧，只要將光譜計畫的精神和觀念（在下面的篇幅中會有詳盡的說明）融入既有的課程中即可。我們希望老師嘗試各種方式達到這個目的，更深入地了解他們的學生，孩子們也能更熱中於學校課業，並從中得到肯定。

再次強調這些活動不應被單獨看待，而應從其整體架構的背景來理解；它包含四個步驟：(1)提供孩子寬廣的學習領域；(2)發現孩子的潛能；(3)培養孩子的專長；(4)拓展孩子的專長。

提供孩子寬廣的學習領域

根據多元智慧的理論，每個人都會在某方面有特別的能力，只是程度互異。這大概是因為遺傳和環境的關係。豐富的教育經驗對發展個人能力和興趣有重大的影響。學生的學業成績不佳並不代表他們一無所長，像丹尼裝配器具時就有相當傑出的表現。光譜計畫就是試圖讓這樣的學生和以課業表現取勝的孩子一樣，有被肯定的機會。

令人深思的是，肢體動覺、空間概念和人際互動這些被學校正規課程所忽略的能力，可能是職場上所重視的。例如，不是只有足球選手或其他運動員以動作知覺來解決問題或謀生，裝配機具的技術人員、外科醫生、演員、木匠、雕刻師等從業人員也同樣需要運用到這項能力；而領航員、建築師和工程師則需要良好的空間概念；對教師、行銷人員等行業而言，了解他人，與人合作、協商及說服別人的能力幾乎決定工作的成敗。所以說，一個重視並培養各方面能力的教育體系不但能幫助學生，整個社會也因此受惠。

為擴大孩子的學習範圍，光譜計畫特別強調從實際生活中學習，為扮演成功的成人角色作準備，尤其是職場上所需要的技能。例如，為促進口語的表達能力，也許會請小朋友像電視記者那樣作訪問；讓孩子練習寫信或出版班級詩集以發展寫作能力；數學活動會讓孩子練習開商店、找零錢，或發明不同方法來測量做餅乾的各種成分的分量……總之，將學校所學應用在日常生活中。

光譜計畫有系統地將語言、數學、肢體動作、音樂、科學、機械與建構、社會化認知及視覺藝術等八項領域融入學習區的活動裡。它們是由 Gardner 及 Feldman 的理論轉化為適合小學低年級學童的活動型式。光譜計畫的學習領域可說是為學校課程而設計的，它幫助老師能較順利地將學習

區的活動與教學計畫合併。

　　智力發展與學習領域的概念密切相關卻又不盡相同。智力是指解決問題的能力，或創造特定文化或社會中所重視的作品的能力，它是生物上的潛能，受到文化及教育很大的影響；學習領域則是某種文化裡的知識主體，例如數學、藝術、籃球運動或醫學。在某一領域的表現也許需要一種或一種以上的智能，例如小朋友在音樂活動彈奏自製樂器，就需要運用到音樂及肢體動作方面的能力；同樣的，一項才能也可以應用在不同的領域，例如孩子運用空間概念思考如何以槓桿原理移動物體（機械與建構），而在創作線畫（視覺藝術）時，也需要應用到這項能力。

　　學習區是為了讓每位小朋友有均等的機會去探索八大領域的學習材料而設計。對有些孩子來說，直接操作這些學習材料讓他們有機會展示無法藉由紙筆測驗表現出來的能力，如辨認音調或搭一座高塔。有的小朋友在家裡缺乏著色用具或積木，而透過學習區供應的材料可以讓孩子發現他們可能深感興趣或十分拿手的學習天地。

　　有些老師指出他們的學校沒有足夠的經費購買這本書中所使用的教具。這些老師其實可以利用各種替代物品，只要能達到相同的目標即可，並讓孩子有機會探索以往沒有接觸過的學習領域。我們建議老師可以向家長徵求這些用品，從淘汰的計算機到塑膠容器，或尋求其他管道，如資源回收中心、兒童博物館、折扣商店等。在這裡我們必須要強調：這些用具的本身並不重要，重要的是老師如何運用這些材料使小朋友主動參與學習，以便觀察和了解學生。

　　有些老師則問我們光譜計畫與其他啟發式的教學方法有何不同。其實它們在某些方面有共同的特性：例如利用各種隨手可得的材料、各種學習區及強調自主學習。光譜計畫最主要的特色是學習領域的多樣性，及系統化地激發及增強學生的專長和興趣。依循光譜計畫的理論架構，老師得以不斷增進他們的教學能力，以滿足更寬廣、多樣的學生需求。

發現孩子的潛能

　　某個小朋友不斷地在教室裡哼哼唱唱。一位老師心想：「真煩人！為什麼麥克就不能專心工作，不要再搗蛋了！」另一位老師則想：「麥克似乎對音樂頗有興趣。或許我可以將計算遊戲和音樂結合，設計一個活動，或利用一首歌曲講解課程，以抓住他的注意力。」第二位老師不但沒有將焦點都放在學生的缺點或弱點上，反而努力試著肯定學生的能力和興趣，並予以增強，提供他們表現的機會。這就是光譜計畫的精神所在。我們深信，不論是從全班整體的角度，或從個人的學習記錄來看，每個孩子都有其長處。

　　老師可藉由正式的評量或隨機的觀察（如上例）來辨識孩子的專長。孩子的學習是不斷前進的過程，是可以加以評估的。當評量工作自然地融入學習環境中，老師就能隨時觀察孩子在各種情境下的表現。這樣的觀察能夠蒐集到孩子表現能力的各種實例，記錄孩子在某個或各個學習領域所表現出的動態及變化，以便能準確地建立孩子各方面發展情形的資料。

　　光譜計畫也將教學和評量活動結合在一起。每個孩子都帶著不同的生活經驗和教育背景進入學校，當老師評估學生處理某個課題的能力時，也能同時了解孩子對該學習領域的熟悉程度及舊經驗。舉例來說，若小朋友過去少有機會使用美勞材料，可能就比較不會在藝術創作方面有特別的表現，因此，當孩子首次接觸某個學習領域時，需要充分的時間自由地摸索、試驗相關用具。孩子所進行的結構性活動愈是能達到教學和評量上的目的，孩子就愈能夠熟練地運用工具和材料，老師也才能觀察他們持續的工作表現。

　　許多老師都是經由非正式的觀察了解學生，但他們並不是永遠都很清楚地知道要觀察些什麼，因此他們的觀察對規劃學習經驗的幫助有限。光譜計畫主張在特定範圍內，具體明確的觀察對於蒐集有用的資訊最有幫助，例如觀察動作知覺的發展時，老師也許會比較孩子書寫和堆積木時所運用的動作知覺技巧是否不同。欲了解小朋友與同伴的互動情形，老師應

注意他們在團體中所扮演的社會角色（領導者、照顧者或友伴關係）。

為協助老師作特定範圍的具體觀察，我們為每項領域設計出一套對完成該領域的工作有決定性影響的「關鍵能力」。如數學領域的數字推理及邏輯概念；或肢體動作領域的肢體控制及對節奏的敏銳度。它們是根據臨床研究、參考文獻、訪問實務工作者所發展而成的，分別列舉在本書每項領域的簡介之後。

老師們和光譜計畫研究小組根據學生在學習區所展現的能力和興趣來判斷他們的專長所在。從孩子選擇某個學習區的頻率及在該區活動時間的長短可窺知其興趣喜好。而觀察學生「關鍵能力」的表現可了解他是否能勝任該工作。這些「關鍵能力」必須相當具體，使老師能夠從中分析判斷學生的表現，及了解他們在特定領域的程度。老師可以利用這個評量清單，很快記下小朋友在學習區獨立工作的情形，並當作下次設計課程的參考。

「關鍵能力」也可以應用在其他方面。如教學研討或家長座談會時，用來分析或回顧學生的學習記錄。與其籠統地說：「湯姆這一年在藝術方面進步很多！」不如具體說明他這方面的特殊表現，像是顏色的運用、空間的安排、呈現的技巧等（請參見視覺藝術篇）。

除了在評量的過程中探尋孩子的潛能，我們也對他們的「工作風格」作了一番研究。表一是光譜計畫研究人員用來觀察學前幼童的工作風格檢核表。我們使用「工作風格」一詞來描述小朋友在某個學習領域進行活動的態度和方式，看他是否顯露出持續的專注力、自信心，還是容易分心？這項觀察的重點是孩子活動的過程而非結果。

我們的研究指出，小朋友的工作類型會依活動內容而不同：擅長科學活動的孩子很可能在操作實驗時展現驚人的耐心，但玩跳房子時就顯得提不起勁了。釐清學生在某一項活動所遇到的困難，是根源於他的「工作風格」或活動內容，有助於老師作個別化的指導。例如老師可以觀察孩子在哪些方面需要非常明確的說明，以協助他能夠主動、獨立地工作，或了解孩子在哪些情況下容易分心，而安排較容易完成的工作。

培養孩子的專長

　　一旦確認了孩子的專長，老師便可提供支持，促進並發展該項潛能。他們接受每位學生的個別差異，並發展適當的教學方式及布置合宜的學習環境，儘可能讓孩子以他們自己的步調學習。這些老師每天安排一段時間讓孩子依照自己的興趣選擇學習活動，或指定開放式的作業（如說或寫一個故事、用牙籤做造型等等），讓學生展現各種才能，成功地完成任務。他們還備妥各式各樣的學習材料，例如在閱讀區放置難易程度不一的書籍，讓孩子依自己的閱讀能力作選擇。

　　光譜計畫鼓勵老師更進一步將既定的課程與班上學生的能力興趣等特質加以整合，例如不僅提供孩子現有的材料，也要因應他們的喜好，蒐集相關教具。如果小朋友對機械方面很有興趣，老師就可提供較多這方面的工具、器具及建構材料，鼓勵他更深入的研究。老師可以利用「關鍵能力」作為依據，設計適合的活動以促進學生能力、知識和技巧的發展。

　　老師也可以試試其他的策略，不但擴展孩子的技巧，還讓他們感受到成功和被肯定的快樂。其中一個方法就是請孩子在他所擅長的活動項目擔任小老師；他可以引導小朋友到學習區、示範操作方式、解答一般性的疑問、收拾整理教具、培訓下一位小老師。當孩子承擔責任、應用技巧、受到正面鼓勵，無形中也提升了他的能力。

　　學生的優異表現別忘了和家長分享。以本身的經驗來說，我們注意到幾位小朋友在科學、視覺藝術、音樂、社會發展等方面的特殊能力，但學校老師和家長以前都沒有發現；了解孩子的專長後，家長們可以給予鼓勵、強化這項優點，如提供孩子照顧花園的機會、參觀博物館或參加音樂課程等。老師不妨建議家長和孩子一起從事他們感興趣的活動，如本書每個學習領域後面所附的「親子活動」就是很好的例子。

　　必須要強調的是，培育孩子的專長並不意味著為孩子「貼標籤」，或限制他們在其他領域的學習機會。一個被認定為熱心服務的孩子不應被期待會隨時理所當然地幫助別人，而對語言能力強的孩子則應鼓勵她試著接

觸其他領域。廣泛的學習經驗讓孩子充分顯露和發展他們的潛力和興趣。在這樣的架構下，彰顯及增強孩子的優點能幫助他們發展自信和自尊，並能認同學校、喜歡上學。

拓展孩子的專長

光譜計畫的最後一個階段是將孩子的成功經驗擴展到更寬廣的學習範疇。我們認為熟練各項基本技巧在幼小階段是非常重要的。目前從小學到高中的課程是建立在學生已經掌握了某些基本原理的假設上，而那些未達此程度的孩子則將經歷與日俱增的挫敗感。然而我們相信一定還有其他的方法可以習得這些基本能力。有些孩子可以藉由反覆的訓練克服閱讀或數學上的困難；有些孩子則可能較適合其他的方法，如：將基本能力與小朋友覺得好玩、有意義的事物結合，以激發他們的學習動機。

欲擴展孩子的能力有許多方法，包括：(1)引導孩子發現能夠吸引他的世界，從中享受學習的樂趣，得到自我肯定。這樣的成功經驗讓孩子產生自信，有勇氣向不同的學習領域探索。(2)孩子對於喜愛的學習活動所表現出的態度，能幫助他投入較有挑戰性的學習項目。例如對音樂有興趣的小朋友會覺得和音樂有關聯的活動都很有趣。(3)將孩子所擅長的活動內容延伸到其他領域，特別是學校課程所要求的技能。比方請在機械建構方面有專長的小朋友閱讀或寫出這方面的文章。(4)在某方面的基本能力可以應用在其他領域。像是在音樂領域表現出很有節奏感的小朋友，對語文或肢體活動的節奏也會有相當敏銳的反應。

我們相信這樣的策略不但適用於個人，也適用於全班。例如一個班級也許有許多孩子對汽車、貨車或各式工具有興趣；另一個班級的小朋友則特別喜歡肢體動作方面的活動。第二個班級的老師可以鼓勵學生以身體、麵糰、顏料做出字母的形狀；演出他們正在討論的詩或故事；使用故事板或其他操作性教具創作故事。老師不妨指定與運動家或體育有關的故事作為閱讀作業，以引起學生的興趣；或將這些書籍放置在教室裡，供學生取閱。換言之，這位老師以他對班上具體敏銳的觀察，誘導學生致力於既定

的課程規劃，進行學習活動。

　　當學生遇到一個有趣、有意義的問題時，就會引發他們的學習動機，以解決該問題。例如孩子想要種菜，就會去閱讀種子包裝上的說明、測量栽種每棵菜苗的距離。但此時大人必須扮演積極的角色給予支持、提供協助。我們和其他研究者（Cohen, 1990）的經驗顯示，學生運用材料、研究問題，只能讓他們參與，不見得能從中發展新的能力和技巧。他們也不一定懂得如何將專長應用在不同的領域。老師必須示範各種工具或材料的使用方法、提出問題引導他們思考並應用在工作上、在他們感到困惑時予以指導、運用不同的教學方法引導學生掌握活動或課程所需的觀念和技巧。幫助學生拓展能力顯然需要老師付出更多的時間和努力，但老師和學生都能因此得到成就感，不是很值得嗎？

表一：觀察單

學生姓名：	觀察者：
活動項目：	觀察日期：

請選出下列哪一項形容最符合你對孩子的觀察（每組只選一項）。請在觀察當時做這項記錄，並寫下你的看法和說明；對孩子進行該活動的態度或過程作簡短、概略性的描述。表現優良的部分以星號（＊）表示。

學生表現		說明
易於投入工作	＿＿＿＿＿＿＿	
勉強參與活動	＿＿＿＿＿＿＿	
有自信的	＿＿＿＿＿＿＿	
躊躇不前	＿＿＿＿＿＿＿	
愉悅的	＿＿＿＿＿＿＿	
認真嚴肅	＿＿＿＿＿＿＿	
專注的	＿＿＿＿＿＿＿	
容易分心	＿＿＿＿＿＿＿	

有恆心的　　　　　　　　　　＿＿＿＿＿＿

易挫折　　　　　　　　　　　＿＿＿＿＿＿

衝動的　　　　　　　　　　　＿＿＿＿＿＿

深思熟慮的　　　　　　　　　＿＿＿＿＿＿

傾向於慢慢地做　　　　　　　＿＿＿＿＿＿

傾向於趕快做完　　　　　　　＿＿＿＿＿＿

健談的　　　　　　　　　　　＿＿＿＿＿＿

安靜的　　　　　　　　　　　＿＿＿＿＿＿

偏好視覺線索＿＿＿＿聽覺線索＿＿＿＿動覺線索＿＿＿＿

表現出有計畫的做事態度　　　　＿＿＿＿

把個人的專長用到活動中來　　　＿＿＿＿

能在學習內容中得到樂趣　　　　＿＿＿＿

能以創造性的方式使用學習材料　＿＿＿＿

能從工作中得到成就感　　　　　＿＿＿＿

注意細節，觀察敏銳　　　　　　＿＿＿＿

對材料感到好奇　　　　　　　　＿＿＿＿

除了「正確答案」外，還關心其他層面的事情　　＿＿＿＿

注重和成人的互動　　　　　　　＿＿＿＿

───• 光譜計畫與你的班級 •───

導　讀

　　如同先前所提到的，本書是由語言、數學、肢體動作、音樂、科學、機械與建構、社會化認知及視覺藝術等八大領域所組成。這些活動是根據我們在一九八九～一九九○年，專爲改善波士頓地區公立小學一年級、學業表現欠佳的孩子所研究發展出來的。其目的並不是作爲整學期的課程範本，也不是要求小朋友對這八大領域作深入、全面性的探究，而是提供各類活動形態的實例，讓老師得以從中發覺並增強每位學生的特殊才能。

　　這八大領域各包含十五～二十項活動。它們具有下列特性：(1)反映出多方面的智力；(2)突顯或激發特定領域的基本能力；(3)能夠應用在實際生活中；(4)具有彈性，讓老師能夠因材施教。

　　大致上，每個領域包括了自由探索及結構性的活動。部分結構性活動需要應用到某些技巧，用意在讓孩子有機會試著去完成他們能力範圍之內，或稍微超出目前能力的任務；另有些結構性的活動將小朋友多樣的學習經驗和課程目標結合在一起，例如請小朋友將組裝機械的經驗以書面的型式發表出來，因而讓他們有機會練習寫作技巧。

　　這八類學習領域皆以一致的編排方式呈現：首先對該領域作一簡要的介紹，內容尚包括對導入階段的建議；接著說明該領域所需的基本能力及專爲光譜計畫所設計的教具，例如數學領域的「公車遊戲」，或語文及社會化認知領域的「玩具電視機」；最後就是活動內容了。

　　我們列出每個活動的目標、核心構成要素（完成該活動所需的基本能力）、教學資源及詳盡的步驟說明。在活動的最後大多附有「給老師的話」，建議該活動可如何加以延伸變化或視情況作修正。此外，這些活動

的設計也兼顧了老師在教學及評量上的需要。當孩子進行工作時，老師可將每個活動所列出的核心構成要素，作爲觀察和記錄學生在各個領域所表現興趣及能力的依據。爲了追蹤學生的發展，每個領域的活動都是根據其所需的基本能力循序漸進來編排的；但只有科學領域除外，它是以實施數週或數月的長期活動及短期活動所組成的。

　　爲了幫助老師有效地督導活動的進行，我們將活動方式分成下列四種形態：

- **學生導向的小團體活動**：老師作簡要的說明和示範後，小朋友們四～六人成一組，個別或集體地完成活動。
- **教師導向的小團體活動**：老師和一小組的孩子們一起進行活動，其餘的小朋友們則從事不需指導的工作。
- **學生導向的大團體活動**：老師介紹活動內容，然後所有或半數以上的小朋友個別或集體地著手進行。老師在場固然重要，但對活動的實施並非必要。
- **教師導向的大團體活動**：整個班級在老師的指導下進行活動。在這類活動中，老師的參與對學生能否順利完成任務有相當程度的影響。

　　在每個領域的最後，我們安排了「親子活動」，讓學生家長也有機會發現、培育孩子的長處。這些作業大多配合學校活動而設計，希望孩子在家裡也能練習並增強相關的技巧和概念。親子活動的說明方式與前述課堂活動類似，列出學習目標、所需材料及程序步驟；大部分材料都是家中容易取得的。

實施方式

　　光譜計畫是根據多元智慧的相關理論而來，以不同的學習方式表現孩子各種型式的能力。它可以融合在各種不同的教學法中。雖然我們在這裡採用的是學習區，讓孩子探索特定領域的知識，老師們還可將光譜計畫的概念和活動與其他教學法結合，應用在他們的課程中。事實上，令人最感

興奮的是，許多不同地區的老師和學校已將光譜計畫本土化，使之符合當地社區的獨特需求。

　　老師們或許會想要添加一些光譜計畫的活動來豐富他們的課程。如果注意到小朋友對掌握某個概念有困難時，最好變換其他方式來傳達這個概念，例如運用肢體動作、音樂、藝術等領域的活動。仔細觀察學生的反應，以找出最適合個人或班級的方法。

　　將光譜計畫稍作調整可輔助主題教學的實施。它提供一個架構幫助老師在安排主題單元時更注意到孩子各方面的能力，例如一年級老師Tammy Muiligan 建議我們，可以將科學領域中的「做麵包」活動當作以麵包為主題的學習起點。孩子們透過設計實驗，驗證使麵包變得蓬鬆的各種假設，以了解研究科學的方法。當孩子們操作實驗時，需要運用到肢體動作，練習閱讀和數學技巧來了解指示說明及記錄實驗結果，與同伴合作時可發展社交能力；小朋友蒐集家庭食譜時，無形中增加了社會化認知方面的經驗，認識不同文化所食用的麵包種類。最後，孩子們也許會想要開個麵包店、製作標籤和其他的裝飾品、計算每條麵包的售價、找多少零錢等等，將活動帶到最高潮。這些活動加強了小朋友對麵包製作過程的認識，與他們的實際生活經驗產生聯結。

　　社會化認知領域中，「醫院」這個活動也很適合發展主題教學。老師可以協助小朋友將扮演區或教室裡其他的角落布置成醫院，請家長提供相關道具，孩子們可以設計並演出發生在醫院的劇情；嘗試聽診器、紗布及其他醫療用品的使用方法；發明讓久病在床的病人呼叫護士或方便他們自行拿取物品的裝置。藉由參訪醫院、與醫院人員的訪談，小朋友們可能開始建立生涯的觀念，想像在醫院工作是怎樣的景況。他們或許對閱讀相關的故事書感到興趣，甚至創作故事、圖畫或歌曲，將學到的知識和經驗表現出來。

　　我們想強調的是，並不是每個主題教學都需要涵蓋八大領域的知識和能力。這些活動的作用在加深孩子對所面臨課題的了解及提供入門的方法。若某個領域無法在一個課程單元中作深度的探討，老師就必須想辦法

在下個單元中特別加強。

　　就某種程度上來說，為了讓所有的領域至少在一開始的時候都能分配到均等的練習機會，我們決定採用學習區的教學模式。學習區提供小朋友一個有效的方式來認識各領域的基本原則。我們深信每個領域本身都應當被視為知識的主體加以探究，而不應只是當作呈現教材的工具。在光譜計畫的教室裡，老師利用幾張桌子、櫃子、或角落布置成學習區。如果缺乏足夠的空間，可以將學習區的教具放在盒子裡，方便小朋友取用和收拾。

　　老師們或許還有許多實施光譜計畫的作法，我們也很有興趣知道。有些老師說不定打算將光譜計畫與前面討論過的教學法結合，例如一位參與我們這個計畫的老師就以學習區來輔助主題教學。在天文學的單元中，她在語文區準備了故事板讓孩子用來發表有關外太空的故事，並鼓勵他們以各種外太空探險的主題互相進行訪問。

學習區的規劃經營

　　雖然學習區的設置在許多學前階段的教室裡十分普遍，但對有些一年級的小朋友來說可是全然陌生的。很多國小老師向這些小朋友介紹學習區時，幾乎都面臨管理上的難題，像是個別活動的常規維持、活動的銜接與轉換、同時籌劃多項新活動等等（見表二，第26頁）。我們也發現光譜計畫在小一教室的實施初期，管理上的問題的確消耗掉老師們不少時間和精力。

　　為了讓實施過程能夠順利些，我們很樂意就我們的經驗中所經常遭遇的困難，及參與計畫的老師、研究者們共同整理出的解決方法與大家分享。請將這些方法視為「訣竅」而非「規則」。儘管這些狀況發生在學習區，也同樣適用於其他各種教學形態，例如讓過去習慣個別活動的小朋友嘗試進行合作性活動。

　　●**適應階段**：在小朋友們對獨立工作能夠應付自如以前，適應階段可能必須持續數月。這段時間裡，老師們可以一連串的團體討論讓孩子認識各學習區的教具，並說明基本概念、程序和規則。緊接著安

排小朋友親自操作這些教具。本階段最適宜以教師導向的大團體活動進行，因為此時會比稍後的活動更需要老師的指導。

　　適應階段的目的有三：第一，讓孩子熟悉活動的程序步驟。第二，讓孩子們在正式進行活動之前，有機會對各領域的活動做概略性的認識。第三，老師可藉此初步了解孩子的能力和興趣。

　　●**活動實施**：適應階段之後，老師們可視自己班上的情況以各種方式進行學習區的活動。在光譜計畫的教室裡，老師至少一週兩次開放二～四個學習區、每次兩小時。此外，在自由探索時間、下課時間、早上課程開始前、放學後等時段或較早完成工作的小朋友，都可以進行學習區的活動。

　　老師可利用學習區幫助孩子從不同角度探討正在進行的教學單元，或提供資源作課餘的補充；也可以趁其他小朋友在進行適應階段所介紹過的活動時，向一小組學生說明新活動的內容。最後，不妨邀請相關專業人員或學生家長協助指導學習區的活動，如藝術或音樂區。

　　在適應階段，老師也許會指派小朋友到特定的學習區。當孩子熟悉各學習區的內容及活動方式後，就可以慢慢讓他們自己選擇喜歡的活動。這樣做的目的是為了讓孩子們有機會探索各個領域。當小朋友們能夠獨自進行活動後，老師就可以巡視並觀察各學習區的活動情形，隨時給予指導。

　　●**教室規劃**：儘可能在教室裡規劃學習區，以便對各領域作廣泛的探討。各學習區最好包括工作檯、展示空間及收納教具的櫥櫃。為了使小朋友容易辨識及收拾分類，可用不同的顏色來代表不同的學習區。

　　在動線的考量上，科學區及藝術區宜靠近水龍頭，方便孩子清洗整理；語文及社會化認知類則可以合併，因為它們的內容相關、教具可共用。同樣的，肢體動作及音樂領域也可以合併，它們都需要用到錄音機和樂器。所以如果空間夠大，最好將這個區與其他的學習區隔開一些，以降低聲音的相互干擾。

　　●**制定規則**：若老師能夠在一開始的時候提供清楚的說明和一套學習

區的使用規則，將有助於培養孩子「自己作決定」和「自我管理」的能力，達成教育的終極目標。老師和小朋友們最好在適應階段一起討論出每個學習區的使用規則。同時提醒孩子規則的制定是為了使工作或遊戲順利進行，假如某項規則不合宜，可以再重新討論。

所謂規則，通常包括安全、分享材料、輪流、參與人數的限制、降低噪音和收拾整理等。針對各學習區的個別規定則可公布於該區內。

- ●迷你課程：對一位老師來說，要組織、指導和支持二十位以上從事不同活動性質的小朋友是一件高難度的事。因此，當學期初教室管理上的問題開始浮現的時候就必須有效地加以處理。在《*The Art of Teaching Writing*》（1986）一書中，Lucy Calkins 則建議以「迷你課程」作為解決教室管理問題的方式之一。

迷你課程通常是五～十分鐘、針對有關學習區特定主題的討論或示範。這樣的討論可以幫助孩子復習規則和步驟，並了解自己在學習過程中的角色。老師們可以請孩子思考下列問題，以激發他們的參與感及責任感：你怎麼知道你完成了一件工作？完成工作後你會做什麼？在學習區裡大家如何互相幫忙？有關迷你課程的例子請見表三（第27～29頁）。

- ●小老師與互助學習：老師可培養小朋友們輪流擔任小老師。其工作包括：引導小朋友到學習區、提醒他們簽到、回答他們的疑問、整理工作材料及收拾、教導下一位小老師的服務內容。這種經驗幫助孩子體認到自己是能幹的、有用的，進而增加他們的自尊心。老師也可以依孩子的專長，讓他們帶領整個活動的進行，或由每位小朋友輪流擔任這個角色。

除了訓練小老師之外，也可以在學習區進行互助型學習。如同 Robert Slavin 在《*Cooperative Learning: Theory, Research, and Practice*》（1990）一書中所主張，互助型學習是一種教學策略，安排小朋友們參與小組活動可以促進他們彼此積極互動的能力。因為在這樣的情境中，小朋友們必須借助每位小組成員的知識、協助和鼓勵才能達成共同目標。而這也正是學習區的教學形態或本書所安排的內容所強調的重點。

●**分享時間**：我們發現在光譜計畫的活動最後留一段時間作回顧和檢討是非常重要的。檢討可以個人化的方式進行；畫一張圖、寫一個句子或短篇學習心得。老師也可以偶爾撥出五～十分鐘作為分享時間。其內容不只是「展示和說明」，更重要的是讓小朋友有機會欣賞和觀摩別人的作品、提出問題並討論、進而產生新點子，於下次活動時將之付諸實行。藉由「分享」能夠幫助孩子們整理想法和經驗、比較自己與他人的假設和觀念，並加以驗證。

　　第一次進行分享時，老師也許需要花一點時間討論規則。這些討論是不可忽視的，包括：(1)如何提出清楚、有建設性的問題？(2)為什麼別人發表時必須專心傾聽？(3)如何表達自己的意見而不傷害到他人心理的感受？

記錄孩子的表現

　　光譜計畫最大的特點就是堅信每位孩子都有他獨特的表現能力的方式，因此，欲使光譜計畫有效地發揮功能，關鍵就在發現並記錄孩子的長處。前述「發現孩子的潛能」一節也提及，本書每篇前面所列出的「關鍵能力」能協助老師明確地觀察小朋友的興趣、能力及面對各種課題時所持的態度。

●**老師的觀察**：做觀察記錄相當費時，我們鼓勵老師就自己的教學經驗設計一套簡單明瞭的標記法。表四（第29頁）的格式可供大家參考。另一個值得一試的方法是將便利貼貼在寫字夾板上，每張只做一份記錄，然後依學習領域分類，直接放入孩子的檔案裡。如果有充分資源的話，其他的方式還包括錄音、照相、拍錄影帶等。這些方法所蒐集來的資料在整理孩子的檔案、與家長晤談或作教育研究時都相當有幫助。

　　一段時間以後，老師應評估每位小朋友在各領域的學習情形。有關透過活動來評量和記錄孩子表現的相關資料請參考本系列的另一本書——《光譜計畫：幼兒教育評量手冊》。雖然書中的活動是為學前階段的孩子而設計，如果老師認為某些個別的狀況適合較正式的評量法，那麼只需將

這些活動稍加修改，也能適用於年齡較大的小朋友。

●**學習檔案**：將小朋友的努力成果、能力、進步情形及在某些領域的
傑出表現做有系統的蒐集整理也是一種記錄的方式。不同於一般標
準化的評量法只能掌握實施評量當時的成績，學習檔案能夠為孩子
一年來的進展動態留下記錄。在《*Portfolio Practices: Thinking
Through the Assesssment of Children's Work*》（1997）這本書裡，研
究者 Steve Seidel 和 Joseph Walters 認為學習檔案能從孩子們本身所
提供的資料中成形，藉由美勞創作、歌謠、黏土創作或其他作品的
形式表現出來，更說明了孩子是學習的主體。另外，不妨利用製作
學習檔案的機會，讓小朋友參與篩選作品的過程。

Samuel Meisels 在《*The Work Sampling System*》（1993）一書中，建
議小朋友的學習檔案裡應包含兩種作品：共同項目及個別項目。共同項目
是指全部小朋友以相同主題在不同時間、情境所完成的代表不同領域的作
品，這類作品至少一學年蒐集三次，作為比較團體表現及追蹤個人進步情
形的依據；個別項目則是二～三項在某個或某些領域的額外作品。孩子們
各以不同的題材和型式表現這類作品，老師也可藉此了解每位小朋友獨特
的喜好及能力。

改善孩子的學科表現

發現並記錄優良表現對於幫助有課業危機的小朋友特別重要。當這些
孩子有機會向更寬廣的學習天地探索時，他們的技巧和能力，會比在較傳
統的課程中更容易發揮出來。培養孩子的優點並重視學生的正面表現，為
那些因課業表現欠佳而不被看好的孩子提供了另一條充滿希望的出路，並
且讓老師能運用不同的方法幫助他們發展基本能力。

事實上，光譜計畫的長程目標之一，是藉由班級的支持氣氛和提升老
師及早處理小朋友課業危機的能力，以減少特殊照顧的需求。然而，光譜
計畫也並非適用於所有的情況——假如學校的發展方向或老師本身的教學
理念比較強調課業成績，那麼光譜計畫可能就不適合；此外，對於因為嚴

重情緒上、生理上的問題或學習障礙而導致學業不良的小朋友，光譜計畫恐怕也沒辦法發揮其功能。體認到這些限制，才能將光譜計畫做最適當的運用。

　　總之，我們希望光譜計畫所提出的構想和作法能有效地幫助老師輔導各有不同優缺點、興趣和行為的學生。我們更期望像丹尼、查理和琳達這樣的小朋友也能享受學習的樂趣，並視自己為主動、積極、成功的學習者。

表二：實施學習區可能會遇到的困擾及解決辦法

困擾：小朋友不習慣在沒有老師的陪伴下進行活動。

解決辦法：

- 在孩子進行個別活動以前，先和老師或小老師一起做一次。
- 謹慎地挑選小老師。
- 安排小朋友和他人合作，學習和不同個性的人相處。
- 讓全班進行光譜計畫活動，老師保持機動性，以便掌握各學習區的狀況，隨時提供支援。
- 限制學生們可以自由選擇的活動項目。
- 活動規則及活動的結束必須清楚明確。

困擾：介紹新活動太費時。

解決辦法：

- 讓全班每次只進行一個領域的活動。
- 每次只介紹一個新的活動。
- 繼續開放幾個小朋友喜歡且熟悉的學習區。
- 從你已經有現成材料的活動開始。

困擾：實施學習區的準備工作太繁瑣。

解決辦法：

- 逐步介紹各學習區，能充分掌握一個學習區之後，再介紹另一個。
- 從簡單的活動先開始。
- 不要同時介紹太多新活動。
- 不要同時開放太多學習區。
- 介紹活動以前先確定自己已熟悉該活動。
- 與另一位老師搭檔合作。

表三：迷你課程

你怎麼知道何時該結束活動？

目標：協助小朋友回想他們所做的活動，並了解完成該活動的意義。完成某件事的感覺對有些小朋友來說是很重要的。試著找出具體的跡象以確定工作已經完成。

　　除了討論下列問題外，你還可以在活動進行時反覆指導小朋友該活動的注意事項和預計達成的目標。最好在讓孩子自行操作以前多示範幾次。最後，當小朋友覺得他們的任務已經完成時，請他們畫下或寫下工作心得，或計畫下一次想要在該學習區進行的活動。

問題討論：

1.如果你正在玩遊戲，怎樣才算結束？

2.如果你正在製作某個作品，要做到什麼程度才算完成？

3.有哪些指標顯示你已完成了工作？

4.完成某件事或作品後，你有什麼感覺？

5.如果不確定工作是否完成了，你會怎麼做？

完成工作後你會做什麼？

目標：協助孩子以口語表達工作完成後所要做的事。這項迷你課程可以在前一個課程結束後立即實施，也可以隔天再安排。

問題討論：

1.完成一件活動後要馬上做什麼事？（收拾整理！要求小朋友清楚明確地說出收拾的常規。）

2.接下來要做什麼？（請孩子儘量說得詳細些，以下是一些適合的活動。）

　●寫下活動心得。（最有趣的部分是什麼？學到了什麼？）

　●畫出剛剛所做的活動。

　●談一談你認為活動中最有趣的部分是什麼？學到了什麼？並用錄音機錄下來。

●閱讀一本與該活動有關的書。

●幫助其他小朋友。

●選擇一項親子活動。

●計畫下一次想要做的事。

如何幫助別人？

目標： 示範小朋友們可以如何互相幫助，並培養他們的獨立性。你可以拋出這個問題：「你和朋友正一起進行一項活動。你認為你完全知道該怎麼做，但你的同伴毫無頭緒，這時你該如何幫助他？」

試著激發孩子不同的回應，並對最有建設性的答案予以增強。觀察哪些小朋友回答得最好，他們也許就是小老師的最佳人選。

問題討論：

1. 如何協助朋友？最好的方法有哪些？

2. 對朋友說哪些話可以幫助他們解決問題？

3. 哪些話會讓朋友覺得受到傷害而不該對他們說？

4. 有時候你可能會覺得幫助朋友最簡單的方法就是直接幫他做。但這樣卻不見得對他有好處，為什麼？（重點是讓小朋友了解最好的方法是教對方學會自己做。）

調整活動方向

目標： 協助學生將活動系統化，使其與課程目標一致。假如學生們使用學習資源的方式與目標不符，或你無法觀察出他們的基本能力，就要幫助他們重新掌握學習重點。

選擇二～三項活動再進行一次，每次只討論一個活動，強調其中幾個重要議題。在鼓勵孩子們發揮創造力的同時，也要讓他們了解如何運用資源以發展或顯示出基本能力。

問題討論：

1. 能不能說明你是如何進行這個遊戲的？

2. 別人怎樣進行這個遊戲？

3. 下次玩這個遊戲時，我希望你試試這樣做……（說明必須明確。最好請兩位小朋友做示範，然後擔任該活動或學習區的小老師。）

表四：觀察單

教師：＿＿＿＿＿＿＿＿＿　　　　　　　　　日期：＿＿＿＿＿＿

學生	日期／活動項目	領域／基本能力	內容／實例

參考書目

Calkins, L. M. (1986). *The art of teaching writing*. Portsmouth, NH: Heinemann.

Cohen, D. (1990). A revolution in one classroom: The case of Mrs. Oublier. *Educational Evaluation and Policy Analysis, 12*, 311–329.

Feldman, D. H. (1980). *Beyond universals in cognitive development*. Norwood, NJ: Ablex.

Feuerstein, R. (1980). *Instrumental enrichment: An intervention program for cognitive modifiability*. Baltimore, MD: University Park Press.

Gardner, H. (1983). *Frames of mind: The theory of multiple intelligences*. New York: Basic Books.

Gardner, H. (1998). Are there additional intelligences? In J. Kane (Ed.), *Education, information, and transformation*. Englewood, NJ: Prentice Hall.

Meisels, S. J. (1993). *The work sampling system*. Ann Arbor, MI: Rebus Planning Associates.

Slavin, R. E. (1990). *Cooperative learning: Theory, research, and practice*. Englewood Cliffs, NJ: Prentice Hall.

Seidel, S., Walters, J., Kirby, E., Olff, N., Powell, K., Scripp, L., & Veenema, S. (1997). *Portfolio practices: Thinking through the assessment of children's work*. Washington, DC: National Education Association Publishing Library.

機械與建構活動

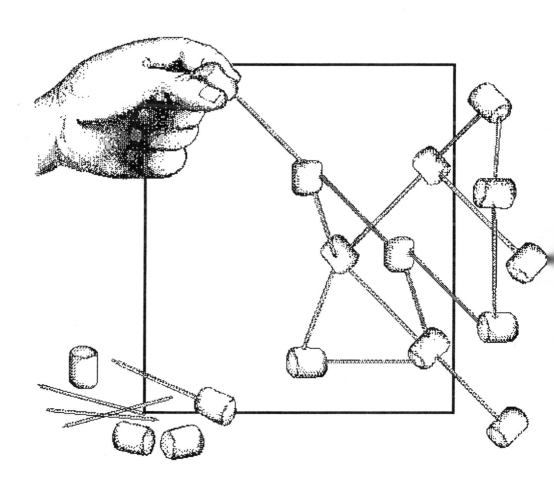

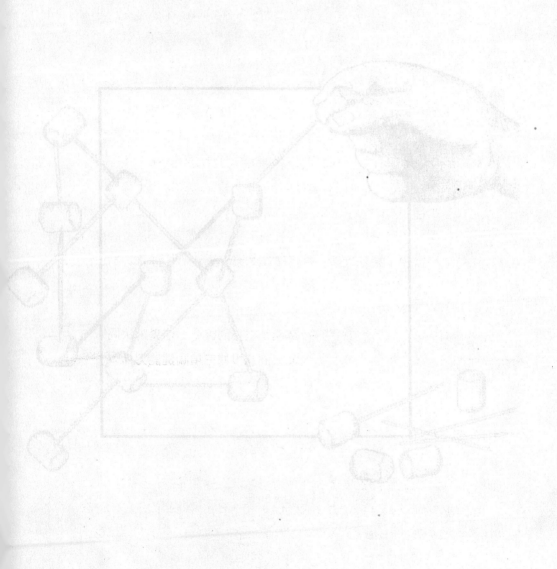

機械與建構活動概要

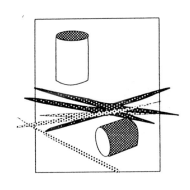

本章節的活動提供孩子機會練習使用工具、修繕小器具、組裝機械及解決簡單的機械問題。這些活動特別吸引小朋友是因為：第一，它們是「真實」的。孩子在家常看到父母使用工具和機械做事情，有時他們也有機會參與，這是生活的一部分；像這樣聯結學校的學習活動與日常生活經驗，不但較能激發學習興趣，也較能收到學習效果。

第二，從事這類活動所需的智慧也許不同於傳統課程所強調的。對紙筆測驗沒有興趣的孩子，可能會被這些機械與建構活動吸引，甚至有傑出的表現，例如想辦法用牙籤建造一棟房子、不碰觸物體而移動它們。所以這些活動不但能增進孩子的自尊，亦可結合其他領域的學習。例如有的孩子會將興趣延伸到閱讀和書寫有關工具、機械和建築的資訊。

我們的活動目標為：讓孩子有練習操作工具的機會、培養解決問題的能力、增進對自然法則的了解。其活動架構乃根據三項關鍵能力而來：了解因果及功能的關係：重點在於認識機械的零件及組合零件的方式；視覺－空間概念：強調建構的技巧和以機械解決問題的能力，並藉此讓孩子認識幾種簡單的工具；至於精巧的動作知覺，則與各個活動都有相當的關聯。

有些活動，像是拆卸食物研磨機並重新組裝，讓孩子學習到如何裝配機具，促進機械處理的技巧。就技術層面來說，要完成這樣的工作的確有一定的規則要遵守。其他活動，像木工或黏土創作，則讓孩子有機會盡情探索、發揮創意、嘗試以不同的方法來解決問題。

這些活動不但強調機械方面的能力，也包含理論性與非理論性的學習內容，如數概念、新語彙及合作學習的技巧。舉例來說，孩子們能從活動

中學到如何以圖表呈現實驗的資料和結果；發展出表達、協調及彼此互助的能力。

不論你是以學習區、課程單元或每週例行的活動來實施機械與建構活動，都要讓小朋友們覺得那是種新奇有趣的探險。你不妨以下列問題引導孩子：「機械指的是什麼？」「你認識從事這類工作的人嗎？」「他的工作內容是什麼？」「在家裡是否也有些機械方面的工作？」

向孩子說明他們不僅可以認識各種機械，也有機會將它們拆開來一窺究竟再組合回去；有機會使用榔頭、螺絲起子及其他工具來完成工作；甚至在某種程度上可以像大人一樣解決事情，如搭造穩固的建築物及搬移物體。

在這類課程的準備階段應強調使用工具的方法，全班一起制定安全規則，例如設置機械與建構活動的專屬區、只有在老師的督導下才能使用工具等等。規則確立後，讓小朋友探索積木、螺絲帽等材料及安全範圍內的工具。

■■ 關鍵能力說明

了解因果及功能的關係

- 根據觀察推斷因果及功能的關係
- 了解零件與整體的關係、零件的功能及它們的組合方式

視覺－空間能力

- 能夠以二度或三度空間建造或複製物體和簡單的機械
- 了解零件與整組機械的空間關係

利用機械解決問題的能力

- 勇於從嘗試錯誤中學習
- 以有系統的方式解決機械方面的問題

●比較及歸納資料

精巧的動作知覺

●善於操作小零件或物體

●展現手眼協調的能力

因果與功能的關係　　　　　　　　　　教師導向的小團體活動

認識工具

活動目標：學習使用不同的工具

核心構成要素：操作物體

　　　　　　手眼協調

　　　　　　了解各種功能的關聯

教學資源：第一組　設計線圈圖案

　　　　　　四個鋼絲剪

　　　　　　各式線圈

　　　　　　玻璃紙

　　　　　第二組　栓螺絲

　　　　　　四個不同尺寸的普通螺絲起子

　　　　　　四個不同尺寸的十字螺絲起子

　　　　　　不同鎖頭的大小螺絲

　　　　　　四塊預先鑽好洞、不同尺寸的木板

　　　　　第三組　木工

　　　　　　四個釘槌

　　　　　　各式小木塊

　　　　　　木工用膠水

　　　　　　小釘子

　　　　　第四組　拉直迴紋針

　　　　　　四個鉗子

　　　　　　不同尺寸的迴紋針

活動程序

1. 預先將四組教具放在不同的教具盤內。實際操作前先和孩子討論工具的使用方法，並提醒他們注意安全。再三復習每一條大家共同制定的安全規則。

2. 向小朋友們展示四組工具，並說明本活動的重點是練習工具的使用。孩子將有機會操作四種不同的工具：鉗子、榔頭、鋼絲剪及螺絲起子。將全班分為四組，輪流使用不同的工具。

- 第一組的小朋友先以鋼絲剪剪斷各種線圈。說明這些線圈都是由不同的金屬製成，粗細也有差異。發給每位孩子一張玻璃紙，讓他們將剪下來的線圈在紙上設計圖案。

- 第二組的小朋友要做的工作是用螺絲起子將螺絲鎖進木板裡。發給他們不同鎖頭的大小螺絲，請他們找出適合的螺絲起子來完成工作。

- 第三組的小朋友要使用榔頭和釘子當木匠，製作任何他們想要做的東西。記得用膠水使作品更堅固。如果孩子有興趣，可以將釘子釘在木板上拼出姓名或設計圖案。

- 請第四組的小朋友使用鉗子拉直迴紋針。再將拉直的迴紋針絞在一起，或變成各種形狀，如圓形、星形。

3. 巡視孩子們的工作情形。鼓勵他們在原來的組別至少停留十五分鐘後再交換用具。

延伸活動

1. 安排孩子研究教室裡的機具。探究櫃子的門為什麼能關起來？抽屜如何被拉開？讓小朋友試著鎖門再練習開鎖。這項調查也能在學校裡的其他地方進行，如遊戲場或辦公室。

2. 利用拉直的迴紋針做簡單的幾何圖形。請小朋友們作各種幾何圖形的設計，但避免模仿你所做的示範。

3. 若家長的職業與這些工具有關，邀請他們到班上來示範使用不同工具的方法。

4. 帶孩子參觀五金店，認識各種簡單的五金器具，如彈簧、鉸鏈、螺帽、螺栓，並研究它們的使用方法。讓孩子注意每個零件如何互相銜接。

5. 閱讀介紹工具和機械的書，討論常用的工具。

給老師的話

1. 若無法同時兼顧四組小朋友的活動，可以減少組別，以確保孩子的安全。

2. 工具應置於工具箱中，長期放在教室裡備用。爲了安全起見，工具箱最好上鎖，並教導孩子使用前需先經過你的同意。

3. 木工活動較爲吵雜，可利用遮音器材消除噪音。你可以用浪紋紙板或泡沫材料隔音，在角落設置木工活動區。

因果與功能的關係　　　　　　學生導向的大團體活動

工具字典

活動目標：藉由製作圖畫字典認識不同工具的名稱及功能

核心構成要素：了解各種功能的關聯

　　　　　　　精巧的動作知覺

　　　　　　　表達能力

教學資源：各種工具，如：

　　　　　　　榔頭、各式鉗子、鋸子、螺絲起子、扳手

　　　　　　　有關工具的書

　　　　　　紙和筆

　　　　　　麥克筆或蠟筆

活動程序

1. 介紹並討論關於工具的書，告訴孩子他們也可以製作一本自己的書
——一本工具的圖解字典。將各種工具畫下來，寫上說明，並討論
編排順序的方式。

2. 從孩子已使用過的工具開始，然後再介紹新的工具。讓孩子說出工
具名稱並解釋使用方法。提供小朋友使用這些工具的機會（用螺絲
起子和螺絲組合零件，或用扳手拆開零件）。

3. 開始畫工具圖。鼓勵孩子加註簡短的說明，如工具的功能和自己使
用這些工具的經驗。

4. 安排孩子分享彼此的作品。

給老師的話

1. 這類活動能將孩子對機械工具的興趣擴展到語言領域，如：請孩子

　　寫或畫下「使用手冊」，逐步說明如何利用工具完成工作。孩子可以畫出他們組裝及拆卸零件的經驗（詳見後面兩個活動）。

2.有關工具的書包括：

Rockwell, A. & H.（1972）. *The Tool Box*. New York: Macmillan.

McPhail, D.（1984）. *Fix-It*. New York: Dutton.

Gibbons, G.（1982）. *Tool Book*. New York: Holiday House.

Homan, D.（1981）. *In Christina's Tool Box*. Chapel Hill, NC: Lollipop Power.

Morris, A.（1992）. *Tools*. New York: Lothrop, Lee and Shepard.

3.以下是相關用具的說明：

•**鑽子**：用來打洞的工具。

•**扳手**：用來栓緊或轉開螺絲帽和螺栓的工具。

•**螺絲起子**：旋轉螺絲釘的工具。

•**鋸子**：用尖銳的邊緣使物體斷裂的工具。

•**榔頭**：嵌入或除去物體的工具。

•**鉗子**：夾住細小的物體或彎曲及剪斷線圈的工具。

因果與功能的關係　　　　　　　　教師導向的小團體活動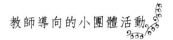

拆卸

活動目標：學習使用不同工具

　　　　　拆卸器具以了解其構造

核心構成要素：了解因果和功能的關係

　　　　　　　精巧的動作知覺

　　　　　　　對細節的觀察

教學資源：故障的器具（鐘、打字機、電話）

　　　　　工具（扳手、鉗子、螺絲起子、線圈）

　　　　　裝零件的容器

活動程序

1. 將全班分成小組，發給每組相關工具、兩種故障的器具及數個空的容器。

2. 請孩子使用不同的工具將故障的器具拆開來。強調他們的工作是拆開器具而不是損毀器具。如果孩子有興趣，待會可以利用這些零件做美術拼貼、數學遊戲或組合成新的機械。

3. 一面巡視孩子的工作，一面和他們聊聊不同工具的功能及各種機具的構造。引導孩子思考如何利用螺絲起子工作？徒手拆零件比較容易，還是用工具比較方便？

4. 若有足夠的空間，可在教室裡整理出一個角落蒐集故障的機具，供小朋友在整學年中都可自由探索。

延伸活動

1. 完成拆卸的工作後，鼓勵孩子使用這些零件組合成新的機具。可將

活動名稱定為「發明屋」。活動的目的不是要小朋友製造能運作的機器，而是提供他們發揮創造力的機會。鼓勵孩子為他們的設計命名，並列舉其功能。

2.請小朋友將拆下來的零件加以分類。讓他們自己決定分類的方式：可按照其功能、形狀、尺寸或其他特性來分。

因果與功能的關係　　　　　　　　　教師導向的小團體活動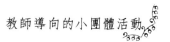

拆組

活動目標：藉由拆下器具零件再重新組裝來認識機具構造

核心構成要素：了解因果和功能的關係

　　　　　　　精巧的動作知覺

　　　　　　　對細節的觀察

教學資源：油壓幫浦

　　　　　食物研磨機

　　　　　齒輪機組

活動程序

1. 向孩子介紹食物研磨機、油壓幫浦、齒輪機組。讓孩子發表對這些機具的想法。有沒有人能說出該機具的名稱或功用？這些用具可能會出現在什麼地方？

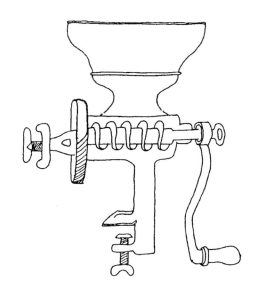

2. 向小朋友說明活動內容是將這些器具的零件拆下來，再試著重新組裝回去。安排孩子分組進行，讓他們知道若無法組裝成功也沒有關係。

3. 將全班分為二～三組，提

供每組一樣器具。鼓勵孩子分工合作將零件拆下來再組裝回去。十五分鐘後和其他組別交換器具。

延伸活動

1. 請小朋友啓動食物研磨機及油壓幫浦。用幫浦榨汁、以研磨機研磨食物（蘋果、核桃或馬鈴薯）做成點心。請孩子試著回答這些廚房裡的器具如何發揮功用？如果用軟一些或硬一些的食物，還適用於這些機器嗎？它們是否還有其他功能？如何利用這些器具使食物變得柔細些或粗糙些？（介紹各種切割器具）可行的話，一一測試孩子的建議。

2. 誘導小朋友畫下這些機具和所屬零件。請他們想一想這些圖畫能不能有助於將零件組裝回去？

3. 提供其他常用的家用器具：手電筒、削鉛筆機等。將這些物品的零件拆下來再組裝回去。讓孩子研究這些器具的各部分零件，並說出其功能。

視覺－空間能力   教師導向的小團體活動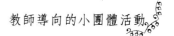

汽車吊飾

活動目標：製作簡單的汽車吊飾

　　　　　觀察影響汽車吊飾平衡的因素

核心構成要素：認識空間關係

　　　　　　　精巧的動作知覺

　　　　　　　摸索與嘗試

教學資源：輕的硬紙板

　　　　　畫線工具或油漆和刷子

　　　　　剪刀

　　　　　紗線

　　　　　樺釘（每人 2 個，約 12" 長）

　　　　　細繩或鐵絲

活動程序

1. 本活動讓小朋友從嘗試錯誤中學習如何製作平衡的汽車吊飾。請每位孩子事先做好至少包括四種不同外形和尺寸的裝飾品，布置在汽車吊飾上。用紙板或其他較輕的耐用材質製作，因為小朋友需要用它們反覆做實驗，來學習如何平衡裝飾品。

2. 發給每位小朋友他們的裝飾品及二個樺釘和紗線。協助孩子將紗線剪成最多 6" 長的小段，分別繫在每個飾品上。向孩子展示一個雙層的汽車吊飾成品，告訴他們可依自己的喜好來裝置飾品，樺釘要儘可能平直。讓孩子們在平面桌上安裝飾品。

3. 示範如何以紗線綁在樺釘的正中央。樺釘將懸在這條線上。接下來，小朋友將半數的飾品繫在樺釘上（最好打雙結）。讓孩子將飾

品沿著樺釘前後移動，直到它們達到平衡爲止。告訴孩子也可以移動在樺釘中央的紗線。問小朋友有什麼心得？當他們將線移動到較重的飾品那一端時會怎樣？靠近較輕的那一端會怎樣？若將較重的飾品移動到樺釘中央會如何？移動到樺釘末端又會有什麼情形？

4. 請孩子將其餘的飾品繫在第二個樺釘上，再將兩個樺釘綁在一起。

5. 將汽車吊飾掛在孩子容易搆到的地方；也可以吊在橫掛於兩面牆中間的麻繩或鐵絲上。在孩子們操弄汽車吊飾的過程中，也許會發現：只要在其中一層汽車上做些改變，就會使另一層汽車失去平衡。做過幾次實驗以後，或必要時給予引導下，孩子會了解：先完成下層的汽車，再完成上層的汽車，是讓整個汽車吊飾取得平衡最簡單的方法。和孩子一起討論從這項活動中發現了什麼？

【 本活動改編自 Elementary Science Study. (1976). *Mobiles*. St. Louis: McGraw-Hill. 】

視覺一空間能力　　　　　　　　　教師導向的小團體活動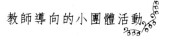

黏土大樓

活動目標：藉由建造具象的和抽象的黏土作品來學習平衡

核心構成要素：建構三度空間的物體

　　　　　　設計和計畫

　　　　　　印證假設

教學資源：黏土（每人 1/2 磅）

　　　　　碼尺

　　　　　繩子

　　　　　冰棒棍

　　　　　迴紋針

　　　　　銅線

　　　　　紙板

活動程序

1. 提供上列材料讓孩子自由創作。

2. 發給每位小朋友約二分之一磅的黏土，請他們儘量做一個最高的物體。完成後，找出最高的作品。引導孩子比較每個作品的底座大小和形狀；鼓勵他們想想如何建造高的建築物而不會倒下來。

3. 讓孩子再試一次，以驗證他們的推測是否正確。這一次他們的建築物有多高？

4. 你可以請孩子用繩子測量建築物的高度及底座大小。哪一個較長？協助小朋友比較測量結果，並做成長條統計圖，了解高度和底座的關係；或者只是簡單地以繩子的長短表示測量結果，貼在壁報紙上。

5. 讓孩子建造一個高度大於底座面積的作品。提供其他材料（冰棒棍、紙板等），讓小朋友試試看能否讓建築物更高更堅固。

6. 請孩子向全班描述自己的作品。尤其說明在製作過程中所遇到的困難和解決方式。

給老師的話

進行這項活動時，孩子也許有興趣參觀大樓。如果可能，安排一位實際接觸建築工程的人來到班上和小朋友聊聊。請孩子將這些參訪經驗寫下來或畫下來。

【 本活動改編自 Elementary Science Study.（1968）. *Structures*. St. Louis: McGraw-Hill. 】

視覺─空間能力 　　　　　　　　　學生導向的小團體活動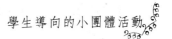

疊疊樂

活動目標：藉由建造具象的和抽象的木工作品來學習平衡

核心構成要素：平衡物體的能力

　　　　　　　設計概念

　　　　　　　規劃策略

教學資源：不同形狀和尺寸的積木

　　　　　　油漆和刷子

　　　　　　木工膠水

活動程序

1. 讓孩子用積木建構物體，以
   木工膠水取代榔頭和釘子來
   固定木頭。示範使用方法，
   然後請他們發表在「黏土大
   樓」活動中，有關如何建造
   堅固底座的經驗。

2. 鼓勵孩子結合各種形狀和尺
   寸的積木自由創作。同時引
   導他們思索下列有關平衡的

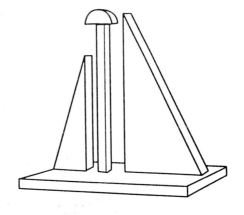

問題：如何將較寬的積木放在細長積木的頂端且保持平衡？如何將
長方形積木放在圓形積木的頂端且保持平衡？如何將三塊積木平衡
地放在兩塊積木的頂端？你可以在哪一個部分多加一塊積木，使整
個作品更穩固？你可以在哪一個部分移開一塊積木，而不會使整件
作品垮下來？

3. 完成組合後，至少放置一天等膠水完全凝固。然後提供油漆和刷子裝飾作品。

4. 將所有作品陳列出來。鼓勵小朋友將他們的創作過程或如何維持作品平衡的心得簡短地寫下來，一同展出。

延伸活動

1. 向孩子介紹書或旅遊雜誌上眞實而奇特的建築物，如：帝國大廈、艾菲爾鐵塔、金門大橋、競技場、金字塔、清眞寺等等。鼓勵小朋友創作特殊的建築物，如塔樓、錐形塔、拱門等。建議他們在動手做以前先將構想畫成工作草圖。作品完成後，對照成品和草圖，哪些部分與計畫相符？哪些部分做了更改？怎樣的更改？爲什麼？

2. 安排一段時間玩層層疊遊戲，讓小朋友試著移開積木，而不會使整件作品垮下來。

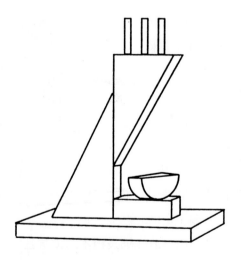

視覺─空間能力 　　　　　　　　　學生導向的小團體活動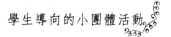

牙籤屋

活動目標：建構具象的和抽象的建築物，以認識不同材質的特性

核心構成要素：了解空間關係

　　　　　　　精巧的動作知覺

　　　　　　　與他人合作

教學資源：一包牙籤

　　　　　生麵糰

　　　　　黏土

　　　　　花生米

　　　　　一包軟糖

　　　　　保麗龍

　　　　　膠帶

活動程序

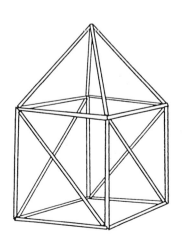

1. 讓孩子用牙籤自由創作立體造型。生麵糰、黏土、花生米、保麗龍或軟糖作接合牙籤之用。鼓勵孩子嘗試做一些基本造型。

2. 誘導小朋友彼此合作。例如使用軟糖接合牙籤時，因為它暴露在空氣中以前非常柔軟，無法將牙籤固定住，因此需要至少兩個人合作：一人撐住牙籤，另一人附加足夠的牙籤讓結構體保持穩固。當工作完成，請孩子發表

他們所碰到的任何困難和解決的方法。

3. 隔天回顧上述活動，鼓勵孩子創作新的立體造型。建議他們模仿真的建築物：橋、房子、摩天大樓；或自然物體，如骨骼、樹等等。

4. 討論小朋友們以黏土和積木搭造建築物的心得。同樣的策略也適用於以牙籤搭造的建築物嗎？哪一種型式能讓底座最穩固？如何搭建最高的牆？如果建築物塌下來，孩子會不會再接再厲，用更多牙籤以強化它的穩固？如果將一根牙籤斜放在長方形中會怎麼樣？如果放兩根牙籤在 X 形中會怎樣？如果將牙籤移開會怎樣？在整個建築物塌下來以前能移走幾根牙籤？

5. 完成上面練習後，請孩子描述他們的建築物、他們的發現及在搭建過程中所克服的困難。展出這些作品。其實，你還可以利用這些作品發展出有關社區的活動（見「我們的社區」）。

延伸活動

1. 用報紙捲搭造一棟房子。教孩子如何將報紙緊密地捲成管狀，以膠帶固定邊緣。將報紙剪成不同大小，就可以做成大小不等的紙捲。小朋友們可輪流擔任不同的工作，有些負責裁紙、捲紙、貼膠帶等。鼓勵孩子想出各種添加紙捲的方法以支撐房子結構。如果有必要，示範如何在對角線放置紙捲以加強角落的穩固。

2. 以多樣化的材料進行本活動。如：

• 以吸管代替牙籤。讓小朋友思索膠水、膠帶、還是繩子最能有效地固定吸管？

• 仍然以牙籤為建材，但嘗試用不同材料來固定（如生麵糰、

黏土、膠帶、保麗龍）。哪一種材料最能發揮功能？哪一種材料最不易使用？

• 嘗試以鐵絲建構房子。建議孩子用蓮草搭建和牛奶盒一般高的建築物，或用較細的鐵絲做類似玉米片盒子的外形。

• 用市售的建構玩具（如樂高）進行本活動。請小朋友依照說明或模仿實物組合玩具。安排他們集體創作，看看能建造出幾種不同的建築物。

3. 請孩子帶優格或奶油空盒、紙巾筒或紙盤、紙袋、紙板等可資利用的物品到學校來做雕刻創作。介紹這些材料可以捲、摺、或剪成不同形狀。你可以在世界地球日進行這個活動，將它融入環保的主題中。

視覺—空間能力　　　　　　　　　教師導向的小團體活動

紙橋

活動目標：搭建紙橋以了解影響其強度的因素（如形狀、尺寸和材
　　　　　質）

核心構成要素：建構三度空間的物體

　　　　　　　印證假設

　　　　　　　記錄實驗結果

教學資源：各種材質的紙

　　　　　剪刀

　　　　　零錢

　　　　　火柴盒或紙杯（大約 100 個）

　　　　　積木或書

　　　　　繩子

活動程序

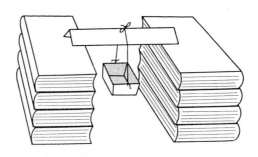

1. 將火柴盒或紙杯的下半段繫上繩子當作秤盤。

2. 向小朋友說明真的橋必須很堅固才能支撐往來汽車的重量。在本活
　 動中，孩子們將要以各種材質和形狀測試哪一種紙橋最堅固。準備

紙橋和兩疊等高的書或積木作為示範，然後發給孩子剪刀及不同質料的紙，鼓勵他們設計各種式樣（寬的、窄的、長的、短的、有皺摺的、對摺的……）的橋梁和不同的支撐物（放在一疊書或積木的頂端，固定在一本書或一塊積木的下方）。

3. 請小朋友比較不同橋梁的強度。將火柴盒秤盤吊在其中一座橋上，並一次放一枚零錢進去。如此慢慢添加，在橋梁崩塌以前最多可以承載多少重量？建議孩子多比較幾座橋，並設計記錄實驗結果的方式。討論不同的變項，如橋的材料、橋的長度（包括兩端支撐物的距離及與支撐物的重疊部分）、橋的寬度和形狀。孩子能不能從以上實驗中對紙橋形狀與強度的關係建立假設？

4. 讓小朋友利用他們新發現的知識搭建一座最堅固的橋（個別或小組進行）。提供他們相同材質及尺寸的紙，看看哪一種式樣的橋梁最堅固？能承載多少零錢？

5. 若孩子有興趣，可以用各種材質的紙進行同樣的實驗，但尺寸必須相同。較堅固的紙橋則改用較重的砝碼。

延伸活動

你還可以試試下列方式讓活動更豐富：

- 實地參觀橋梁，鼓勵孩子注意它們的建築材料及型式，並畫下來。
- 提供各種橋梁（如吊橋、拱橋、懸臂橋、桁架橋）的相關書籍及插圖，討論不同的設計和材料。
- 請孩子帶有關橋的照片、圖片、明信片等和大家分享，並以各種方法將其分類。
- 鼓勵小朋友用教室裡其他的材料搭建橋梁（積木、吸管、黏土）。哪一種材料和式樣可建造最能發揮功能的橋梁？

視覺─空間能力　　　　　　　學生導向的大團體活動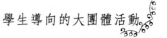

我們的社區

活動目標：利用建構經驗製作社區模型
核心構成要素：建構三度空間的物體
　　　　　　　發展社交技巧
　　　　　　　設計和規劃
教學資源：建構材料，如：
　　　　　　管子、黏土、小木塊、回收的紙箱
　　　　相關工具
　　　　油漆和刷子

活動程序

1. 向孩子預告接下來的幾個星期裡，將要建造一個社區模型。說明他們不只要合作動手，也要合作動腦規劃這個社區。

2. 帶小朋友到社區中心作實地觀察。以地圖、文字或圖片記錄沿路所見的不同建築物（郵局、警察局、消防隊、學校、餐廳、商店）。最好能請負責人介紹該建築物的歷史、特色、內部擺設等。

3. 回到教室後，協助孩子列出做社區模型的所需材料。前面活動中所製作的各式建築物也許派得上用場。或者以回收的塑膠容器、紙捲筒和紙箱等再重新製作。

4. 為使活動按部就班地進行，引導孩子先討論如何規劃社區並畫出詳細的地圖。仔細思考如果超市應設在交通繁忙的地區，那麼哪裡是最適宜設立消防局的地點？小朋友們可創作各種建築物，或利用方格紙按實物比例製作。

另一個方式是先放置少數幾個建築物，讓社區有發展的空間。在其中

設置道路、交通號誌、橋梁、醫院等等。請孩子想一想社區所不可缺少建築物的是哪些？

5.鼓勵孩子發揮興趣；有的小朋友會以各種車輛豐富這個社區模型，有的則設計各式人物，也有孩子會利用廢棄的零件發明掃街工具，有些甚至會連接燈泡與電池，使路燈和紅綠燈發亮。

延伸活動

以本活動為起點，你可以對所處的社區及其所提供的服務做更深入的探討。邀請家長或地方人士到班上介紹他們的工作性質，讓孩子寫相關故事或報告、和有關單位合作舉辦活動，或試辦社區報紙都是認識社區的方式。

利用機械解決問題的能力　　　　　　學生導向的小團體活動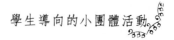

槓桿

活動目標：探討槓桿原理

核心構成要素：問題解決的技巧

　　　　　　觀察技巧

教學資源：膠帶

　　　　　繩子

　　　　　冰棒棍

　　　　　玉米片的紙盒

　　　　　沙箱

　　　　　磁鐵

　　　　　小積木

　　　　　12"長的尺

活動程序

1. 告訴孩子現在有一個特別的問題要請他們解決。將一個磚塊大小的紙盒或積木放在沙箱裡，請孩子不用手將它拿出來。提供小朋友各

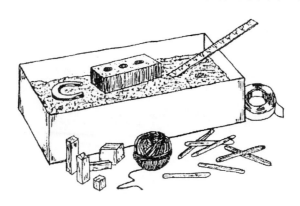

種用具：膠帶、磁鐵、小積木、繩子、冰棒棍、尺。讓孩子想想有哪些方法可以解決這個問題。

2. 孩子試過幾種方式後請他們互相討論交換心得。哪一種方式最容易將紙盒拿出來？哪一種方式最快？哪一種方式最費力？哪一種方式最麻煩？

3. 請小朋友以畫圖或文字記錄所使用的方法，將這張記錄貼在紙箱附近，讓其他孩子也可以試試看。說明藉著一個物體移動另一個物體，就可以創造簡單的機械。

延伸活動

安排孩子進行更多關於槓桿的實驗。發給他們木製圓柱作為槓桿的支點和三呎長的木板。將支點置於木板中央，這樣的裝置能將多少令的紙張舉高到椅子的高度？請孩子記錄結果。將支點移到靠近紙張的位置，再測量能舉起多少令的紙張？將支點移到距離紙張較遠的位置，測量能舉起多少令的紙張？讓孩子嘗試將支點放在不同的位置，探索支點位置與紙張多寡的關係，並做成記錄。

和小朋友討論利用這個原理（愈長的槓桿愈省力，反之，則愈費力），對我們的日常生活有何幫助？

▎利用機械解決問題的能力　　　　　　　　學生導向的小團體活動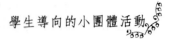

斜坡

活動目標：探究如何利用斜面節省力氣

核心構成要素：印證假設

　　　　　　　比較和對照

教學資源：磚塊

　　　　　　3'長的木板

　　　　　　18～24"長的木板

　　　　　　繩子

　　　　　　積木或書

　　　　　　手提式天秤

活動程序

1. 本活動以槓桿的原理爲基礎。和孩子討論斜坡（一種傾斜的平面）如何使工作變得較輕鬆。你可以帶小朋友到路上走一走，找尋實例。如卡車裝貨卸貨用的斜坡、供殘障人士使用的坡道、遊戲場裡的溜滑梯。請孩子回想利用斜面的經驗（如從山坡上滑雪、滑草或騎腳踏車往下俯衝，往山坡上爬）。將物體拉上陡峭的上坡較困難，還是拉上平緩的上坡較困難？孩子將會從下面的實驗中找到答案。

2. 這個實驗適用於全班或小組。利用木板和積木（或書）做成兩個不同長度的斜坡（一個約3呎長，另一個短些）。兩塊木板的一端皆架高6"。然後讓孩子研究如何使用手提天秤測量磚塊的重量，以便得知需用多少力量移動磚塊。鼓勵小朋友練習手提天秤的使用方法。將磚塊筆直拿至6"高需要多少力量？推到斜坡頂端需要多少力

量？記錄他們的發現。

3.請孩子預測將磚塊推向陡坡較費力？還是推向緩坡較費力？完成這項實驗並記錄結果後，討論從實驗中發現了什麼？是否如同在槓桿實驗中所得知的：距離愈遠愈省力。（註：雖然覺得較省力，事實上，無論將磚塊推向陡坡或緩坡，所用的力氣是一樣的。移動物體所需的力，乘以物體移動的距離，就是「功」。）

利用機械解決問題的能力　　　　　學生導向的小團體活動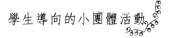

坡度和滾動

活動目標：認識坡度及物體如何在坡度上移動
核心構成要素：印證假設
　　　　　　　記錄及分析資料
教學資源：2'或 3'長的木板
　　　　　積木或書
　　　　　兩個完全一樣的皮球
　　　　　不同重量和尺寸的球
　　　　　各種測量工具（尺、方格紙等）

活動程序

1. 將孩子分成小組進行實驗：將兩個一樣的球從相同長度但不同高度的斜坡滾下來，測驗哪一個球滾得比較快（球應該比斜坡的寬度小）。讓小朋友搭造兩個斜坡，一個高 3"，另一個高 6"（稍後可再搭建更高的斜坡）。請孩子預測球從較高的斜坡滾得較快，還是從平緩的斜坡滾得較快？在斜坡滑道下橫放一塊木板，如此孩子可看到並聽到哪一個球先碰到木板。

2. 讓孩子分工合作進行實驗並做記錄。討論斜坡如何影響球的速度？

3. 如果將斜坡下的木板移開，哪一個球滾得比較遠？誘導孩子以不同方式來測量：如使用繩子、尺、地磚等。或者可貼方格紙於斜坡下，在球停住的地方做記號。記錄並討論結果。

4. 若同樣的實驗以相同的坡度但不同的球來進行，會有什麼結果？多準備幾個尺寸及重量不同的球，並讓孩子搭建兩個相同高度的斜坡。引導孩子設定問題，並設計實驗以找出答案。例如兩個大小一

樣但重量不同的球，哪一個滾得比較快？（註：一樣快。）哪一個滾得比較遠？尺寸不同時，哪一個滾得比較快？哪一個滾得比較遠？

延伸活動

1. 讓孩子以不同的物品從斜坡上滑下來（玩具車、鉛筆、電池、螺絲釘）。哪些物品會滾動？哪些物品在一定的坡度時才會滾動？哪些物品除非以某種方式被放在斜坡上，否則不會滾動？哪些物品在到達斜坡盡頭後最平穩？

2. 發給孩子生麵糰，讓他們捏出各種形狀。然後預測哪些形狀會滾動？哪些不會？鼓勵小朋友們一一實驗各種形狀，或比賽哪一種形狀滾得較快、較遠？

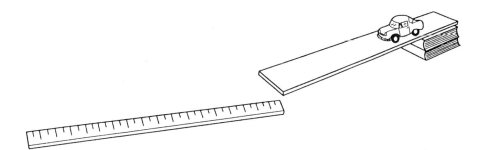

利用機械解決問題的能力　　　　　　教師導向的小團體活動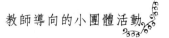

輪軸

活動目標：透過實驗了解簡單機械——輪軸的功能

核心構成要素：印證假設

　　　　　　精巧的動作知覺

　　　　　　記錄資料

教學資源：彈珠

　　　　　小盒子

　　　　　有軸的輪子

　　　　　披薩切割器

　　　　　蛋彩畫或其他可洗掉的塗料

　　　　　調色盤

　　　　　形狀圖，每人三張（見 66 頁）

　　　　　資料記錄表（見 66 頁）

活動程序

1. 出示形狀圖給小朋友看，請他們使用不同工具描繪形狀：包括彈珠、有軸的輪子、披薩切割器。請他們猜測哪一種工具較適用？哪一種工具最不適用？將猜測的答案寫在資料記錄表上。

2. 發給每位孩子三張形狀圖，如大圓形或大方形，放一張在小盒子裡。示範如何以彈珠作畫：先放彈珠在盒中，然後傾斜盒子，使彈珠滾動描繪出形狀的樣子。告訴孩子手指不可以碰到彈珠（孩子的手指相當於輪軸的作用，以控制彈珠的移動）。

3. 將另外兩張形狀圖置於桌上。示範如何將輪子沾顏料，描出該圖形。鼓勵小朋友用披薩切割器重複這個實驗。

4. 請學生指出哪一種工具較適用？哪一種工具最不適用？將答案寫在資料記錄表上。

5. 再畫一些其他簡單的形狀，如星星或隨意塗鴉的圖案，重複這個實驗。

6. 請孩子發表實驗心得並加以討論。輪軸有什麼用途？它們如何控制輪子？輪軸如何應用在汽車上？為什麼披薩切割器比其他的工具得心應手？

延伸活動

有些孩子也許會很有興趣做有輪軸的小車在地板或桌上玩。提供市售的相關建構玩具，或讓孩子自行製作（他們也許需要木釘、金屬棒、輪盤或捲軸）。另外再供給做小汽車所需的材料和工具（小木塊、小鋸子、鉗子、砂紙、釘子、榔頭、木工膠水、顏料、紙盒、管子、膠水、剪刀、麥克筆）。提醒孩子在動手做以前先設計幾張計畫草圖，仔細構思每個細節如何運作，再選出最理想的一張付諸實行。

你也許能找到一些附有說明的相關書籍或圖片讓孩子欣賞，作為本活動的導引。

例如在 Pat Williams 及 David Jinks 所著的《Design and Technology 5-12》這本書中，說明孩子如何利用小積木製作車子底盤，利用三角紙板穩固接縫處。然後將車子製作成貨車、公車、跑車，或任何他們喜愛的型式。

輪軸
資料記錄表

哪一種用具最容易畫出下表的圖形？

1＝最容易　　2＝尚可　　3＝最難

預測

	彈　珠	輪　子	披薩切割器
○			
☆			
〜			

實驗結果

	彈　珠	輪　子	披薩切割器
○			
☆			
〜			

機械與建構親子活動 1

拆拆裝裝

活動目標：練習使用簡單的工具

探索機械的構造

教學資源：故障的用品（如打字機、電話、鐘、手電筒）

十字螺絲刀和一般螺絲刀

二個中型盒子

鋼絲剪

榔頭

給父母的話

1. 本活動提供孩子一個難得的機會將機械拆開來探究其內部構造，且小朋友可按照自己喜歡的方式將零件拆開，不必擔心會做錯或失敗。藉著這個機會，你可以觀察到孩子如何操作工具，以及他對組合機械的興趣。

2. 如果家中沒有上面列出的工具也不用擔心，你可以讓孩子利用任何手邊的工具進行這個活動。

3. 本活動需要在父母的督導下進行，以幫助孩子學習正確使用工具的方法，並確保孩子的安全。

活動程序

1. 讓孩子認識工具，一一說明每項工具的用途。對這些工具的操作方法及使用時機訂定規則，並和孩子討論這些規定。

2. 提供孩子故障的機械。強調只有當你在場時，才可進行這個活動。

3. 孩子動手拆卸時，請他思考下列問題：

- 哪些零件可以用螺絲刀拆下來？
- 什麼情況下需要用十字螺絲刀？
- 鉗子有什麼用途？
- 有沒有發現適用於不同部分的螺絲或零件？
- 機械內部是什麼樣子？
- 機械內部是由各種零件組合而成的嗎？

4. 孩子完成工作後，建議將機械主體放在盒子裡，所有零件放在另一個盒子裡。若家裡有足夠的空間，可保留這些零件。說不定孩子可利用這些零件創造了不起的發明呢！

分享

孩子也許想要帶一些零件到學校，向全班介紹每項零件及將其拆下來的工具。班上小朋友會對每一個細節都很有興趣的。

機械與建構親子活動 2

動腦不動手

活動目標：發展策略或架構以解決問題

以不同的方式解決同一個問題

教學資源：二個紙盤

膠卷盒

六～十個乒乓球

玻璃紙

信封

原子筆或鉛筆

生日蠟燭

吸管

冰棒棍、牙籤或木叉

紙杯

塑膠袋

12"的繩子

一張 $8\frac{1}{2}$"×11"的紙

給父母的話

　　解決問題的能力對學校課業或日常生活都是非常重要的。這項活動要求你的孩子試著解決一個機械上的問題。請注意孩子在解決問題時所使用的策略：是否從嘗試錯誤中學習？隨便猜猜？或是較有系統的方法？他如何應用從實驗中所得到的資料？許多小朋友很喜歡自己想辦法解決問題，而本活動就提供了讓孩子盡情發揮的機會。

活動程序

1. 讓孩子想一想如何將乒乓球從一個盤子移到另一個盤子而不碰觸到它們。請孩子想辦法並試試看。建議他使用你所提供的各類用具，並且使每個球都以不同的方式移動。

2. 只要孩子有興趣，容許孩子儘量探索、計畫、構思。

3. 各種方法都試過後，請他想想下列問題：

   • 哪一種方法最容易？為什麼？

   • 哪一種方法最複雜？為什麼？

   • 哪一種方法最出人意外？為什麼？

分享

這項活動十分適合全家一起參與，可請孩子向大家介紹遊戲規則，並主持活動。

機械與建構親子活動 3

你會搭房子嗎？

活動目標：用紙牌搭房子

教學資源：一副紙牌

平坦、穩固、光滑的桌面或地板

給父母的話

用紙牌搭房子是很受歡迎的活動，它只需要簡單的材料，卻一定要有相當的思考能力及解決問題的能力才能成功。孩子必須考量到有關平衡、重量和外型設計方面的問題。觀察孩子如何處理這些問題。有的孩子對這樣的遊戲非常著迷，可以花很長的時間專注地搭建。

活動程序

1.以漸進的方式讓孩子熟悉搭紙牌的技巧。先給孩子兩張牌，看看他能否將紙牌以相倚的方式站立像一個倒 V 形。

2.將紙牌搭成倒 V 形後，請孩子再搭兩個相鄰的倒 V 形。引導孩子思考如何以這樣的模式搭建一間房子。若孩子想不出來，建議他將一張紙牌平放在兩個倒 V 的頂端，再繼續搭

建。

3.孩子能想出幾種搭紙牌的方法？鼓勵孩子儘量嘗試。你可以用下列問題激發孩子思考：

- 為什麼紙牌能夠立起來？
- 為什麼紙牌會塌下來？
- 在紙牌塌下來以前，最高能搭幾層？

4.試試看，能否剛好用盡所有的紙牌完成一件作品？

分享

用紙牌搭房子是一個很有趣的家庭活動，也可以設計成遊戲。你的孩子也許會想要到學校和同學玩這個遊戲。

資料來源及參考書目

　　前面所介紹的活動只是機械與建構學習領域的序曲而已。為了使你能在這個教學領域進行更深入的探討，在此提供下列對我們及我們的同事極具參考價值的書單。希望能藉此提供讀者靈感，而非對這些文獻的評論。標明＊者表示本書所引用的資料來源。

Brown, D. (1991). *How things were built*. New York: Random House.

Darling, D. (1991). *Spiderwebs to sky-scrapers: The science of structures*. New York: Dillon Press, Macmillan.

Dunn, S., & Larson, R. (1990). *Design technology: Children's engineering*. New York, London: Falmer Press.

* Educational Development Center, Inc. (1991). *Balls and ramps*. An Elementary Insights Hands-On Science Curriculum. Newton, MA: Author.

* Elementary Science Study. (1976). *Mobiles*. St. Louis: McGraw-Hill.

* Elementary Science Study. (1968). *Primary balancing*. St. Louis: McGraw-Hill.

* Elementary Science Study. (1968). *Structures*. St. Louis: McGraw-Hill.

Gibbons, G. (1982). *Tool book*. New York: Holiday House.

Homan, D. (1981). *In Christina's tool box*. Chapel Hill, NC: Lollipop Power.

Macaulay, D. (1975). *Pyramid*. Boston: Houghton Mifflin.

Macaulay, D. (1977). *Castle*. Boston: Houghton Mifflin.

Macaulay, D. (1988). *The way things work*. Boston: Houghton Mifflin.

McPhail, D. (1984). *Fix-It*. New York: Dutton.

* Nelson, L. W., & Lorbeer, G. C. (1984). *Science activities for elementary children* (8th ed.). Dubuque, IA: Brown.

Rickard, G. (1989). *Building homes*. Minneapolis, MN: Lerner Publications.

Rockwell, A. , & Rockwell, H. (1972). *The tool box*. New York: Macmillan.

Skeen, P., Garner, A. P., & Cartwright, S. (1984) *Woodworking for young children*. Washington, DC: National Association for the Education of Young Children.

* VanCleave, Janice. (1993). *Machines: Mind-boggling experiments you can turn into science fair projects*. New York: John Wiley & Sons.

* Williams, P., & Jinks, D. (1985). *Design and technology 5–12*. London: Falmer Press.

* Williams, R. A., Rockwell, R. E., & Sherwood, E. Q. (1987). *Mudpies to magnets: A preschool science curriculum*. Mt. Rainier, MD: Gryphon House.

Wilson, F. (1988). *What it feels like to be a building*. Washington, DC: Preservation Press.

科學活動

科學活動概要

　　如果說科學家的特徵是追根究柢地研究週遭世界，試著了解事物運作的原理，那麼孩子無疑就是天生的科學家。他們有用不完的好奇心，驅使他們採取行動——觸摸、品嚐、稱重、混合、倒水；並從這些經驗中得到知識。

　　本書所安排的科學活動以善用孩子的好奇心，增進對週遭事物的了解為目的。當孩子照顧動植物的生長時，自然發展出觀察的技巧。而透過實驗來探究水、磁鐵或化學材料的性質，可發展提出疑問、印證假設及問題解決的能力。這些活動讓孩子發現觀察、實驗、分類、學習解決問題、做記錄等等是多麼的有趣，並希望能藉此消除科學家予人的神祕印象。

　　以下所介紹的科學活動由兩個部分所組成：第一部分是短時間內可完成的實驗，如找出哪些物品能被磁鐵吸引？將油和水混合會產生何種變化？這類活動著重在物體本身，孩子可以在一段指定的時間內完成工作；相反的，第二部分則針對某一主題或現象，設計一系列的實驗。其活動期間可持續一年，並提供機會讓孩子自由地探索、進行實驗。如觀察及記錄天氣變化、觀察大自然季節交替都是長期活動（通常由秋天持續到隔年春天）的範例。

　　書中推薦的活動均以一個主要問題為中心，以這個問題激起孩子的好奇心，並鼓勵他們以新的方式探索週遭事物。藉由提出問題，讓學生體認到學習不是記誦知識的能力，而是思考和實驗的過程；是主動的而非被動；是創造而非模仿。

　　介紹科學活動或學習區時，建議你強調它的學習過程。你可用討論問題的方式作為開始，如怎樣知道一種新食物的味道？或者，你在店裡看到許多泰迪熊，但只想買最柔軟的那一個，你會用什麼方式來挑選呢？這些

問題讓小朋友發現他們可以利用感官從週遭事物中得到資訊，並且能用各種方法操作物體，以得到想要的答案。由此看來，你一定也會同意孩子生來就是科學家，而且他們在許多方面的表現也的確很有科學家的架勢。

讓孩子想想自己想要知道些什麼？對某件事物很感興趣時會怎麼做，以增加對它的了解？請孩子假想當一位科學家遇到上述問題時，會採取怎樣的行動？將孩子的想法寫下來，協助他們了解一些相關用語，如觀察、探索、實驗、研究、分析、檢驗。

有機會的話，邀請一位科學家到班上示範操作實驗室裡的設備，或進行實驗。這樣的安排讓孩子接觸到專業的科學工作者，以了解他們在真實生活中的工作內容。

■□■ 關鍵能力說明

觀察技巧

- 對物體作近距離的觀察以學習如何利用身體的各種感官探索事物
- 能敏銳地感受到週遭環境的變化（植物的新葉、樹上的蟲子、細微的季節變化）
- 有興趣以圖畫、圖表、順序卡等方式記錄觀察結果

區別相似點與不同點

- 能對事物或事件加以比較對照
- 能根據事物的相似點與不同點加以分類

建立假設並加以印證

- 根據觀察結果作推測
- 對事物抱著「如果……就會……？」的好奇心並試著提出合理解釋
- 設計或操作簡單的實驗以印證假設（如將大、小石頭丟進水裡，觀察哪一顆石頭沈得較快或較慢；用顏料當水來澆花）

產生興趣／認識大自然／科學現象

- 展現對各種科學主題的知識，或者能以本身或他人得自大自然的經驗提出報告
- 對大自然的現象或相關資訊感興趣
- 經常對所觀察的事物提出疑問

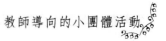

認識工具

活動目標：學習使用不同的工具以解決科學上的問題

核心構成要素：觀察

　　　　　　　問題解決

教學資源：第一組：生物學家

　　　　　　　托盤、羽毛、顯微鏡、雜誌圖片、碎布條

　　　　　　第二組：醫生

　　　　　　　托盤、聽診器

　　　　　　第三組：檢查員

　　　　　　　托盤、放大鏡、印台、紙

　　　　　　第四組：化學家

　　　　　　　托盤、滴管、製冰器、食用色素

活動程序

1. 將四組教具分別放在托盤中，向孩子展示。告訴他們這就是科學家們所使用的用具，而且小朋友們也可以像真的科學家一樣使用這些器具來工作。讓孩子辨識這些用具並介紹不同的使用方法，然後全班分成四組進行活動。

- 第一組小朋友扮演生物學家。向孩子展示顯微鏡，請他們說出顯微鏡的名稱及功用。你可以說明顯微鏡有放大的功能，將物品變得比原來的尺寸大好幾倍，如此可以讓我們看清楚平常小得看不見的東西。請小朋友將碎布條、羽毛和雜誌圖片放在顯微鏡下，並比較與原來的樣子有何不同？示範如何對焦及調整角度。

- 將聽診器發給第二組小朋友，他們要模仿醫生——研究人類身體的

科學家。請他們說出扎盤裡每項醫生用品的名稱。以前看過這些東西嗎？知道它們的用途嗎？你可以說明聽診器是醫生用來聽心跳的工具，就像顯微鏡能將物品放大，聽診器可以將聲音放大，讓它聽起來大聲些，所以像「心跳」這類平常微小得聽不見的聲音，就能夠被清楚地聽見了。讓孩子找一位同伴，聽聽彼此的心跳。

然後，請小朋友注意當他們的同伴躺下、站著或跳十下，其心跳聲有何變化？變得較大聲或較小聲？較快或較慢？協助孩子設計表格以記錄這些變化。提醒小朋友不可以將聽診器當成麥克風，對著它說話或大叫。

• 第三組小朋友要當檢查員。讓他們了解放大鏡的用途。解釋放大鏡和顯微鏡一樣，能讓物品看起來變得較大，因此能將待會要觀察的指紋看清楚。

請小朋友將手指頭一一小心地在印台上按一下，再將指紋蓋在紙上。讓他們對照下頁的圖，指出自己的指紋是環狀紋、弧形紋或螺旋紋。示範如何使用放大鏡以幫助他們看得清楚些，慢慢提高放大鏡調整焦距，直到能清晰地看見指紋。

• 第四組小朋友是化學家——專門研究如何將不同的物質結合，產生新物質。問孩子如果將不同的顏色混在一起會怎樣？給每位小朋友兩個製冰器，一個裝水，另一個裝各種顏色的食用色素。請他們試試看可以變成幾種不同顏色的色水？完成後，觀察比較這些顏色，說明它們是如何產生的？

2. 讓每一組小朋友輪流進行其他組別的活動。

給老師的話

1. 本活動的目的是讓孩子熟悉科學器具或設備的使用，為往後的科學課程做準備。可視情況多提供這樣的學習機會。

2. 如果孩子有興趣，你可以下列方式設計活動內容：

• **第一組**：讓孩子自行選擇欲以顯微鏡觀察的物品（頭髮、鉛筆屑

等）。

- **第二組**：在身上哪些部位可以找到脈搏聲？胸部、頸部、腕關節還是拇指？
- **第三組**：以放大鏡察看報紙的鉛字、葉子的紋路、照片裡的臉、或是第一組所檢驗的物品。比較放大鏡和顯微鏡的功能。
- **第四組**：孩子們可以依據實驗結果歸納出公式或顏色圖表。

我的指紋是：

環狀紋　　　　弧形紋　　　　螺旋紋　　　　其他

短期實驗　　　　　　　教師／學生導向的小團體活動

磁鐵實驗

活動目標：透過實驗了解磁鐵的功能

核心構成要素：印證假設

　　　　　　比較和對照

　　　　　　觀察

教學資源：金屬玩具車

　　　　　磁鐵

　　　　　吸管

　　　　　尺

　　　　　冰棒棍

　　　　　金屬線

　　　　　膠帶

　　　　　線

活動程序

1. 請孩子想辦法將一輛玩具車從桌子的一端移動到另一端，但手不可以碰到車子。

2. 將孩子分成小組，發給每組至少一輛玩具車。鼓勵小朋友嘗試以各種用具來移動車子。你可以設計活動單分發給小朋友，讓他們以圖畫或文字記載所使用的用具、使用的方法，以及是否奏效？

3. 學生們嘗試過各種用具之後，讓他們發表心得，看他們是否發現磁鐵可以移動金屬車。如果有孩子說出其他答案，請他向大家示範，由全體小朋友評斷該方法是否有效（「其他答案」也許包括用尺推車子或使桌子傾斜）。仔細觀察孩子並聽他們的解釋，參考他們的

意見，作爲往後設計課程的依據。

延伸活動

1. 將全班分成小組，給每組一塊磁鐵和一個裝著各種小東西的盒子，如迴紋針、釘子、彈珠、零錢、珠串或開罐器。請小朋友找出盒子內的哪些物品能被磁鐵吸引（先確認孩子了解「吸引」的意義）。

2. 說明科學家都會記錄實驗結果，以找出某些模式並記載他們所發現的事項。讓孩子也爲磁鐵實驗做記錄：在桌上貼兩張標籤，分別寫著「能」和「不能」。將上列物品依是否被磁鐵吸引的實驗結果，排列在適當的標籤下。比較這兩組物品的特性，或者協助孩子設計類似以下的表格，以記錄實驗結果。

3. 統整學習經驗；請孩子說出被磁鐵吸引的物品有何共通的特性？孩子能否歸納及有條理地陳述實驗心得？能否說出大部分金屬可以被磁鐵吸引，但有些則不行？進行一段討論後，告訴孩子被磁鐵吸引的金屬中都含有一種成分：鐵或鋼。

磁鐵實驗記錄單

磁鐵能吸住這些東西嗎？將答案圈起來。

釘子	能	不能
迴紋針	能	不能
彈珠	能	不能
珠串	能	不能
開罐器	能	不能
零錢	能	不能
*	能	不能
*	能	不能

*表示由小朋友自行選擇欲實驗的物品。

短期實驗  教師導向的小團體活動

影 子

活動目標：探索光和影的關係

核心構成要素：了解空間關係

　　　　　　比較和對照

　　　　　　觀察

教學資源：Frank Asch 所寫的《*Bear Shadow*》

　　　　　手電筒

　　　　　粉筆

活動程序

1. 閱讀有關影子的故
   事，如 Frank Asch 所
   寫的《*Bear Shadow*》
   ──描述一隻熊想要
   擺脫自己的影子。請
   小朋友說出對影子的
   認識：在哪裡看過影
   子？什麼時候看過影
   子？

2. 請孩子想一想在教室
   裡見過影子嗎？影子
   如何產生？讓小朋友
   親自試試看。提供相
   關資源，例如手電筒

等。

3. 選一個晴天帶孩子到戶外，請他們試著丟掉自己的影子。有可能嗎？如果站在大影子裡，或遊戲場有陰影的一邊，會有什麼發現？有什麼方法可以改變影子？例如變得大一點、小一點、胖一點、瘦一點。讓小朋友們用不同的物體玩影子遊戲，如雨傘或書。

4. 每二～三小時注意同一地點的影子是否有改變？變大？變小？變寬？還是改變方向了？

5. 玩踩影子遊戲：用腳踩別人的影子，或用自己的影子碰到別人的影子，或用自己頭部的影子碰到別人的影子。

短期實驗   教師導向的小團體活動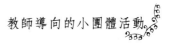

神奇小水滴

活動目標：進行實驗以比較對照小水滴在不同紙類的反應
核心構成要素：比較和對照
　　　　　　　實驗
教學資源：各種紙類（打字紙、蠟紙、報紙、紙巾）
　　　　　各種包裹材料（錫箔紙或保鮮膜）
　　　　　水
　　　　　滴管
　　　　　放大鏡

活動程序

1. 將水滴在不同物體的表面。先從錫箔紙開始，水滴是凝聚在一處或擴散開來？停留在表面還是滲透下去？

2. 請小朋友個別或小組進行實驗，用滴管在錫箔紙上滴數顆水珠。觀察這些水滴會變成大水珠？小水珠？或層層堆疊？若用滴管牽動水珠的邊緣，會變成哪幾種不同的形狀？小朋友們有沒有辦法移動水珠的位置？能不能讓兩顆水珠以非常近的距離保持分離狀態？

3. 繼續展示不同表面材質的物體。請學生注意觀察水滴在不同的表面上各有何變化？滴在錫箔紙的水珠和滴在紙巾上的水珠看起來是一樣的嗎？形狀是一樣的嗎？和孩子一起討論這項實驗，問他們從實驗中發現了什麼？將他們的回應寫下來。

4. 討論本實驗所使用各種紙類和包裹材料的特性各有何不同？哪一種材質能吸收的水分最多？哪一種材質能吸收的水分最少？

5. 請小朋友將這些材料分成兩組：能吸水的和不能吸水的。材料的吸

水能力與該材料的功能有沒有關係？爲什麼用紙巾擦拭溢出的水？用錫箔紙包裹食物？

延伸活動

1. 讓小朋友以不同的液體進行這個實驗，如醋、油、糖漿、牛奶、蘋果汁、茶、咖啡。
2. 讓孩子用放大鏡觀察不同液體的水珠中央和邊緣，比較它們的異同。
3. 請小朋友以不同液體的水珠作畫。哪些液體乾得較快？哪些液體乾得較慢？哪些水滴的外觀會隨時間改變？
4. 記錄學生的疑問和發現。要求他們以畫圖來記錄並做成一本書。

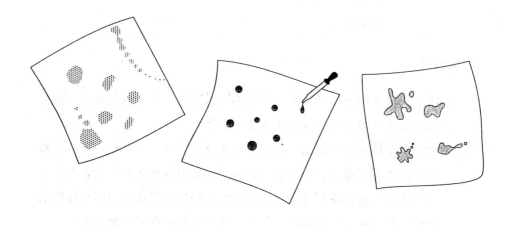

【本活動改編自 Elementary Science Study.（1971）. *Drops, Streams, and Containers*. St. Louis: McGraw-Hill.】

短期實驗　　　　　　　　　　教師導向的小團體活動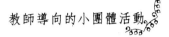

認識感官

活動目標：學習利用感官解決問題

核心構成要素：比較和對照

印證假設

歸納結論

教學資源：透明液體（水、糖水、鹽水）

琥珀色的液體（蜂蜜、蘋果醋、蘋果汁）

暗色液體（咖啡、可樂、醬油）

九個透明的有蓋塑膠瓶子

舊報紙或布

紙杯

活動程序

1. 將不同的液體分別倒入瓶子裡，在桌上鋪舊報紙或布。

2. 告訴孩子你有一個有趣的問題想請他們想辦法解決：桌上有三組裝有液體的瓶子，請他們猜猜哪一個瓶子裡裝的是你最喜歡的飲料——蘋果汁、水、可樂？孩子們將會如何做？通常孩子的第一個反應是以視覺來判斷。鼓勵孩子運用不同的方法。你可以問他們：「你怎麼看出來的？這些液體看起來幾乎一樣啊！」「你怎麼確定這一瓶就是蘋果汁呢？」

3. 將討論的主題導入人類的各種感官。說明有時可以用視覺辨別飲料，但若顏色相近的飲料就需以其他方法來辨別了。請小朋友們試著說出可以利用哪些器官解決這個問題呢？鼓勵他們聞一聞這些液體，並從每個瓶子各倒一些在紙杯裡嚐一嚐。

4.請小朋友向大家報告自己的發現，協助他們對人類各感官的功能做出結論。

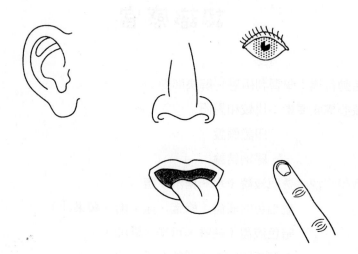

給老師的話

為了安全起見，叮嚀孩子除非在大人的照料下，否則千萬不可飲用沒有標示的飲料。

短期實驗　　　　　　　　　　學生導向的小團體活動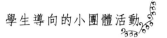

含脂肪的食物

活動目標：進行簡單的實驗並記錄結果
　　　　　認識健康的飲食
核心構成要素：觀察
　　　　　　　記錄及詮釋觀察結果
　　　　　　　歸納結論
教學資源：六種不同的食物，如：玉米片、餅乾、美乃滋、脆餅、香
　　　　　腸、一小塊蘋果或其他水果
　　　　紙
　　　　記錄表

活動程序

1. 和孩子討論健康食品。請小朋友列舉哪些是垃圾食物？哪些是健康食品？將答案寫下來，討論每一組食物有何共同之處？被歸為垃圾食品的食物為什麼較不健康？（含有脂肪、糖、鹽；缺乏維他命和礦物質。）

2. 告訴小朋友接下來所要做的實驗就是要找出哪些食物含有脂肪。他們將要檢驗六種食物。發給每位小朋友六張紙。請他們將食物分別在紙上摩擦，將紙對著光線，察看剛剛以食物摩擦的地方，並在記錄紙上寫下結果。該食物含有許多、少許或沒有油脂？

3. 重複以上步驟為每項食物檢驗，然後比較結果。引導孩子思考根據這項實驗，我們如何得知某種食物比另一種食物的脂肪多？

【本活動取材自 L. W. Nelson & G. C. Lorbeer.（1984）. *Science Acti-Vities for Elementary Children*（8th ed.）. Dubuque, LA: W. C. Brown.】

大自然教室

活動目標：學習觀察及認識季節變換

　　　　　學習保護週遭生態環境

核心構成要素：觀察

　　　　　　　比較和對照

　　　　　　　記錄及詮釋觀察結果

　　　　　　　對大自然的關注

教學資源：塑膠袋或紙袋（每人一個）

　　　　　文件夾（每人一份）

給老師的話

1. 戶外觀察是這項活動的重點，每一次戶外教學都設定一個主題，例如春天觀察大自然的生命力、夏天尋找所有綠色生物、秋天可以蒐集落葉、在「地球日」沿路撿垃圾，或進行「大自然教室」遊戲以訓練觀察技巧（下頁附有「大自然教室」遊戲的說明）。為戶外教學設定主題的目的是集中孩子的注意力，而非約束他們的學習內容或興趣。如果讓孩子在安全範圍內，自由地觀察及探索週遭環境，這趟大自然之行才能收到最好的效果。

2. 若每次戶外觀察都走同樣的路線，可以讓學生沿路分別「認養」一小塊土地或某個標的物。請注意這些土地和標的物必須長期存在那兒，好讓孩子觀察它的四季變化。你可以畫張路線圖，並標出每個孩子的「據點」。請小朋友留意自己的「據點」有何特殊之處，如：光和影子的對照、綠草和柏油的對照、標的物（樹或岩石）和空地的對照等等。在小朋友選擇他們的「據點」以前，先向小朋友

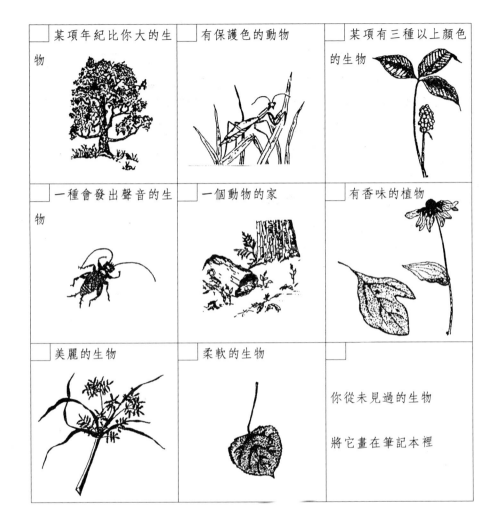

說明他們將要以這些據點進行一整年的戶外科學研究、觀察不同季節所帶來的變化及尋找生物。每位小朋友都要準備一個文件夾蒐集觀察資料。這些據點可以不定時的更換或擴大，但必須有充分的理由。

3.進行戶外觀察時或回到教室後，所有孩子們需以書寫或畫圖的方式記錄他們所作的觀察，特別是有關他們的據點的部分：有變化嗎？

怎樣的變化？核對表或活動單（如常見植物及昆蟲的清單或圖片）能幫助孩子回憶他們所看到的事物。分發活動單，讓孩子在單子上找出可在他們的「據點」中發現的生物，並做記號。

4. 後續的討論有助孩子統整所觀察到的事物或現象，並增進對週遭環境的認識。你還可以用各種活動內容讓戶外教學更有變化，例如利用落葉做拼貼、或以其他取自大自然的素材進行創作（詳見視覺藝術篇）。

5. 戶外教學提供孩子很好的機會蒐集他們感興趣的自然物質，也讓你有機會發現小朋友如何執行他們的工作，如何以他自己的方式接近大自然。

「大自然教室」遊戲出自 L. N. Gertz（1993）. *Let Nature Be the Teacher*. Belmont, MA: Habitat Institute for the Environment. 由 N. Childs 繪製插圖。

長期活動　　　　　　　　　　學生導向的小團體活動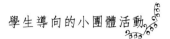

好玩的水

活動目標：透過玩水學習實驗程序

核心構成要素：印證假設

　　　　　　　比較和對照

　　　　　　　測量

教學資源：水盆

　　　　　工作服

　　　　　玩水用具：

　　　　　　　水管　杯子　幫浦　瓶子　　塑膠容器

　　　　　　　水車　滴管　篩網　草莓簍

給老師的話

1. 水管是接下來的四個活動中都會用到的工具，宜安排在靠近水龍頭的地方，並準備拖把和毛巾。提醒孩子只能在水盆裡進行遊戲，若不小心將水濺出來要立刻擦乾。依據水盆的大小限定每次玩水的人數。

2. 視情況讓孩子在課間活動或完成工作後，使用水盆進行水的遊戲。偶爾不妨只讓孩子玩玩水，而不一定要達到什麼目的。但利用水進行科學實驗時，就必須要求孩子建立假設、仔細觀察、操作工具和檢驗結果。

3. 盡量使用回收或捐贈的工具。盡量提出問題以幫助孩子建立假設，並從實驗中作出結論。

活動一、倒水

教學資源：茶匙

棉球

杯子

吸管

滴管

不同尺寸的漏斗和管子

沒有針頭的注射筒

問題：

*1.*一杯水通過漏斗需要多少時間？（以秒計算）

*2.*你能不能找到或發明一種器具讓水流得慢一點？（陳列可能的物品：不同尺寸的漏斗和管子、棉球及其他的「堵塞物」）

*3.*試著找出哪一種用具能最快將杯子注滿水？（提供滴管、茶匙、吸管、沒有針頭的注射筒）

活動二、浮和沈

教學資源：各種在水中會浮或沈的物品，如：

膠卷盒　石子　木頭積木

錫箔紙　海綿　塑膠材料的玩具蛋

軟木塞　錢幣　橡皮墊圈

問題：

*1.*哪一種物體會浮起來？

*2.*哪一種物體會沈下去？

*3.*為什麼有些物體在水中會浮起來，其他的卻會沈下去？

*4.*如何證明輕的物體會浮起來，重的物體會沈下去？（如果小朋友說出物體的浮沈與其重量有關再提出這個問題）

*5.*能不能找出一個會浮起來的物體去支撐一個會沈下去的物體？

6. 如何讓浮起來的物體沈下去，讓沈下去的物體浮起來？

活動三、溶解

教學資源：膠卷盒　滴管　　湯匙　　顏料
　　　　　植物油　食用色素　洗髮精　玉米澱粉
　　　　　麵粉　　鹽　　　沙　　　糖

問題：

1. 你認爲如果將＿＿＿置於水中，水會有何變化？
2. 你如何分辨哪一個瓶子有糖？哪一個瓶子有鹽？
3. 當水中加入食用色素或顏料時會有何變化？

給老師的話

你可以將每項物品標註 A、B、C、D 等等，方便孩子記錄實驗觀察。如 A＋B＋D＝實驗結果。此外，請小朋友在容器（不是水盆）內進行本實驗。

活動四、容量和守恆定律

教學資源：各式塑膠容器、量杯、瓶子
問題：

1. 你認爲哪個瓶子裡的水比較多？
2. 爲什麼你認爲那個瓶子裡的水比較多？
3. 如何得知兩個瓶子裡的水一樣多？

長期活動　　　　　　　　　　　　學生導向的小團體活動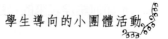

做麵包

活動目標：透過進行實驗及烘培麵包認識化學變化

核心構成要素：觀察

　　　　　　　測量

　　　　　　　印證假設

　　　　　　　記錄及詮釋觀察結果

給老師的話

1. 每天全世界有許多廚房裡都在進行無數的化學活動。一些尋常的材料，如麵粉、糖、鹽混在一起就能做出熱烘烘、香噴噴又營養的麵包。在本活動中，小朋友們將從事一系列的實驗以得知使麵包變得鬆軟的成分。在實驗過程中，孩子也將了解到「化學」與我們日常生活的密切關係。

2. 儘可能讓孩子親自操作實驗及製作麵包。先和他們討論分工合作的方式：是輪流，或是自願擔任各項工作。開始工作後，隨時提供支援，並提出適當的問題提醒小朋友們思考：如一茶匙和一湯匙有何不同？你如何確定你量的是不多不少、剛好一湯匙或一杯的分量？

3. 本活動可以同時擴展孩子各領域的能力。例如當他們研究食譜、拿捏分量時，可以發展語文和數方面的能力。還可以利用製作成果開設麵包店，讓孩子有機會學習如何決定售價、標價、找零錢及計算收入。為促進社會認知的能力，可邀請家長提供家族或特殊文化的食譜，也可以利用本活動討論有關營養的知識。

活動一、少了⋯就會⋯⋯

教學資源：烘培器具

足夠做三～五條麵包的材料（詳見食譜）

黑板和粉筆或紙和麥克筆

活動程序

1. 做麵包時沒有小蘇打會怎樣呢？沒有麵粉會怎樣？沒有糖呢？和孩子一起腦力激盪，想一想製作麵包需要哪些材料？將它們寫下來。告訴孩子接下來將要進行一系列的實驗，找出哪些成分是製作麵包所必須具備的。同時也將發現哪一種物質使麵包發酵。

2. 挑選較容易準備及製作的麵包食譜；無論是你所偏好的、家長提供的或我們所建議的。

3. 協助孩子確實依照食譜的說明製作麵包，以便他們可以預期做出來的麵包應該是什麼樣子、什麼味道。要小朋友猜猜看會讓麵包發酵的是哪一種或哪一些成分。

4. 再做一個麵包，但這次請小朋友選一種材料故意不要放。讓孩子觀察、品嚐這次的成品，討論它跟第一個完成的麵包有何不同之處。第二個麵包中沒有放的材料會不會影響麵包的外形或味道？它的作用是什麼？它會使麵包發酵嗎？如果是，那麼孩子也許發現了發酵的媒介物：小蘇打、發粉或酵母。

5. 讓孩子試試看省略不同的材料，會分別造成什麼結果？（每次只省略一種材料）和小朋友們討論被省略的材料對麵糰有何影響？有助於麵糰發酵嗎？如果不是，為什麼還需要這種材料呢？

姑媽的香蕉麵包

©1998 Sara Evans, Belmont, Massachusetts

材料：　1/2 杯奶油

1 杯糖

1 顆蛋

4 湯匙原味優格

1 茶匙小蘇打

2 條香蕉（糊狀）

1 1/2 杯麵粉

1/4 茶匙鹽

- 預熱烤箱至 350 度。
- 將奶油和糖在大碗中攪拌成乳狀，加入蛋、香蕉糊攪拌均勻。
- 鹽和麵粉一起過篩。在另一個碗中將小蘇打和優格拌勻。加入麵粉及優格混合至香蕉糊中。
- 將油脂塗在烤麵包的容器中（約 9"×5" 大小）。倒入麵糰，烤 55 分鐘（烤好時，用牙籤戳一下麵包。若拔出的牙籤是乾淨的，就表示完成了）。

待冷卻後切開食用。

活動二、發粉與小蘇打粉

教學資源：發粉

麵粉

小蘇打粉

六個紙杯

醋

測量用的湯匙

記錄紙

水

活動程序

1. 在製作麵包的實驗中，孩子可能發現小蘇打粉或發粉能讓麵糰發酵。但這些物質能自行發生作用，還是需要其他物質的幫忙？在接下來的實驗中，將要把小蘇打粉和發粉與其他不同的成分結合，看看會發生怎樣的變化？

2. 請小朋友將紙杯依一～六編號。在一、三、五號的杯子內放一茶匙的小蘇打粉。將茶匙洗乾淨後，再放一茶匙發粉在二、四、六號的杯子裡。

3. 孩子一面操作實驗，一面記錄實驗結果（註明有泡沫或無泡沫）。有必要的話，在黑板或紙上標明每個杯子裡的成分。

(1)在一號杯子及二號杯子分別加入四分之一杯的水，會產生什麼現象？

(2)將四分之一杯的麵粉和二分之一杯的水混合後分成兩份，一份倒入三號杯子；一份倒入四號杯子。會產生什麼現象？

(3)在五號杯子及六號杯子分別加入四分之一杯的醋，會產生什麼現象？

	小蘇打粉	發粉
一號杯　水		
二號杯　水		
三號杯　麵粉混合物		
四號杯　麵粉混合物		
五號杯　醋		
六號杯　醋		

4. 請小朋友再檢查實驗結果，想一想是什麼東西讓發粉起泡沫？什麼東西讓小蘇打粉起泡沫？這些泡泡為什麼會在麵包裡？（當酸和鹼結合會產生二氧化碳。發粉是以碳酸氫鈉為一種鹼，再加上粉末狀的酸組成；它會藉由水或其他液體而發生作用。小蘇打粉含有碳酸

氫鈉，但沒有酸，因此要將酸加入小蘇打粉，二氧化碳才能被釋放出來。麵包食譜中通常以小蘇打粉作為發酵之用，但須與醋、果汁、或其他種類的酸一起使用，才能達到發酵的目的。請孩子拿起一片麵包，看看二氧化碳的氣泡所留下來的小空隙。）

5. 問問小朋友可以在一號杯和三號杯加入什麼東西讓小蘇打粉起泡沫？鼓勵孩子試試看！

活動三、酵母是活的

教學資源：三～四包酵母

　　　　　　　四個氣球

　　　　　　　糖

　　　　　　　四個一公升裝的瓶子

　　　　　　　麵粉

　　　　　　　二個碗

　　　　　　　鹽

　　　　　　　量杯

　　　　　　　蘋果汁

　　　　　　　漏斗

　　　　　　　記錄表

活動程序

1. 打開一包酵母讓小朋友觀察、觸摸、聞一聞。向小朋友說明這就是使麵包發酵的物質，跟小蘇打粉和發粉一樣。但不同於小蘇打粉和發粉的是，酵母是由活的有機物質所組成，只要在適當的環境下，就能生長和繁殖。酵母（一種單細胞植物）從很久以前就一直被人們用來使麵包發酵，但在這個實驗中，孩子們將要用酵母來吹氣球。

2. 告訴孩子他們將要測試四種不同的食物，都是烘培食物時所需要的

成分，以找出哪一種物質最利於酵母的生長。首先讓小朋友將三袋酵母都倒在碗裡，和一杯溫水完全混合（注意水的溫度，在下一組實驗中將探討水溫對酵母的影響）。

3.在四個完全一樣的瓶子上註明待測試的物質，分別是糖、麵粉、鹽和蘋果汁。請小朋友依下列方式準備瓶子：

(1)在碗裡混合二分之一杯糖和二分之一杯溫水。加入四分之一杯酵母混合物。用漏斗將碗裡的混合物倒入第一個瓶子裡。將一個氣球套在瓶口。

(2)將碗和漏斗洗淨。混合二分之一杯麵粉和二分之一杯溫水，加入四分之一杯酵母混合物。將這些混合物倒入第二個瓶子裡。也將一個氣球牢牢固定在瓶口。

(3)用二分之一杯鹽、二分之一杯水和四分之一杯酵母混合物重複以上步驟來準備第三個瓶子。

(4)第四個瓶子裡裝的是二分之一杯蘋果汁和四分之一杯酵母混合物。蘋果汁需保持室溫。

4.請小朋友猜猜哪一種食物最有利於酵母產生作用。讓孩子每半個小時察看瓶子一次，並在下頁表格上以圖畫或文字做記錄。氣球有沒有變化？哪一個瓶口的氣球最大？哪一個最小？該瓶子裡的混合物看起來如何？有沒有泡沫？

5.這些泡沫是如何產生的？請孩子說出他們的想法。解釋酵母分解了麵粉中的澱粉，變成糖，再將糖轉化成酒精。在這個過程中，就產生了二氧化碳。請孩子想一想，當酵母和麵糰中的麵粉、糖、鹽和果汁混合時，會發生什麼變化？

酵母實驗記錄表

	1/2 小時後	1 小時後	1 又 1/2 小時	2 小時後
麵粉				
糖				
鹽				
蘋果汁				

活動四、水的溫度

教學資源：三包酵母

三個氣球

麵粉

漏斗

三個一公升裝的瓶子

量杯

二個碗

爐子

紙和鉛筆

活動程序

1. 在以上每個實驗中，液體用來與酵母混合。液體的溫度是否會影響實驗結果？為了找出答案，小朋友們要再做一個與酵母有關的實驗。這個實驗中，每個瓶子裡的成分和分量都維持不變，只有水的溫度改變。

2. 將三個瓶子分別標明冷水、溫水和熱水。引導孩子做以下實驗的準備工作：（與熱開水有關的部分請不要讓孩子做）

(1) 混合二分之一杯麵粉和二分之一杯水，用漏斗將此混合物倒入第一個瓶子：用爐子燒開水，以二分之一杯熱開水溶解一包酵母粉，攪

拌均勻，倒入瓶中。將氣球牢牢固定在瓶口。

(2)將二分之一杯麵粉和二分之一杯水混合，倒入第二個瓶子：用二分之一杯溫開水（約80度左右）溶解一包酵母粉，也加入瓶中。在瓶口處固定一個氣球。

(3)重複同樣步驟，但以冷水溶解酵母粉，倒入第三個瓶子。

3.讓孩子預測哪一個瓶子裡的物質最有助於酵母的生長。像上個實驗一樣，請孩子每半小時察看瓶子一次並記錄其變化。協助小朋友整理從本實驗所獲得的結論——水必須有一定的溫度才能有助酵母生長，但溫度太高又會殺死酵母（酵母約在50度開始活動；最適宜的溫度是80度，超過120度就會死亡）。

教師導向的小／大團體活動

種子變變變！

活動目標：設計及進行實驗以了解植物的生長

核心構成要素：觀察

歸類

比較對照

建立並印證假設

對觀察的記錄及詮釋

給老師的話

1. 孩子喜歡看著種子漸漸長成植物。只要一些簡單的材料：種子和容器，小朋友們就能開始一連串他們自己能計畫、掌控和完成的學習。

2. 這一連串的活動同時也讓孩子學習到如何進行實驗。協助他們設計實驗來解答他們對種子成長過程的疑問。引導他們建立假設，並想辦法檢驗這些假設能否成立。隨時觀察孩子興趣所在，提供更豐富的教學內容。

3. 讓孩子討論這項實驗。協助他們以畫圖或其他方式記錄實驗的過程、觀察到的現象和實驗結果。

4. 若能有一小塊土地讓孩子種植就再好不過了。小朋友們可以學習到相關主題：蟲、養分、食物鏈、季節變換等。向相關人士或單位請教在配合氣候的條件下，種植哪些植物可以在學期結束前收成？

活動一、種子分類

教學資源：各類種子

（水果籽、果核、豌豆莢、松果、刺果）

塑膠袋

活動程序

1. 到戶外蒐集種子。向孩子介紹各類型的種子，包括堅果、松果、漿果等。孩子能找到哪幾種呢？這些種子分別來自於哪些植物？不同的種子會成為什麼樣的植物呢？如果這些種子是掉在地上的，那麼離它的「父母」有多遠呢？

2. 回到教室後，將剛剛蒐集或你事先準備的種子分發給孩子們。請孩子觀察、觸摸這些種子，並將它們分類（可以大小、顏色、外型、質地來分）。完成後，請小朋友們說明如此分類的理由。

3. 告訴孩子另一種分類的方法：以種子傳播的方式來分。許多植物以相當巧妙的方法來傳播種子，以至於種子成長的地方可能離它的「父母」有一段距離。如此一來，植物就不需要為同一區域的陽光、水源和土地中的養分而競爭。有些種子，如楓樹和蒲公英的種子，是藉由風來傳遞的。另一些種子，如刺果，其種子上布滿了小小的勾狀物，利於攀附在動物的毛皮上，藉由動物的移動來傳播。還有些種子，如向日葵及覆盆子的種子，則是先被鳥類或其他動物吃下去，經過它們的消化系統，再被排泄出來。鼓勵孩子們對他們所拿到的種子加以研究，調查它們的傳播過程。

活動二、植物需要什麼？

教學資源：塑膠袋或容器

盆栽土

種子

紙和筆

黑板和粉筆或壁報紙和麥克筆

活動程序

1. 大家腦力激盪，想一想一顆種子長成植物可能需要哪些條件（如：空氣、水、陽光、土壤、肥料）？將這些物質列舉出來。

2. 讓小朋友設計實驗，一一檢驗上面所列舉的物質中，植物生長最需要的是哪些？例如，如何證明植物需要空氣？提醒孩子在每個實驗中安排對照物，定期記錄觀察結果。

3. 持續數週觀察種子的生長情形，它所需要的物質是否改變？例如，種子能在黑暗中發芽，但需要陽光才能繼續生長。

4. 小朋友們對植物的生長還有哪些疑問？請他們試著對這些疑問預設答案並加以印證。以下是一些有趣的問題：

- 如果用刀在種子上畫刻痕，種子仍然會生長嗎？如果將它切成兩半呢？

- 比較種在土裡、沙裡、和碎石礫中的種子，其生長情形有何不同？

- 分別用乾淨的水和受污染的水（如有泡沫的洗碗水）為種子澆水，其生長情形有何不同？

- 種子是在溫暖或寒冷的環境中生長得最好？

- 如果跟這些幼苗說說話、對它們唱歌、為它們施肥，能不能使它們長得快些？

- 不同種子的成長情況會不會不一樣？（例如是否有些種子在較冷的地方或土質較不理想的地方也能生長）

活動三、只有種子會發芽嗎？

教學資源：馬鈴薯、胡蘿蔔和洋蔥

一碗水

容器

盆栽土

種子

刀

活動程序

1. 讓孩子明白植物的繁殖並不一定需要種子。小朋友們可以直接把馬鈴薯變成一顆新的植物。我們所吃的是馬鈴薯的「塊莖」——植物在地下貯存養分的地方。有些植物，例如馬鈴薯，可以塊莖或球莖來培植。

2. 找一塊至少有兩個芽眼的馬鈴薯，將它的一部分浸在水中。請孩子觀察及記錄其變化（一週兩次）。發芽了嗎？在哪裡？長出根了嗎？在哪裡？多久才出現這些現象呢？

3. 馬鈴薯抽芽長根之後，就可以移植到盆栽裡。將盆栽放在有陽光的地方定時澆水。

4. 再試試種胡蘿蔔及洋蔥，它們也是長在地下的。將胡蘿蔔及洋蔥切塊，讓小朋友猜猜哪一塊的哪一部分會長出新的植物來（如胡蘿蔔的頂端）。將這些切塊的胡蘿蔔及洋蔥浸在水中，觀察它們生長的情形。

長期活動   教師導向的小／大團體活動

氣象小專家

活動目標：觀察並記錄天氣的變化

　　　　　認識季節變化

核心構成要素：觀察環境中的變化

　　　　　　　記錄及詮釋所觀察到的現象

　　　　　　　測量

　　　　　　　印證假設

教學資源：布告看板

　　　　　麥克筆或蠟筆

　　　　　大頭圖釘

　　　　　戶外溫度計

給老師的話

1. 這項記錄天氣的活動將進行一整年，其目的是幫助孩子仔細觀察季節及天氣的變化。在介紹活動以前，先準備幾張與天氣有關的圖卡（如：太陽、雲、雨、風、雪）和一張有大格子、可以貼這些圖卡的月曆。孩子們也可以在美勞活動時畫天氣圖卡。

2. 讓每位孩子都有機會擔任一週氣象播報員。通常大團體時間最適宜作氣象報告，如此可讓全班都參與並重視這個活動。氣象播報員將適當的天氣圖卡貼在月曆上，向大家解釋他選擇那張天氣圖卡的理由（像是：根據自己的觀察結果或聽收音機、看電視的預報）。

3. 鼓勵孩子報告其他相關資訊，如：溫度、風向和風速。指導小朋友如何在報紙上尋找這些資訊，或在窗外掛一個溫度計並記錄結果。你也可以做一個風向標（見下頁說明）。

4. 可行的話，用各種圖表將不同時間所作的測量結果作比較對照。請孩子想辦法找出下列問題的答案：

- 今年哪一個月份較溫暖？九月或四月？哪一個月份較冷？十二月或一月？
- 在這個月裡，哪一週雨下得最多？哪一週晴天最多？
- 這個星期裡，最常吹哪個方向的風？

5. 指導孩子進行一整年的氣象研究計畫；探討各種天氣狀態和隨季節改變的情形。以下是一份簡單的日曆，記錄溫暖夏天轉為寒冷冬天的氣候變化。

九月：風從哪裡來？

和孩子合作完成一個風向標。用一個一品脫的塑膠容器就可以做很好用的風向標了。在蓋子的中間挖個洞，請孩子在邊緣標註方位（東、西、南、北）。將一支長釘子從容器底部穿透到蓋子中間的洞。指針則是用硬紙板剪一個長箭頭，注意箭尾的表面面積要比箭頭部分多。將一根吸管的頂端用訂書機固定在箭形指標的中間，將吸管穿過釘子直到蓋子上的洞，注意洞要夠大足以讓吸管旋轉自如。（有關製作氣象風向標及相關儀器的詳細說明可參考 Melvin Berger 的《*Make Your Own Weather Station*》）

孩子們將風向標拿到戶外，用指南針找到北方，然後將風向標上標註「北」的地方也對準北方。風向標的箭頭應放在有風的地方，如此一來，如果箭頭指向西方，就表示風是從西邊吹來的。

十月：落葉之美

和孩子一起散步，請他們蒐集喜歡的葉子。建議他們找不同形狀和顏色的葉子。藉這個機會觀察哪些樹木正在掉樹葉，哪些樹則沒有？討論這個現象的原因。回到教室後，給每位孩子兩張蠟紙，讓小朋友在其中一張蠟紙上排列樹葉，灑下一些蠟筆屑，再用另一張蠟紙覆蓋上去。然後用熨斗將兩張蠟紙一起燙。

十一月：餵鳥樂

　　深秋時分，動物們開始準備過冬了。松鼠到處尋找核果好貯藏起來，鳥類也紛紛飛向南方。那些留下來的鳥兒們就很難找到東西吃了。讓我們提供鳥兒一頓大餐吧！給每位孩子一個大松果，如果可能的話，帶小朋友去散步，讓他們自己蒐集。混合一份花生醬和一份起酥油，小朋友將這份混合物塞進松果中，然後將松果放到小鳥食盤內，用線將食盤吊在樹上。

十二月：保暖

　　告訴孩子各種動物在冬天裡的保暖方式，如：狗會長出厚一點的皮毛、青蛙會躲在池塘底的泥巴裡、熊會冬眠。進行下列實驗，讓孩子了解動物們如何準備冬天的家。

　　照著包裝上的說明，將動物膠和熱開水混合，然後倒入膠卷盒或其他小容器內。帶著膠卷盒到寒冷的戶外，要小朋友把膠卷盒當作小動物，需要一個溫暖的家。請小朋友四處尋找最溫暖的角落，並把他們的「小動物」放在那兒。鼓勵孩子試試看不同的地點：一個開放的、有陽光的空間；雪堆深處；一堆落葉下。離開十五分鐘，讓孩子動一動以保暖，再回來查看膠卷盒。哪一個地點的膠卷盒溫暖得足以讓盒內的液體不至於凝固？孩子們也許會驚訝地發現雪堆深處居然是絕佳的保暖地點呢！如果他們是小動物，會選擇將冬天的家設在哪裡呢？哪一種材料能讓家保持溫暖呢？

一月：冷藏

　　有時我們希望某些物品保持冷凍狀態，例如冰箱裡的冰淇淋。製作一些冰塊，用不同的材料像是泡狀紙、錫箔紙、塑膠袋、層層的報紙分別將冰塊包起來。也可以仿照上一個實驗，將冰塊包在雪球裡或用樹葉包裹。將冰塊放在托盤上，請孩子預測哪一塊冰塊融化得最慢。隔一段時間定時查看冰塊的融化情形，並以圖表做記錄。哪一種包裝材料的冷藏效果最

好？如果想讓三明治保鮮到午餐時間，你會選擇哪一種材料來包裝呢？

二月：雪花片片

　　用容器裝一些雪到教室裡，用放大鏡或顯微鏡觀察雪花的形狀。爲什麼這些雪花的形狀各不相同呢？它們又有哪些共同之處呢？

　　你也可以將雪花的觀察延伸爲美勞單元：給每位孩子一張直徑約六公分的圓形白紙，教小朋友將紙對折，再折成三等份（雪花是六邊形）。示範如何在六個邊剪花樣，然後將紙打開，貼在牆上或窗戶上展示。

三月：測量雨量

　　找一個下雨天，將各種容器——洗臉盆、優格杯、果醬瓶等等，放置到戶外。幾個小時後，將這些容器拿進教室，用尺量一量收集了多少水。測量結果是否相同？爲什麼？接著，用量杯測量每個容器內的水量，其結果是否相同？爲什麼？

四月：春之頌

　　請孩子當大自然的小偵探，四處尋找春天的蹤跡。給他們每人一支鉛筆或蠟筆、一張紙、一塊當作寫字夾板的硬紙板。請小朋友們將所發現的事物畫下來或寫下來。尤其提醒他們留意天氣的變化：風大嗎？地上是否泥濘？建議他們多利用不同的感官。空氣中有什麼味道？聽到什麼聲音？

看到什麼顏色？春天的顏色和冬天有何不同？鼓勵孩子觀察植物和動物的生活，以及它們在春天的成長速度和活動量。找到花了嗎？有沒有發現動物現身的蛛絲馬跡——腳印、巢穴、地上的洞，特別是啃食過的核果或種子。孩子們回到教室後，鼓勵他們整理所做的觀察，並根據這些資料畫圖、寫詩或寫一篇故事。

五月：奇妙的雲

以一週或一週以上的時間每天到戶外散步。請小朋友們將所看到的雲畫下來。雲是什麼顏色？什麼形狀？在天上多高的地方？那裡的天氣看來如何？請孩子查閱雲系圖或相關書籍，根據他們的觀察來辨認並標註他們所畫下來的雲屬於哪一種？

活動後期，請小朋友們整理他們所作的觀察：哪一種雲和晴朗的天氣有關？和雨天有關？有了這樣的認識後，孩子們能不能試試看預測一下明天的天氣？

科學親子活動 1

發芽的種子

活動目標：了解不同條件下種子的發芽情形

　　　　　思考哪些條件最有利於種子的發芽

教學資源：小塑膠袋若干

　　　　　紙巾

　　　　　一小包種子或一把豆類（青豆、菜豆、豌豆）

給父母的話

　　為什麼有的植物會長得比較高？為什麼不下雨的時候植物就容易死？孩子對大自然充滿了疑問。透過實驗解答孩子的困惑對於協助他們了解事物的因果關係有很大的幫助，也讓他們學到植物生長的要素。

活動程序

1. 和孩子討論植物成長所需要的物質。水、陽光和溫度都是重要的元素。鼓勵孩子提出與植物有關的問題並設法找出可能的答案。鼓勵孩子將在家裡或學校所得到的知識和大家分享。

2. 請孩子思考下列問題：

　• 如果少了植物成長三要素——水、陽光和溫度的其中之一，種子將會如何？

　• 如果只有陽光和溫度，但沒有水，種子將會如何？

　• 如果只有水，但沒有陽光，種子將會如何？

　• 雖然有水和陽光，但在一個非常寒冷的地方，種子將會如何？

請孩子協助針對這些問題設計實驗，以找到答案。

3. 協助孩子設計實驗：

- 在紙巾上灑下少許種子或豆類。

- 用水使紙巾濕潤，放在塑膠袋中。將塑膠袋置於溫暖、有陽光的地方。

- 讓孩子以寫字或畫圖的方式，註明這些種子有水、陽光和溫度。

4. 進行下一步驟：

- 在另一張紙巾上灑下少許種子或豆類（請使用同樣的種子或豆類進行這些實驗）。

- 不要弄濕紙巾，將它放在塑膠袋中。將塑膠袋置於溫暖、有陽光的地方。

- 讓孩子註明這些種子有陽光和溫度，但沒有水分。

5. 鼓勵孩子再想一想還有哪些變項，並一一加以測試。例如：

- 將種子灑在濕紙巾上，放在塑膠袋內。再將塑膠袋拿到戶外有陽光的地方——但要在寒冷的冬天進行這個實驗（確認種子不會被動物破壞）。請孩子註明這袋種子有水和陽光，但沒有溫度。

- 將種子灑在濕紙巾上，放在塑膠袋內。再將塑膠袋放在衣櫥內。請孩子註明這袋種子有水和溫度，但沒有陽光。

6. 天天觀察這些塑膠袋裡的種子，持續一週。你可以採用下頁的表格來記錄種子的生長情況，或者協助孩子自己設計表格及記錄符號。

7. 請孩子思考下列問題：

- 哪個袋子裡的種子最快發芽？

- 哪裡是最適合種子生長的地方？種子生長最需要的要素有哪些？

8. 你可以將種子改種在有土的容器內，當種子漸漸生長，請孩子觀察：

- 哪些種子成長情況良好？

- 其他的種子成長情況如何？為什麼？

9. 幫助孩子依據實驗結果整理報告。

分享

如果你認為適當的話，可以讓孩子帶這些種子和記錄表到學校，向大家說明這個實驗並介紹實驗結果。

種子發芽記錄表

	星期日	星期一	星期二	星期三	星期四	星期五	星期六
水 陽光 溫度							
陽光 溫度 缺水							
水 陽光 缺溫度							
水 溫度 缺陽光							

科學親子活動 2

展覽

活動目標：辨認、描述及歸類採集自大自然的蒐集品
教學資源：從大自然所採集的：

　　　　　蟲子　蝴蝶　貝殼

　　　　　石頭　花　　葉子

　　　大盒子或大張紙

　　　膠水或膠帶

　　　筆或麥克筆

　　　紙

給父母的話

　　很多孩子有蒐集小東西的習慣，也許是郵票、棒球卡、貝殼、錢幣或蝴蝶。這些蒐集品不但是一種學習資源，在欣賞比較它們的時候，也為孩子帶來許多樂趣。孩子可以依顏色、大小、採集地點等等來作分類。

活動程序

1. 和孩子一起到戶外去蒐集一些有趣的小玩意兒。回到室內後，協助孩子描述每件物品的名稱或特色。孩子注意到物品的哪些特徵？它是軟的？硬的？彩色的？圓的或扁的？

2. 請孩子為每項物品貼上標籤，可用文字或圖案表示。註明該物品的名稱、採集地點、時間、它的顏色及形狀等等。

3. 展示這些蒐集品。可以將它們放在盒子裡、貼在大張壁報紙上，或用其他方法。

4. 和孩子一起討論各種不同的分類方式，讓觀賞的人能從中學習並感

受其樂趣。鼓勵孩子自己想出分類的方法，可能是你從來沒想過的呢！下面這些問題也許可以幫助孩子思考：

- 如何陳列這些蒐集品？
- 你會將同樣顏色的物品放在一起嗎？
- 你會將同樣大小的物品放在一起嗎？
- 你會將同樣名稱的物品放在一起嗎？

5.讓孩子再一次察看物品是否都擺放妥當了，必要時做一下調整。強調還有許多不同的分類方式。

分享

孩子可以在他的房間內布置一個展示區，邀請朋友和家人來參觀這項展覽。他的同學們也會很有興趣喔！幫忙孩子小心地將這些展示品帶到學校讓大家欣賞。

資料來源及參考書目

前面所介紹的活動只是科學領域的序曲而已。為了使你能在這個教學領域進行更深入的探討，在此提供對我們及我們的同事極具參考價值的書單，希望能藉此提供讀者靈感，而非對這些文獻的評論。標明＊者表示本書所引用的資料來源。

Agler, L. (1991). *Involving dissolving* (rev. ed.). A GEMS Teacher's Guide. Berkeley: Lawrence Hall of Science, University of California.

Agler, L. (1991). *Liquid explorations* (rev. ed.) A GEMS Teacher's Guide. Berkeley: Lawrence Hall of Science, University of California.

* Berger, M. (1991). *Make your own weather station.* New York: Scholastic.

Braus, J. (Ed.). (1987). *NatureScope: Incredible insects.* Available from National Wildlife Federation, 1400 Sixteenth St., Washington, DC 20036.

Cohen, J. (1990). *GrowLab: Activities for growing minds.* Available from National Gardening Association, 180 Flynn Ave., Burlington, VT 05401.

Doris, E. (1991). *Doing what scientists do.* Portsmouth, NH: Heinemann.

* Elementary science study. (1971). *Drops, streams, and containers.* St. Louis: McGraw-Hill.

* Elementary science study. (1968). *Light and shadows.* St. Louis: McGraw-Hill.

* Gertz, L. (1993). *Let nature be the teacher: Seasonal natural history activities for parents and other educators to share with young children.* Belmont, MA: Habitat Institute for the Environment.

Gold, C. (1991). *Science express: 50 scientific stunts from the Ontario Science Centre.* Reading, MA: Addison-Wesley.

* Herbert, D. (1959). *Mr. Wizard's experiments for young scientists.* New York: Doubleday.

* Holt, B. G. (1982). *Science with young children.* Washington, DC: National Association for the Education of Young Children.

* Katz, L. G., & Chard, S. C. (1990). *Engaging children's minds: The project approach.* Norwood, NJ: Ablex.

* Nelson, L. W., & Lorbeer, G. C. (1984). *Science activities for elementary children* (8th ed.). Dubuque, IA: W. C. Brown.

Petrash, C. (1994). *Earthways.* Mt. Rainier, MD: Gryphon House.

* Pitcher, E. V., Feinburg, S. G., & Alexander, D. A. (1989). *Helping young children learn* (5th ed.). Columbus, OH: Merrill.

Richards, R., Collis, M. & Kincaid, D. (1990). *An early start to science.* Hemel-Hempstead, UK: Macdonald Educational.

* Sprung, B., Froschl, M., & Campbell, P. B. (1985). *What will happen if . . .* Brooklyn, NY: Faculty Press.

* VanCleave, J. (1989). *Chemistry for every kid.* New York: John Wiley & Sons.

* Williams, R. A., Rockwell, R. E., & Sherwood, E. A. (1987). *Mudpies to magnets: A preschool science curriculum.* Mt. Rainier, MD: Gryphon House.

Zubrowski, B. (1991) *Messing around with baking chemistry: A Children's Museum activity book.* Boston: Little, Brown.

音樂活動

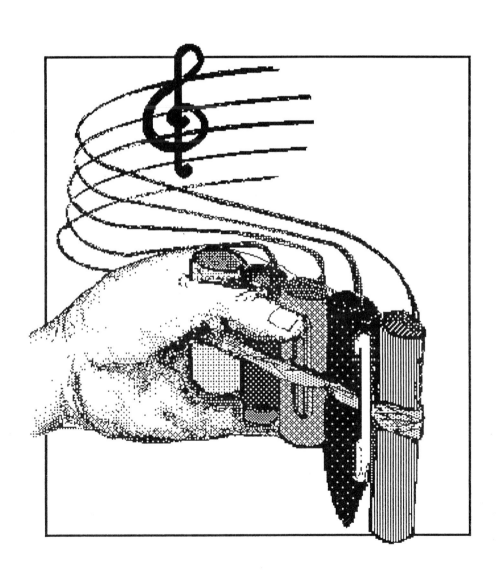

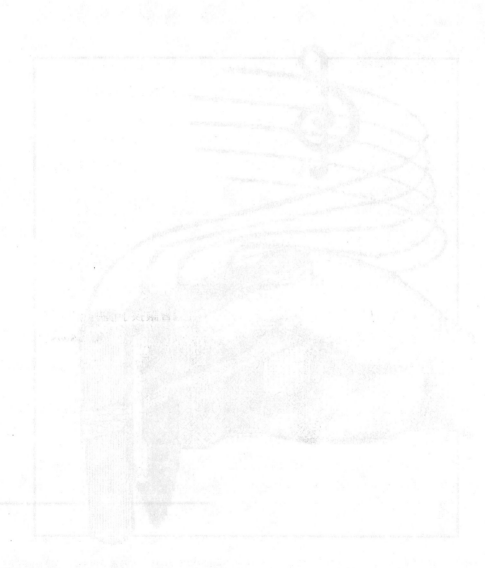

音樂活動概要

　　音樂為我們的生活帶來歡樂。有些人能通曉樂理、演奏樂器。大部分的人唱歌、跳舞、聆聽演奏會或錄音帶、或隨口哼哼不成調的曲子。音樂幾乎無處不在；例如汽車裡、家裡、辦公室裡的背景音樂，它更是音樂會、派對或其他特殊場合中的主角。然而，事實上，只有少數人接受正統的音樂教育。這或許是因為在西方文化的觀念中，音樂才能一直被視為是一種只有少數人能擁有的「天賦」，而非每個人內在的「能力」。希望本書所介紹的音樂活動能為教室裡所有的孩子提供擴展音樂廣度和深度的教學內容。

　　由於每個孩子對音樂的態度各有不同，本書所涵蓋的活動類型相當廣泛，包括：音樂製作、戲劇詮釋和聆聽經驗。這些活動的目的是讓孩子融入音樂世界，並培養三種主要的音樂能力：感受音樂的能力、製作音樂的能力和創作樂曲的能力。小朋友們探索音調、節奏和音色的概念，並從事簡單的標記樂譜和作曲練習。這些音樂活動提供機會讓孩子使用幾種打擊樂器和旋律樂器。打擊樂器包含三角鐵、鼓、木魚、鈴鼓等。簡單的旋律樂器包括音鐘、孩子用的木琴、小的電子鍵盤樂器，和能發出音調的盛水玻璃杯或瓶子。

　　這些活動可和學校正在進行的音樂課程互相配合，並使其更符合孩子的學習興趣。為豐富孩子音樂方面的經驗，你可以在活動空檔播放唱片、或讓小朋友使用耳機聽錄音帶。挑選任何能滿足孩子音樂喜好，並適合他們理解程度的唱片、錄音帶。這些音樂同時也能讓孩子認識某些或某組樂器家族、聲音的類型、音樂風格及不同音樂時期的作品。

　　這些活動大部分需要老師的帶領，但老師不一定要受過正式的音樂訓練。多數活動不需要全班大合唱，但如果你願意的話，也可以將其納入活

動中。你還可以和學校中的音樂專任老師合作，或邀請家長到教室裡為孩子歌唱或演奏樂器。

　　以你認為最恰當的方式介紹這些音樂活動（或音樂區——如果你在教室裡設有這個學習區的話）。你可以請孩子談談他們「對音樂的認識有多少？」作為活動開場，並寫下他們的答案。接下來，再問詳細一點的問題，如：

- 你在哪裡聽到音樂？
- 在家裡會聽到音樂嗎？你聽到哪一種樂器的聲音？
- 你會怎樣對一個小嬰兒唱歌？
- 在森林裡會聽到音樂嗎？你會聽到哪一種音樂？你會不會吹口哨學小鳥叫？
- 你最喜歡哪一種音樂？

　　在小朋友從錄音帶、CD、收音機、電視上或現場音樂會裡曾聽過的音樂作品中，向孩子介紹幾位知名的音樂家。請他們說出幾位歌唱家或演奏家的名字，強調當孩子們唱歌或製造音樂時，自己也是音樂家喔！

　　孩子說出他們最喜歡的音樂家後，請他們說明理由。讓孩子了解音樂能夠影響氣氛和情緒，它可以讓我們感到快樂或悲傷。當我們有某些情緒出現時，會傾向挑選符合當時心境的音樂來聽。請孩子回答以下問題，比如：你曾經在快樂時唱歌嗎？心情不好時你想聽什麼音樂？如果可以的話，為孩子演奏或唱一首快樂的及一首悲傷的曲子，或邀請自願的孩子來擔任這個工作。

　　最後，呈現幾種在音樂活動中常使用的樂器，並讓孩子親自研究它們。請小朋友們說出樂器的名稱，愈多愈好！（如：吉他、鋼琴、喇叭、小提琴）展示這些樂器，特別是孩子比較不熟悉的。示範如何使用這些樂器，強調製造音樂的方法可以有許多種。請小朋友們試著彈奏這些樂器。

■■ 關鍵能力説明

音樂感受力

- 能敏銳地分辨音樂的力度變化（激昂和輕柔）
- 能敏銳地分辨節奏和速度的類型
- 能區辨音調的高低
- 能辨別音樂及音樂家的風格
- 能辨認不同的樂器及聲音

音樂製作

- 能維持準確的音調
- 能維持準確的節奏和速度類型
- 帶有感情地歌唱或演奏樂器
- 能重複歌曲或其他樂曲的音樂特性

創作樂曲

- 能創作有開頭、中段及結尾，完整的簡單樂曲
- 設計簡單的標記音樂的方法

音樂感受力 　　　　　　　教師／學生導向的小團體活動

聲 音 圓 柱

活動目標：使用聲音圓柱認識不同聲音在音樂上的作用

核心構成要素：樂音的感受力

　　　　　　辨識不同的聲音

教學資源：六個不同聲音的圓柱（買的或自製的）

活動程序

1. 將聲音圓柱放在孩子面前，並告訴他們每一個圓柱內都裝著不同的物品。請孩子搖一搖這些圓柱，並想出分類的方法（如以圓柱重量、聲音的種類來分）。

2. 討論孩子所作的分類。鼓勵他們互相問對方：「你根據什麼條件做分類？」

3. 建議孩子用耳朵依照聲音的不同，由最響亮的聲音圓柱排列到最輕柔的聲音圓柱。

4. 和小朋友一起探討最簡便的排列方法，如有必要，幫助孩子以下列方式進行：

- 每次只搖一個聲音圓柱，找出最響亮的一個置於一旁。

- 在剩下的圓柱中，找出最響亮的一個排在剛剛挑選出的圓柱之後。餘類推。

- 重複以上步驟，直到所有的聲音圓柱由最響亮到最輕柔排成一列。

5. 請小朋友混合這些圓柱，嘗試自己操作一次。

6. 請小朋友想辦法將這些或響亮或輕柔的圓柱應用在音樂上。若想要配合一首搖籃曲，哪一種聲音的圓柱最適合？若作為大象跳舞的音樂，宜選擇哪一個圓柱？

延伸活動

　　讓孩子自己製作聲音圓柱。提供他們空的膠卷盒，問他們想在裡面放些什麼物品以製造聲響（如迴紋針、米粒等）。將蓋子封緊，防止物品散落。完成後，讓孩子在適當的時機進行認識聲音的遊戲。

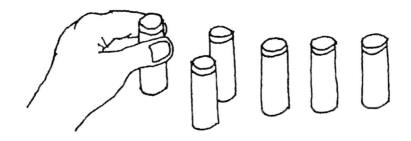

音樂感受力   學生導向的小團體活動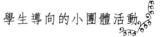

圓柱雙胞胎

活動目標：藉由完成聲音配對的遊戲練習傾聽能力

核心構成要素：聲音的感受力

　　　　　　辨認不同的聲音

教學資源：六對聲音圓柱，每一對圓柱內裝入不同的物品以製造不同

　　　　　聲響

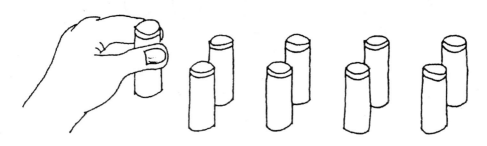

活動程序

1. 展示聲音圓柱，告訴孩子你有一個關於這些聲音圓柱的秘密，看孩子能不能猜到。提示他們必須搖所有的聲音圓柱，並仔細傾聽。

2. 安排小朋友以小組為單位，研究這些聲音圓柱。各小組報告他們的發現後，讓孩子互相提問討論。

3. 公布秘密：每個圓柱都能找到另一個圓柱可和其配對，因為它們裝的是同樣的物品，所以會發出相同的聲音。

4. 協助孩子想出最有效率的配對方法，例如：

- 拿起一個聲音圓柱搖一搖。

- 另一隻手拿起另一個圓柱搖動。比較它們的聲音是否完全相同？若不是，將第二個圓柱放下，再另外選一個拿起來搖動。

•反覆嘗試，直到找到與第一個圓柱完全相同的聲音。——完成配對
　後，將它們一組一組排好。

延伸活動

1.讓孩子自己製作配對的聲音圓柱，邀請其他同學來挑戰。

2.將這些聲音圓柱當作節奏樂器，為現場或錄音帶的音樂伴奏。

3.鼓勵小朋友為這熱鬧的音樂伴舞。

音樂感受力　　　　　　　　　　　　　學生導向的小團體活動

聲 音 配 對

活動目標：認識樂器的聲音

核心構成要素：聲音的差異

　　　　　　辨識不同的樂器

教學資源：錄音機

　　　　　不同樂器所演奏的錄音帶

　　　　　錄音帶中所出現樂器的照片或圖片

活動程序

1. 播放不同樂器所演奏的錄音帶，讓孩子熟悉這些聲音。儘可能提供這些樂器讓孩子認識。

2. 播放一段以各種不同樂器所主奏的音樂。請小朋友在某種樂器的聲音出現時，指出該樂器的圖片或照片。

3. 全班分成小組，每組圍坐成圓形。給每個孩子一張樂器的圖片，當聽到該樂器的聲音響起，就將圖片舉起來。

延伸活動

　　請孩子籌劃並錄製錄音帶。除了樂器外，還可包括汽車、機器、鈴聲和各種動物的聲音。小朋友可以畫出這些聲音來源，或從書報上剪下來。

音樂感受力　　　　　　　　　教師導向的小團體活動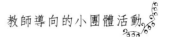

猜一猜

活動目標：透過猜歌曲遊戲認識音樂的特性

核心構成要素：回想歌曲特性的能力

　　　　　　　維持音準的能力

　　　　　　　抓住節拍的能力

教學資源：孩子熟悉的歌曲名單（在學校學的或流行歌曲）

活動程序

1. 請一位小朋友在歌曲名單中挑選一首曲子，然後不唱歌詞，只哼出它的旋律，讓其他同學猜出這首歌的名稱。

2. 為增加遊戲的挑戰性，請小朋友只哼出前三小節，停住。看其他孩子能否猜出來，若沒有人猜中，再多哼一小節，直到有人猜對為止。

3. 將小朋友的表現計分，看誰能在最短的時間內猜出最多歌曲。

延伸活動

1. 改用笛子或只有旋律的歌曲錄音帶代替哼唱。一樣請孩子猜其歌名。引導孩子討論是否歌曲有某些特徵讓他們猜中歌名（如：特殊的聲音、樂器，或某一段特別的旋律）。

2. 當孩子玩得起勁的時候，可以增加一些變化。請他們思考下列問題：

   •你會不會改變歌曲的節拍？（改變音符的長度、兩個音之間的長度，或特別強調某個音符？）

   •你能不能改變歌曲的節奏或速度？

•你能將歌曲的音調提高或降低到什麼程度？

•什麼樣的改變讓這首歌曲較不容易被猜中？

•什麼樣的改變能讓這些歌曲聽起來都差不多而難以分辨？

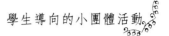

音樂感受力　　　　　　　　學生導向的小團體活動

跟我敲一敲

活動目標：藉由玩遊戲發展區辨音調高低的能力

核心構成要素：區別音調的高低

　　　　　　重複音樂的特性

教學資源：二個（音板可以移動的）木琴

　　　　　二個小音槌

　　　　　一個紙做的分隔板

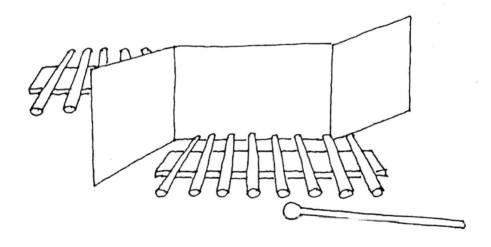

活動程序

1. 請小朋友注意比較兩個木琴的外形及聲音，在每一個木琴上彈奏相同的音符，讓孩子聽聽看。

2. 請兩位小朋友面對面而坐，將木琴分別放在他們面前，中間以板子隔開。讓小朋友輪流彈奏一個音符，請對面的小朋友也彈奏相同的

音符（如有必要，只留下三個音板。待學生較得心應手時再增加音板）。

3.請其中一位孩子敲擊同一個音符，直到對面小朋友也敲出這個音符為止；然後孩子說出自己所敲音板的顏色，以確認兩人敲的是同樣的音符。

4.孩子熟悉了模仿單音的敲擊後，請他們嘗試敲一個以上的音符讓對方模仿。

音樂感受力　　　　　　　　教師導向的小／大團體活動

音樂畫

活動目標：透過尋找與音樂相稱的圖片，體會音樂的氣氛及其力度變化

核心構成要素：對音樂形態及其力度變化的感受能力

教學資源：錄音機和錄音帶

各種音樂類型的錄音帶（可能的話，包括 Mussorgsky-Ravel 的《*Pictures at an Exhibition*》）

舊雜誌

紙或海報

膠水或膠帶

活動程序

1. 請孩子閉上眼睛，播放各種音樂形態的錄音帶。問孩子這些音樂帶給他們什麼感覺？有沒有讓他們想起某個特別的人或物？討論音樂如何能夠激起特殊的思想和情感。

　　在 Mussorgsky-Ravel 的《*Pictures at an Exhibition*》中，將這個現象作了詮釋。俄國作曲家 Modest Mussorgsky 所創作的鋼琴組曲中，每個樂章都代表著不同的繪畫。這首組曲後來被 Maurice Ravel 編成管弦樂曲。可能的話，播放這段音樂給孩子聽，讓他們體驗這些樂章如何聽起來像它們所代表的畫作。

2. 播放其他的音樂。請小朋友從雜誌上剪下的人物、圖畫、動作場景中，選一張孩子認為最能代表該音樂的圖片。孩子也許會挑一張寧靜的風景圖片搭配安詳的曲子；一張繁忙都市景象的圖片搭配節奏強烈、快速的曲子；或者選擇一張鳥的照片搭配以笛子演奏的音

樂。所播放的音樂儘可能多樣化。引導孩子解釋他們所做的選擇和所聽的音樂之間有何關聯？是什麼因素讓他作這個選擇？

3. 若小朋友有意願，請他們將所挑出來的圖片貼起來，做成海報或書，一面欣賞一面聽音樂。

給老師的話

迪士尼的《幻想曲》是影像和音樂結合很適當的範例。你可以從中挑一些片段播放給小朋友看，說明音樂如何使人聯想到不同的視覺影像。

音樂感受力　　　　　　　教師／學生導向的小團體活動

水瓶木琴

活動目標：藉由製作水瓶木琴認識音階

核心構成要素：辨認音調高低

　　　　　　　音樂製作

　　　　　　　創作樂曲

教學資源：八個完全相同的瓶子，每個容量約一公升

　　　　　水

　　　　　水壺

　　　　　漏斗

　　　　　木琴槌

活動程序

1. 將每個瓶子裝入不等量的水，並將水位調整到適當高度，以便發出近似音階的聲音（水越多，音越高）。請孩子用小音槌演奏你所製作的水瓶木琴。和孩子一起探討音高和水位的關係（當瓶中裝滿水，瓶內的氣體就變少，產生較快的共鳴和較高的音階）。

2. 將水倒掉，請小朋友用水壺和漏斗在瓶中裝入不等量的水。讓孩子演奏他們自己做的水瓶木琴。

3. 試著讓小朋友輪流用這些水瓶木琴創作歌曲。協助孩子在每個瓶上標註記號——無論是傳統的音符或自創的記號都可以。然後將所做的曲子錄下來，並將瓶上的記號以正確的順序記下來，作成樂譜。孩子可以分組練習這些歌曲（請參看本書創作樂曲相關活動）。

延伸活動

　　1.請孩子輕吹瓶口使其發出聲音。

　　2.放吸管在瓶子裡，讓孩子在瓶子裡吹泡泡。聽！像不像管風琴！

　　　（在吸管頂端剪小洞以防小朋友不小心將水吞進去。）

音樂製作   教師導向的小／大團體活動

認識樂器

活動目標：藉由彈奏簡單的樂器認識聲音的奇妙

核心構成要素：彈奏樂器方面的表達能力

　　　　　　　辨識不同樂器的聲音

教學資源：鼓、三角鐵、其他節奏樂器

　　　　　　木琴

　　　　　　鍵盤樂器

　　　　　　橡膠音槌、塑膠音槌、木頭音槌

活動程序

1. 準備各種樂器供整學年使用。告訴孩子他們將有機會摸索這些樂器，嘗試用不同的方法讓樂器發出聲響，進而奏出音樂。每次邀請一～二位小朋友玩一種樂器，看看能發出幾種不一樣的聲音。

2. 鼓勵孩子儘量嘗試，不妨參考 Bjornar Bergethon 在《*Musical Growth in the Elementary School*》一書中的建議來引導他們：

- **鼓**：敲敲鼓的每個部分。用指尖、手掌、拳頭、或其他物品敲。敲大小不同的鼓，聽其聲音變化。

- **木琴**：分別用橡膠音槌、塑膠音槌、木頭音槌敲擊同一塊音板，聽其聲音變化。

- **節奏棒**：將數個節奏棒的頂端綁在一起，分別在桌上、地板、書上和散熱器上敲一敲，聽其聲音有何不同？試試看不同長短尺寸的節奏棒所敲出的聲音會不會不一樣？

- **鍵盤樂器**：彈奏同一個音符的高音及低音，先單獨彈奏一段音符，再配上和絃。如果有鋼琴，仔細觀察聲音是如何由音槌敲擊弦的動

作而產生的。踩踩看不同的踏板，聽聲音有何變化？

3.在孩子嘗試的同時，請他們描述所製造出來的聲音，並回答下列問題：

- 聲音如何變化？

- 當你_____的時候，音樂就變得_____。

- 怎樣把聲音變大聲？變輕柔？

- 你會如何以這些樂器演奏催眠曲？演奏足球競賽的軍樂隊？或為慶祝生日或道別的場合演奏？

延伸活動

1.以不同的樂器彈奏同一段音樂，比較其差異。請小朋友輪流當指揮。指揮可以改變節奏形態，帶領樂隊練習合奏。在特定的段落指示某種樂器獨奏或小組演奏。討論由不同樂器所組成的各種聲音。

2.請個人或小組即興演奏。鼓勵孩子想一想哪一種樂器能幫助他們達到想要的效果。例如以「馬戲團」為主題，哪一種樂器適合代表大象？特技演員？小丑？

音樂製作 教師導向的小／大團體活動

聲音之旅

活動目標：來一趟聲音的發現之旅以探究不同的聲音及其形成的原因

核心構成要素：能辨別不同的聲音

探索生活週遭的聲響

教學資源：鼓棒

節奏棒

湯匙

音鐘

一盆水

活動程序

1. 帶全班或小組到戶外散步。出發前提醒小朋友留心傾聽各種聲音，說明聲音是由震動所產生。敲擊音鐘讓孩子觀察，讓他們立刻觸摸鐘，感受鐘的震動。為了讓孩子更容易明白，立刻將鐘的邊緣放進一盆水裡，指出水裡小小的漣漪就是鐘的震動所引起的。在這趟聲音的發現之旅中，孩子的任務就是找尋因震動而發出聲音的物體。

2. 給每位孩子一根鼓棒或湯匙，沿路輕輕敲擊所看見的物體。聽聽看會製造出什麼聲音？如有必要，和孩子約定規則：輕輕地敲，不要打到任何活的或會破的東西。讓他們敲敲籬笆、垃圾桶、招牌、路標、樹、信箱等，請孩子們分享彼此的新發現。引導孩子思考下列問題：哪些東西的聲音較悅耳？哪些物體的聲音就沒那麼好聽？哪些東西所發出的音調較高？哪些物體所發出的音調較低？提醒孩子注意有些聲音能持續較長的時間，然後逐漸變弱、止息。有些聲音則很快停止。

3. 從沿路上所敲擊的物體當中，挑選一些適當的、安全的東西帶回教室。將這些「樂器」以音調的高低、聲音的大小作分類。利用它們來演奏或爲錄音帶裡的音樂伴奏。若這些「樂器」的種類夠多，鼓勵小朋友們組成一個小樂團，享受製造音樂的樂趣。

4. 統整這次發現聲音之旅的經驗。要求孩子閉上眼睛，回憶他們所聽到的聲音。協助小朋友們用適當的字眼來描述這些聲音，如：鏗鏘、輕敲、喀嚓、隆隆作響、摩擦聲、響亮的鈴聲等，諸如此類。

延伸活動

帶著錄音機進行發現聲音之旅，錄下所聽到的聲音，如：風聲、鳥鳴、動物的叫聲，或機械轉動的聲音、門鈴聲、口哨聲、警報器的聲音、汽車聲。這些都是我們日常生活中常聽到的「音樂」。回到教室後，播放錄音帶，看孩子能辨認出幾種聲音。

自製樂器

活動目標：自製樂器（如笛子）並演奏一首簡單的曲子

核心構成要素：音樂製作

　　　　　　　表達能力

　　　　　　　創作樂曲

教學資源：每人一把小塑膠梳子

　　　　　　蠟紙

　　　　　　面紙及其他各種紙類

活動程序

1. 給每位孩子一把梳子及尺寸相同的蠟紙一張，請他們用紙將梳子包起來。

2. 請孩子們握住梳子扁平的一面靠著唇邊輕吹，蠟紙會因此震動，產生嗡嗡聲。

3. 安排小朋友們以這支自製的笛子合奏一些簡單熟悉的曲子。

4. 建議孩子們嘗試用面紙或其他各種紙類做同樣的樂器。比較不同的紙所製造出的聲音有何差異？

延伸活動

提供孩子們充裕的材料和時間，試著製作各種樂器。不妨參考下列建議：

- 豎琴：將一個堅固小盒子的頂端拿掉，套上不同尺寸的橡皮筋，做成一個橡皮筋豎琴。若要做得更精緻些，可以將盒子的頂端放回來，並在上面挖個洞，當作音箱。或將鉛筆放在橡皮筋的下面，當

作絃碼。

- 排笛：蒐集四～五個不同大小的麥克筆蓋子，讓孩子吹吹每個蓋子的頂端使其發出聲音，然後從最大聲到最小聲的蓋子依序排列，用膠帶牢牢地將這些蓋子固定在冰棒棍上。通常愈大的蓋子，音階愈清楚。

- 用裝燕麥片或發粉的容器製作聲音圓柱，或大的類似手搖鈴的樂器。避免使用金屬罐，因其尖銳的鋸齒邊緣易割傷手。請孩子想一想要裝些什麼東西進去（米、迴紋針、零錢）。

- 在大人的督導下，小朋友可製作各種不同的手搖鈴：將兩個瓶蓋背對背相連，然後將這組瓶蓋固定在一根棒子的尾端。讓孩子多做幾組，並嘗試各種將瓶蓋排列在棒子上的方式。例如，將所有的瓶蓋都固定在棒子的一端，或各固定幾組在兩端，手握住棒子中間的地方。

- 將一公升容量的汽水塑膠瓶剪成一半，利用底部做成鼓，上面鋪一層蠟紙，用橡皮筋固定成鼓面。

音樂製作 　　　　　　　　　　教師導向的小／大團體活動

詩的節奏

活動目標：以拍手附和詩或兒歌，認識節奏和拍子
核心構成要素：掌握正確的節拍
教學資源：黑板和粉筆或麥克筆
　　　　　錄音機和錄音帶

活動程序

1. 播放饒舌音樂或任何有強烈節奏的錄音帶。請孩子跟著節奏打拍子。稍後請孩子跟著更複雜的節奏拍手。

2. 教孩子唸一首詩或兒歌。在某些音節的部分打拍子，強調它的節奏。持續保持節奏的穩定。將詩或兒歌抄寫在壁報紙或黑板上，若孩子想用唱的也可以唱出來。另外可視情況介紹「節奏」的概念（肢體動作活動活動篇有較詳盡的說明）。

3. 鼓勵孩子創作富有節奏的詩。舉一個簡單的例子：將全班小朋友的名字抄在黑板上，用唱饒舌歌的方式唸出這些名字。調整一下聽起來不協調的地方。

音樂製作　　　　　　　　　　教師／學生導向的小團體活動

五聲音階

活動目標：用木琴作曲並演奏音樂以認識五聲音階

核心構成要素：音樂製作

　　　　　　表達能力

　　　　　　創作樂曲

教學資源：（可移動音板的）木琴

　　　　　　兩種以上的節奏樂器（如沙球或非洲鼓）

活動程序

1. 介紹五聲音階。說明它只由五種音調或聲音組成。在木琴上，五聲音階是指第一、第二、第三、第五及第六個音板。請孩子移開其他音板，做一個木琴的五聲音階。在鋼琴上黑鍵就表示五聲音階。

2. 請孩子用五聲音階編一首曲子，並為全班演奏。這首歌要既激昂又輕柔，時而快節奏時而抒情。要求孩子演奏時作音符、節奏和速度的變化。必要時可一一檢視孩子所做的曲子是否合乎這些條件。提醒孩子留意有些音符聲音較高，有些則較低沈。但這些音符都可以表現激昂及輕柔。試著找出以高低音表現激昂及輕柔的不同組合。

3. 小朋友較熟悉五聲音階後，請一小組的孩子共同創作一首五聲音階的曲子。為這項演奏進行練習及彩排。

4. 請這一小組的同學為全班演奏自創的曲子，加入節奏樂器。選派一位小朋友當指揮或主持人，介紹小組成員及他們所使用的樂器，並宣布樂曲的名稱。提醒孩子注意觀察指揮引導樂團的方式：何時開始演奏？何時讓一位小朋友獨奏？何時應激昂？何時應輕柔？

给老師的話

我們之所以安排孩子認識五聲音階，是因爲它的五個音符一起演奏時聽起來十分悅耳。

創作樂曲　　　　　　　　　教師導向的小／大團體活動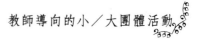

小小作曲家

活動目標：學習如何以書寫的方式用符號表現音樂

核心構成要素：辨認聲音的高低

　　　　　　回想歌曲的音樂特性

　　　　　　設計記錄音樂的方式

教學資源：紙

　　　　　五線譜作曲紙

　　　　　彩色鉛筆或麥克筆

　　　　　錄音機

　　　　　熟悉歌曲的錄音帶

活動程序

1. 播放一首孩子早已耳熟能詳的歌，如〈小星星〉。

2. 請孩子想辦法將這首歌曲的旋律寫下來，讓從未聽過這首歌的人也能學會唱。可以用空白的紙或有五線譜的紙來寫。若孩子喜歡的話，還可以用不同顏色的筆，代表這首歌的旋律和節奏。

3. 完成後，請孩子照著他們自己所寫的記號唱出這首歌。他們記錄音樂的方式能幫助從未聽過這首歌的人學會唱嗎？

4. 向孩子展示「活頁樂譜」，並說明那是正式用來記錄音樂旋律的方法，好讓音樂得以流傳。這種方式不見得比孩子設計的方式好，卻是全世界的音樂家和作曲家都用來傳達自己、了解他人作品的方式。向孩子說明音符同時表示旋律（音符在五線譜上的位置）和節奏（拍子記號和音符的種類：全黑、空白、附點）。讓孩子比較這種正式的音樂寫法和他們所自創的寫法。

給老師的話

1. 你可以在木琴或任何鍵盤樂器上彈奏這首歌，讓孩子了解到音符的功用及彼此間的關係。

2. 你可以將學生的作品收集起來，或放進學習檔案中，與日後他們所做的同類型作業做一比較。

本活動取材自 L.Davidson & L.Scripp.（1988）的 Young children's musical representations: Window on music cognition 一文。收錄在 J. Sloboda（Ed.）的 *Generative Processes in Music* 一書中。Oxford: Clarendon Press.

創作樂曲　　　　　　　　　　　教師／學生導向的小團體活動

認識節奏

活動目標：學習標記簡易節奏的方法

核心構成要素：區別節奏的能力

　　　　　　　設計標記簡易節奏的方法

教學資源：節奏樂器（包括孩子自製的）

　　　　　　鉛筆、蠟筆、麥克筆

　　　　　　紙

活動程序

1. 請孩子即興創作節奏形態。剛開始他們所創作的節奏也許不穩定、不規則。激發孩子的想像力及創造力。避免強迫他們模仿傳統制式的節奏。

2. 請孩子反覆練習並熟記自己所創作的節奏形態。要求他們用任何書寫的方式記錄這些節奏。

3. 完成標記後，協助小朋友照著這些節奏記號反覆練習。試試看以不同的順序敲擊這些節奏形態，再以不同的樂器敲擊出同一種節奏形態，並討論其效果。

延伸活動

1. 請一位小朋友敲擊節奏，其他的孩子配合節奏做肢體活動。

2. 唱一首熟悉的歌。唱第二遍的時候改變它的節奏或速度。請孩子想一想：這首歌是否聽起來不一樣了？為什麼？有沒有其他改變節奏的方式讓這首歌更好聽？你會使用哪些字眼描述節拍速度的變化？

創作樂曲　　　　　　　　　　　教師／學生導向的小團體活動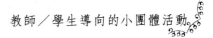

旋律階梯

活動目標：使用階梯的形狀幫助小朋友將音樂的聲音及音符間的關係
　　　　　視覺化、具體化

核心構成要素：設計標記音符的方法
　　　　　　　辨認音調的高低

教學資源：積木
　　　　　棋子
　　　　　紙和筆
　　　　　木琴

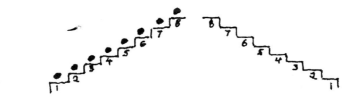

活動程序

1. 用積木排一個八層的小型階梯，說明木琴上的音符就像階梯一樣。
逐一彈奏木琴上的音階：從左到右，低音到高音，一邊敲擊一邊說
明。

2. 當你在木琴上每彈奏一個音符，就請小朋友輪流放一個棋子在這個
音符相對位置的階梯上。隨著你所敲擊的音階愈來愈高，孩子們放
置在相對階梯的棋子也愈來愈高。然後由高音降到低音，請小朋友
也將棋子由最高一層的階梯依序下降。

3. 將最高層的階梯稱為第八號，餘類推。請孩子用唱的方式數出這些

階梯。

4. 以木琴彈奏三～五個音符，讓孩子猜猜你彈奏的是哪幾個音符？並將棋子放在代表這些音符的階梯上。請小朋友以號碼確認這些音符和階梯，有助於了解兩者之關聯性。

5. 鼓勵小朋友設計新的方法說明音階的概念。如：畫一個樓梯、飛得或高或低的鳥，或從最高排到最矮的家族成員。

6. 引導孩子使用他們所設計的記錄音符的方法作一首簡短的曲子，請他們唱出並介紹這首歌。

創作樂曲   教師導向的小／大團體活動

數字標記法（簡譜）

活動目標：使用數字標記並演奏熟悉的和自創的歌曲

核心構成要素：辨認音調的高低

使用數字標記音符

教學資源：木琴

鉛筆和紙

活動程序

1. 透過前一項活動「旋律階梯」，介紹以數字代表音符的概念（對孩子來說，以數字表示音符比五線譜容易了解）。

2. 使用數字寫出一些簡單熟悉的曲子或其中的某些段落。寫的時候，一邊唱或以木琴彈奏這個旋律。你可以將數字貼在木琴的相對音板上，協助孩子看出音符和數字的對稱性。

3. 請小朋友照著數字音符彈奏木琴。

4. 鼓勵孩子使用數字音符創作音樂，並為全班演奏。

Mary Had A Little Lamb

3   2 1   2 3 3 3   2   2 2   3 5 5

Ma-ry had a lit-tle lamb, lit-tle lamb, lit-tle lamb.

3   2 1   2 3 3 3   3   2   2   3   2 1

Ma-ry had a lit-tle lamb whose fleece was white as snow

Row, Row, Row Your Boat

1   1   1   2   3   3 2 3   4   5

Row, row, row, your boat. Gent-ly down the stream.

8   8   5   5 3   3 1   1   5 4 3   2 1

Mer-rily, mer-rily, mer-rily, mer-rily. Life is but a dream.

創作樂曲　　　　　　　　　　　　學生導向的小團體活動

音樂積木

活動目標：藉由排列音樂積木並用木琴演奏其所呈現的曲調來學習音
　　　　　符

核心構成要素：作曲

教學資源：木琴
　　　　　鉛筆
　　　　　五線譜
　　　　　音樂積木

活動程序

1. 向孩子說明音樂的音符有時是以英文字母A、B、C、D、E、F和G
　來表示的。在木琴上指出這些字母所代表的音符。

2. 示範彈奏這些音階之後，說出其中某些音符的名稱，請一位小朋友
　試著在木琴上找到它們。然後，當這位小朋友在木琴上找到並敲出
　這些音符時，請另一位孩子說出這些音符的名稱。

3. 介紹音樂積木（見「給老師的話」）。說明以不同的方式排列這些
　積木上的字母，就可以創作出簡單的曲調。隨意排列這些積木，以
　木琴彈奏這些積木排列方式所呈現出的曲調。再重新排列積木，彈
　一彈新的曲調聽起來如何？

4. 請小朋友以任何方式排列音樂積木，依這些積木排列方式所呈現出
　的音符作曲。建議他們多嘗試幾種排列方式，直到滿意爲止。鼓勵
　他們用鉛筆和紙寫下自己所作的曲子，用英文字母代表這些音符。
　小朋友們願意的話，也可以將這些音符畫在五線譜上，並在下方標
　註英文字母。孩子們可依照這些音符，將自己或其他小朋友的創作

演奏出來。

給老師的話

　　「音樂積木」是指一組相同尺寸的木質積木，每一塊積木分別漆上或黏上英文字母 A 到 G，或將這些英文字母標註在五線譜的音符下方。將每一張五線譜貼在積木上，當積木依序排好、五線譜連續起來時，就像活頁樂譜一般。

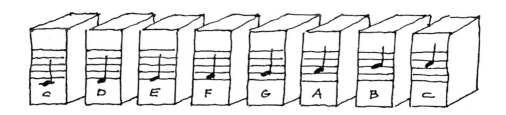

▎創作樂曲　　　　　　　　教師／學生導向的小／大團體活動

影 片 配 樂

活動目標：藉由爲影片配樂了解音樂對電影的影響

核心構成要素：創作簡單的樂曲

　　　　　　　聯結視覺影像與音樂風格

教學資源：短篇電影、錄影帶或卡通

　　　　　　錄音機和空白錄音帶

活動程序

1. 挑選一段卡通電影短片，或二～五分鐘的錄影帶。影片內容最好含有許多動作。關掉聲音，只觀賞影像。在適當的時候按下暫停鍵，引導孩子討論劇中人物可能在說些什麼？哪一種音樂最適合做該段劇情的背景音樂？說明通常在電影和電視中，當主要角色出現時都會有特定的音樂伴隨出場。音樂有製造氣氛的效果，例如預告觀眾某件驚悚或重要的事將要發生。請小朋友想一想什麼樣的音樂最適合這部電影中的主角及情節？

2. 討論完畢，協助孩子爲剛剛欣賞的影片製作配樂及音效的錄音帶。請孩子思考下列問題：

• 如何利用自己的聲音和教室裡的樂器（包括自製樂器）爲影片配樂？

• 如何分配角色？

• 如何利用教室裡的道具製造影片所需的音效？

• 如何使音效配樂和劇情角色相互協調？

3. 聲音和畫面同步播出，讓全班欣賞配樂成果。

給老師的話

　　讓孩子學習為影片配樂需要長期的規劃，他們必須仔細觀賞影片，並反覆排練配音配樂及音效才能圓滿完成工作。你也可以只關掉影片的聲音，讓孩子玩簡單的配音遊戲，而不用錄下成果。

音樂親子活動 1

火車來了！

活動目標：以聲音分辨交通工具正接近或離開來認識音調

　　　　　學習模仿不同的聲音

教學資源：無

給父母的話

你在路上開車，突然聽到汽笛呼嘯，你想都不用想就知道救護車正逐漸接近或離開。你怎麼知道的？因為「都卜勒效應」（Doppler effect）：當救護車逐漸接近，汽笛的音調似乎較高；反之則音調較低。

藉由音調的高低判斷救護車、火車、汽車或其他交通工具正接近或離開，對孩子來說是一個認識音調、培養敏銳聽力的好機會。

活動程序

1.你可以在家門前、公車站、火車站或任何交通往來頻繁的地方進行這個活動。向孩子說明當火車或其他交通工具接近的時候，會發出較尖銳的聲音。當它離開的時候，聲音就轉為低沈。讓孩子仔細聆聽並模仿經過的汽車、卡車或巴士的聲音。鼓勵孩子對這些聲音的變化提出問題。

2.接下來進行遊戲。當你看見一輛汽車（或公車、火車或其他交通工具）逐漸接近，請孩子閉上眼睛，仔細傾聽，判斷該交通工具正在接近或正要離開？分別在該交通工具來到眼前及離開的時候，再問一次同樣的問題。

3.你和孩子還可以創造其他遊戲。例如假裝你的孩子受雇為廣播節目製造音效，請他模仿火車正要進站的聲音、從面前經過的聲音和遠

去的聲音。模仿高速追逐中的警察巡邏車的聲音、急著救火的消防
車的聲音。

分享

讓孩子問問其他家人能否分辨交通工具接近和遠離的聲音。在學校的
戶外活動時間也可以教同學玩這個遊戲。

音樂親子活動 2

家族歌曲

活動目標：蒐集並比較流傳在各家族間的催眠曲、生日快樂歌或節慶
　　　　　時所唱的歌曲

　　　　　學習唱代表家族傳統的歌曲

教學資源：無

給父母的話

　　音樂在家庭傳統中可以是很重要的部分，許多家庭裡都會在上床時
間、生日、宗教節日或其他慶祝活動時唱一些特定的歌。每一個家庭也許
用不同的方式唱這些歌曲，例如「生日快樂」這首歌就有許多不同版本的
唱法。對孩子來說，發現同一首歌有不同的唱法可是十分新鮮的事呢！在
本活動中，你的孩子將會練習對音樂的記憶，並辨別歌曲間的不同。他們
還要探究這些家族歌曲的起源，及這些歌曲對維護家族文化傳統所扮演的
角色。

活動程序

1. 選一首你們家經常唱的歌；有沒有特定的搖籃曲？在假日或家族聚
   會時，你的孩子有沒有特別喜愛聽的歌？教孩子唱這首歌。

2. 接著讓孩子請一位朋友（鄰居、祖父母或其他親友）介紹在他們的
   家族特定場合中所唱的歌，讓孩子也學著唱這首歌。

3. 向孩子提出下列問題，以激發他們從不同的觀點比較這些歌曲：

●這些歌曲是否相似？曲調是否相同？

●這些歌曲是否表達同樣的主題，但歌詞不同？

●或者這些歌曲的歌詞大同小異，但以不同的語言唱出？

•這些歌曲還有哪些不同點？

•這些歌曲的來源為何？是否藉由這些歌曲讓你了解一些家族故事？

•這些家族歌曲如何在家庭成員中代代相傳？

分享

你可以在家裡或與老師配合進行這個活動，選在某人的生日或節慶那一天讓孩子比較這些家族歌曲。

資料來源及參考書目

　　前面所介紹的活動只是音樂學習領域的序曲而已。為了使你能在這個教學領域進行更深入的探討，在此提供對我們及我們的同事極具參考價值的書單，其用意是希望藉此提供讀者靈感，而非對些文獻的評論。標明 ✱ 者表示本書所引用的資料來源。

Bayless, K. M., & Ramsey, M. E. (1987). *Music: A way of life for the young child* (3rd ed.). Columbus, OH: Merrill.

Beall, P., & Nipp, S. (1984). *Wee sing and play.* Los Angeles: Price/Stern/Sloan.

✱ Bergethon, B. (1980). *Musical growth in the elementary school.* New York: Holt, Reinhart & Winston.

Birkenshaw, L. (1982.) *Music for fun, music for learning* (3rd ed.). Toronto: Holt, Reinhart & Winston.

Cohn, A. (1993). *From sea to shining sea.* New York: Scholastic.

✱ Davidson, L. & Scripp, L. (1988). Young children's musical representations: Windows on music cognition. In J. Sloboda (Ed.), *Generative processes in music.* Oxford: Clarendon Press.

DeBeer, S. (Ed.). (1995). *Open ears: Musical adventures for a new generation.* Roslyn, NY: Ellipsis Kids.

Dunleavy, D. (1992). *The language beat.* Portsmouth, NH: Heinemann.

✱ Flemming, B. (1977). *Resources for creative teaching in early childhood education.* New York: Harcourt Brace Jovanovich.

Jalongo, M. (1996, July). Using recorded music with young children: A guide for nonmusicians. *Young Children, 51,* 11–14.

Jenkins, E. (1984). *Learning can be fun* [video]. Washington, DC: National Association for the Education of Young Children.

Hart, A., & Mantell, P. (1993). *Kids make music! Clapping and tapping from Bach to rock!* Charlotte, VT: Williamson.

✱ Krone, B. (1959). *Help yourselves to music.* San Francisco: Howard Chandler.

McDonald, D. T. (1979). *Music in our lives: The early years.* Washington, DC: National Association for the Education of Young Children.

Nichols, B. (1989). *Beethoven lives upstairs.* [audiocassette]. Toronto, Ontario: Classical Kids.

Page, N. (1995). *Sing and shine on! The classroom teacher's guide to multicultural song leading.* Portsmouth, NH: Heinemann.

Prokofiev, S. (1977). *Peter and the wolf* [audiocasette]. New York: Columbia Records.

Upitis, R. (1990). *This too is music.* Portsmouth, NH: Heinemann.

Upitis, R. (1992). *Can I play you my song?* Portsmouth, NH: Heinemann.

肢體動作活動

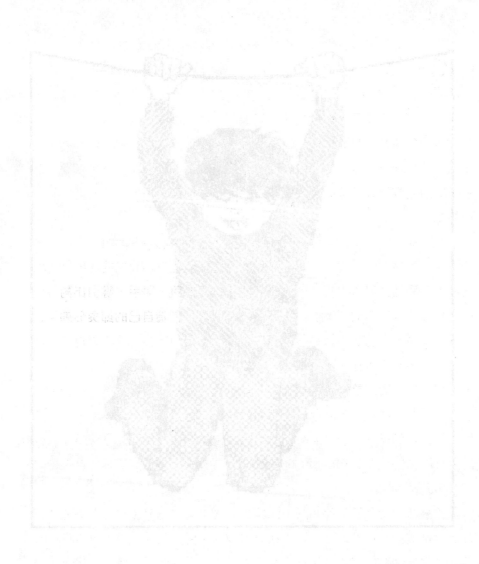

肢體動作活動概要

肢體活動在孩子的發展上是一個相當重要的領域。孩子們以身體表達情緒、想法，探索運動技巧、測試肢體動作極限。本書所介紹的肢體活動提供孩子機會發揮富有創造力的、敏捷的運動形態。這些活動的設計目標在培養孩子肢體控制的能力、節奏感、創造肢體動作的能力以及藉由身體傳遞情感和思想的能力。

孩子的運動知覺通常經由幾個連續的階段而產生：(1)對身體的認知；(2)完成各種動作的能力；(3)以肢體運動作為創造力的表達工具。若能對這些階段的內容及孩子經歷這些階段的速度差異有所了解，將有助於體能課程的規劃。

本章介紹的活動是根據孩子肢體動作方面關鍵能力的發展順序所架構而成。每個階段以基本的導引活動開始，逐步變化為較複雜的活動。舉例而言，節奏活動以探索自己內在的韻律——「心跳」著手，導引出對各種節奏的覺察及回應的活動；然後提供孩子機會，創造自己的節奏形態。在這些活動中，只有一項討論到音樂領域，這是因為音樂亦是相當重要的部分，本書另有專章探討。

另一項所要討論的是肢體動作活動的基本技巧：熱身運動、緩和活動及放鬆練習。同樣的熱身運動／緩和活動可在每個階段加以應用，以一致的方法作為動靜態課程之間的轉換活動。伸展及緩和練習都是沈穩和放鬆的；只要老師說明動作要領，並讓孩子練習幾次，他們通常可以自在地自行做這些活動。

依據多元智慧的理論，解決問題的能力，或以身體變化造型的能力，都是表現智能的顯著形式。如：在重重防衛中傳遞籃球、透過舞蹈表達故事、在一個困難的姿勢中保持平衡，都是孩子以身體「思考」的例子。藉

由提供孩子機會增加他們的肢體動作用語及身體效能，你還可以幫助他們以肢體作爲解決問題的工具。此外，肢體動作活動可帶來主動積極的愉快經驗，透過這樣的經驗，孩子得以探索週遭事物。

幼稚園或一年級的孩子大都喜愛在戶外遊戲，並從事過許多基本的肢體動作運動。請小朋友們說說他們對一般性的肢體動作活動或特殊的、富有創造力的活動的經驗。將這些內容寫下來，然後告訴孩子許多更新奇有趣的肢體動作遊戲正等著他們呢！在這些遊戲中，將會使用到他們的頭、手、腿和整個身體來傳遞他們的思想和情緒。讓孩子們盡情地發揮想像力模仿各種事物，用身體來表達自己。

接下來，你可以進行「老師說」的遊戲。請孩子運用想像力以身體模仿各種事物。先示範幾次，如：「老師說，變成一隻猴子。」鼓勵孩子嘗試做出猴子的各種姿態。孩子熟悉了這種玩法後，請他們輪流當小老師發號口令。下面一些例子可作爲參考：

老師說，變成：

- 矗立在強風中的樹
- 種子成長爲花朵
- 加熱中的爆米花
- 義大利麵——未煮過（硬）的及煮熟後（軟）的
- 在泥濘中走路的人
- 在泥濘中走路的狗
- 划船的人
- 機器人
- 英文字母「O」
- 自空中飄落的雪花

讓孩子知道因爲應用了身體及想像力模仿各種人或事物，使他們的表現非常富有創造力。向他們說明在往後的肢體動作活動中有更多機會玩這樣有趣的遊戲。

不少肢體動作活動有其一定的順序步驟，讓年幼的孩子進行這類遊戲

可能有些困難，因此我們提供了活動腳本以便於教學。你可以視情況更動
這些內容，以孩子能理解的程度進行活動。

■■■ 關鍵能力說明

肢體控制

- 覺察到身體各個部位並能個別地運用這些部位
- 有效率地依順序實施行動計畫──肢體活動不是任意、隨機、沒有
  關聯的行動
- 能重複自己及他人所做的動作

節奏感

- 能配合穩定或有變化的節奏同步做動作，尤其是音樂的節奏
- 能設定自己的節奏並將之規則化，以達到預定的效果

表達能力

- 以音樂、道具或口語引導，透過身體的各種姿勢和動作，激發情緒
  和想像
- 能對某種樂器的音質或某類型的音樂所營造的氣氛做出回應（如隨
  詩情畫意的音樂做出輕柔流暢的動作，聽到進行曲表現強而有力的
  動作）

創造肢體動作的能力

- 能以口頭描述或身體力行的方式，創造新奇有趣的動作，或對某些
  想法加以延伸
- 根據原本的動作舉一反三
- 編一首簡單的舞並嘗試教導別人表演

感受音樂的能力

- 能隨不同類型的音樂做適當回應
- 能掌握音樂的節奏並表達對音樂的感受力
- 能自由自在地在垂直及水平空間中探索
- 能與他人共享空間
- 嘗試以身體的動作增進對空間的認知

基本動作   教師導向的小／大團體活動

故事暖身操

活動目標：伸展身體，做好創造性肢體活動前的準備活動

核心構成要素：肢體靈活度

　　　　　　　協調性

　　　　　　　肢體控制

教學資源：無

活動程序

1. 請孩子站起來，以「想像中的農場生活」這樣有趣、溫和的方式作爲創造性肢體活動的伸展及熱身操。首先請小朋友閉上眼睛，然後假裝被公雞的啼聲喚醒。

2. 用類似方法或你自己的方式讓孩子假裝跳下床，慢慢地伸個懶腰。請他們將右手臂儘量伸直，擴展右胸並微微轉向左邊。左手臂以同樣方式做幾次伸展練習。

3. 請孩子動動脖子，慢慢地點點頭，向左右轉。接著上下聳聳肩，並用肩膀畫圓圈。練習數次後，該幹活了！請小朋友做出穿上工作褲的動作，到戶外去。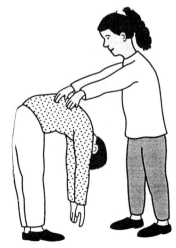

4. 請孩子做幾次深呼吸。問他們聞到了什麼味道？新鮮的空氣？乾草的味道？還是鬆餅和臘腸？孩子們必須在吃早餐以前先完成農莊雜務。請孩子們做出下列，或者你自創的

動作，讓他們伸展大肌肉。

拍拍小貓

穀倉裡的小貓總是易受驚嚇的，所以動作應儘可能輕柔。彎下腰、頭部向下垂、兩頰幾乎碰到胸部，雙肩自然下垂、背也隨之拱起。老師或另一位小朋友輕輕拍他的背，讓他慢慢挺直背、恢復站立姿勢。（重複數次）

學雞走路

先讓孩子有機會觀察雞走路時頭部前後移動的樣子。請孩子也這樣動動脖子和頭部，但注意速度不要那麼快。

泥中行走

在農場中的某些地方是非常泥濘的，必須將膝蓋提高到近臀部才能移動步伐！每次移動時感受大腿骨的拉力（兩腿輪流交替，每次膝蓋提高，停留三秒鐘）。

整理花園

春天來了，該開始整地、準備種植了。伸直雙臂做出耙土的動作。

除草

雖然整理花園時已除去部分雜草，剩下的要靠你彎下腰拔除。雙腿微開、雙膝微屈、用雙手做拔草動作。站起來、將拔起的雜草扔出去集中做堆肥。

裝乾草

假裝拿著叉乾草的工具將乾草裝上貨車。乾草又多又重，以手臂表現出用力的樣子。

踢輪胎

牽引機的輪胎還有氣嗎？每個輪胎都踢踢看就知道了。兩腿交互用力踢。

給老師的話

讓孩子養成開始肢體動作活動課程之前先來段暖身操的習慣，能預防

他們受到運動傷害。而以編故事的方式進行暖身操，能讓孩子放鬆心情，迎接繼之而來的肢體動作活動課程。你可以依孩子的興趣、季節、或正在進行的教學單元來編纂這些故事。

基本動作　　　　　　　　教師／學生導向的小／大團體活動

伸展練習

活動目標：放鬆及伸展肢體作爲熱身運動
核心構成要素：肢體靈活度
　　　　　　　肢體控制
教學資源：方形軟墊（視需要而定）

活動程序

伸展活動一

動作要領：

(1)俯臥在地板上，雙手置於身體
　　兩側（可使用方形軟墊）。

(2)慢慢深呼吸，同時自膝蓋向上
　　彎曲雙腿，雙手反握腳踝，輕
　　拉、吐氣，恢復原姿勢（反覆
　　二次）。

(3)同上，在雙手握住腳踝時，輕
　　輕前後搖晃，同時吐氣。

(4)仰臥，屈膝靠近胸部，雙臂伸
　　直放在身體兩側。以臀部左右大幅擺動，並且膝蓋要碰到地板。
　　擺動時吸氣，膝蓋碰到地板時吐氣（反覆三～五次）。

伸展活動二

動作要領：

(1)坐姿，雙腿向前伸直，膝蓋微彎，吸氣同時雙手向前儘量碰到腳
　　趾，頭部朝下。保持雙手向前伸的姿勢，直到感受到腿部有些

緊。數到三,吐氣,慢慢坐直(反覆三次)。

(2)同上,坐在地板上,雙腿向兩邊張開伸直。同樣的,吸氣時雙手
向前儘量碰到左腿的腳趾,頭部朝下。保持雙手向前伸的姿勢,
直到感受到腿部有些緊。數到三,吐氣,慢慢坐直(左右兩腿交
替)。

伸展活動三(貓型)

動作要領:

(1)學習貓的伸展動作。閉上眼,想像貓伸展開來的樣子,那是什麼
感覺?四肢著地,拱起背,頭部自然地下垂。

(2)背高高拱起,抬頭聳肩,頸部伸直,看著天花板(維持數秒不
動,並至少重複一次)。

給老師的話

　　貓型動作是由瑜珈動作衍生而來,是很好的放鬆活動。當孩子們感到
疲倦,或需轉換活動時,可以用這個動作來作緩衝。

┃基本動作　　　　　　　　教師導向的小／大團體活動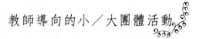

放鬆練習

活動目標：創造性肢體活動後放鬆身體

核心構成要素：肢體靈活度

　　　　　　　　肢體控制

教學資源：無

活動程序

1. 在熱烈的創造性肢體活動、肢體動作課，或課間休息後，作放鬆練習。安排小朋友成圓形隊伍坐下來，慢慢地作深呼吸。請孩子閉上眼睛，低頭，下巴靠近胸部。過一會兒，慢慢抬起下巴，張開眼睛。

2. 用類似方法或你自己的方式引導孩子做溫和的伸展活動。雙手高舉過頭，儘量向天花板伸去；然後雙臂放低，且慢慢低下頭，垂下頸部，肩膀放鬆，最後彎曲背部。一次慢慢彎一點，讓雙臂自然下垂，再慢慢依相反順序回原位：背、肩、頭，直到身體完全伸直。再儘量伸展；雙手高舉過頭，用腳尖站立。然後雙腳著地，手臂也放下來。

3. 重複以上活動數次。最後一次做完後，請孩子回地板坐好。

4. 學生坐定後，說：「閉上眼睛，深呼吸。屏氣一秒鐘，慢慢吐氣。」重複深呼吸至少三次，吐氣及吸氣各維持三秒鐘。你可以唸口訣：「吸—二—三，吐—二—三。」

5. 做完深呼吸，請小朋友們慢慢張開眼睛。用腳的力量將自己的身體向上推，成站立姿勢，但雙腿仍保持蹲姿。然後請孩子們一面慢慢地數四下，一面站直。大聲地數，直到每位小朋友都站好。

6. 觀察孩子們是否都放鬆下來，準備進行下一個活動。若有必要，可
   多做幾次放鬆活動。

給老師的話

可能的話，在進行放鬆活動時播放輕柔的音樂。

肢體控制 教師導向的大團體活動

鏡子遊戲

活動目標：藉由模仿他人動作，認識身體部位

核心構成要素：肢體控制

　　　　　　創造性肢體活動

教學資源：無

活動程序

1. 告訴孩子他們將要兩人一組玩鏡子遊戲；一位小朋友當鏡子，正確地反映出同伴所做的每一個動作。

2. 請一位小朋友協助你示範本活動。兩人相距約一個手臂的距離，面對面站立。請孩子正確地模仿你的每一個動作，而且必須和你同時做相同的動作，就像照鏡子一樣。不慌不忙地進行這個活動，每次只動動身體的某些部位，例如轉動手腕，彎彎手指，將手在頭、肩、腰、膝來回移動等等類似的動作。

3. 做過幾種不同的動作之後，和孩子交換角色。請他創造一些動作讓你模仿。

4. 示範後，請孩子兩人一組玩鏡子遊戲。如有必要，提醒孩子本活動的重點不是故意以快動作進行，或突然改變動作，讓你的搭擋手忙腳亂，而是兩人試著以相同的速度，做相同的動作。

延伸活動

1. 孩子們也許會想在課間活動或自由活動時間玩鏡子遊戲。藉著經常練習，有助於發展一系列複雜的運動技巧。

2. 孩子們可以圍成圓形，一個傳一個，模仿前一位小朋友的動作。

給老師的話

　　你可以利用鏡子遊戲引導孩子認識各種肢體動作的組成要素。例如認識空間（蹲下、後退、前伸），體驗肢體動作的表達和特性（做一個流暢平順的動作，再做一個起伏多變的動作）。或者你可以在玩鏡子遊戲的時候放一段音樂，請孩子聽音樂做動作，並觀察他們的反應。一旦孩子們熟悉了這個活動，他們可以在課間時段，或自由玩耍的時間自行找朋友玩鏡子遊戲。

肢體控制　　　　　　　　　　教師導向的小／大團體活動

雕像遊戲

活動目標：以肢體動作回應口語及韻律上的指示
核心構成要素：肢體控制
　　　　　　　時間掌握
　　　　　　　韻律感
教學資源：鼓
　　　　　鼓槌

活動程序

1. 說明雕像遊戲的規則。請孩子依你的鼓聲在教室內自由走動，當鼓聲停止，小朋友們就必須像雕像一樣停住不動，保持原來的姿勢。
2. 先照這樣的節奏進行：有規律地擊鼓四拍、停止，提醒學生像雕像一樣不動。再有規律地擊鼓八拍、停止、不動。
3. 變化節奏及速度。如：快、慢、或增加拍子。
4. 設定某一節奏為自由動作訊號，另一節奏為靜止訊號。也就是說，請孩子在某一節奏做動作，在另一節奏停住當雕像。例如：自由動作八拍，靜止不動四拍。重複二～三次，改變節奏再做一次。
5. 在靜止節奏時，指定孩子擺出某個特殊的姿勢。如：自由動作八拍，蹲下不動八拍。或者自由動作八拍，單腳站立四拍。

給老師的話

1. 你可以藉由「請你跟我這樣做」的遊戲作為雕像遊戲的準備活動。請孩子在你身後排成一列，模仿你的動作。首先向孩子說明你要他們做什麼：「我走的時候，你們跟我一起走。我停下來的時候，你

們也停住。我跳的時候,你們也跟我一起跳起來。」等孩子們熟悉
遊戲規則後,可變化較複雜的動作,不必一一加以說明。請孩子特
別留意你的動作,並確認當你停止時,孩子們也都停下來。鼓勵孩
子輪流當小老師帶大家做動作。

2. 你可以參考肢體活動篇的「心跳」、「認識節奏」及音樂活動篇的
「詩的節奏」,作為雕像遊戲的準備活動。

肢體控制 　　　　　　　　　　學生導向的小團體活動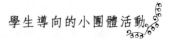

四方格

活動目標：藉由熟悉的遊戲練習肢體控制及平衡感
核心構成要素：肢體控制及平衡感
　　　　　　　執行運動計畫
　　　　　　　策略
教學資源：畫地粉筆
　　　　　球

活動程序

1. 本活動宜在戶外進行。在地上以粉筆畫四個四方形的格子並從一到四寫上號碼。

2. 每個格子裡站一位小朋友，安排其他孩子們在靠近第一個格子的地方排成一列。

3. 在第四個格子裡的小朋友開始發球，將球投到另一個小朋友的格子裡。這四位小朋友互相投球、接球，直到有人漏接。

4. 漏接的小朋友必須離開格子，排到隊伍末端。空出來的格子則由其他格子裡的小朋友遞補。排在隊伍最前端的小朋友則進入第一個格子，重新開始玩遊戲。

給老師的話

1. 這是個很好的戶外活動。一旦孩子了解遊戲規則，他們可以自己進行活動，不需依賴老師的指導。

2. 另一個類似的活動是跳房子，亦有助於發展孩子的肢體控制、平衡感和運動策略。你可以視情況容許孩子自訂遊戲規則，增加遊戲趣

味（以跳房子為例，可以變化的規則有：以單腳站立的姿勢投擲記號牌、規定投擲記號牌時須閉上雙眼、找搭檔合作，或變換格子的畫法）。

3.提供孩子道具（呼拉圈、球、跳繩、小沙包），鼓勵他們創造自己的遊戲。如有必要，可先提供孩子們一些建議。也許他們會將呼拉圈拿起來搖，也許會放在地上，當作發球或障礙遊戲的記號。小沙包可以玩投擲遊戲，也可以進行平衡競賽。安排孩子小組討論，然後向全班小朋友示範他們的新玩法。

肢體控制   教師導向的小／大團體活動

障礙遊戲

活動目標：練習一系列適當的運動技巧

核心構成要素：肢體控制，強調：

> 平衡
>
> 爆發力
>
> 速度
>
> 敏捷度（迅速地朝不同方向運動的能力）

教學資源：捲尺

> 木板（寬的作滑坡之用；窄的當平衡木）
>
> 三角錐或替代品
>
> 跳欄
>
> 床墊或體操墊

活動程序

1. 找一塊空地，大得足以設置六個站的障礙遊戲。操場是最適合的，體育館或大房間亦可。

2. 布置障礙遊戲。在下頁對每個站的安排有詳細的建議，且涵蓋了各項肢體動作技巧。但你仍應依據班上小朋友的需要和興趣來設計障礙遊戲。

3. 儘量利用手邊現成的設備器具。例如將捲尺固定在地板上就可以進行立定跳遠活動。如果在戶外，用粉筆在地上畫一條線可當作平衡木，或在地上放一塊木條或狹長帶狀物，也有相同功能；如果在體育館中，就直接利用地上已畫好的線。至於三角錐，可利用椅子、堆高的輪胎或書，或其他安全、可資利用的物品來代替。以安全

的、寬的板子，一端著地，另一端架在抬高的支撐物上，可搭成供孩子躍下的斜坡。而跳欄則可以障礙物、繩索或竹竿取代。

4.你可以先測試障礙遊戲的設計是否適當。ㄇ字型的安排最適宜這個遊戲，它提供寬廣的空間讓孩子們盡情跑跳。若活動內容並不激烈，那麼圓形或方形隊伍是最常被採用的。每一站依序設立，小朋友繞完一圈後，可回到起點，再次加入遊戲。在動線的安排上，直行路線優於「8」字型路線，因為後者易使小朋友感到困惑。

5.活動正式開始前，確定每項設施都穩固且安全；然後和孩子一起走過一遍，向孩子示範每一站要完成的任務。你可以請幾位小朋友先預跑一次，或全班一起練習一下。

6.請孩子輪流個別進行障礙遊戲，觀察他們如何完成任務。

7.接下來，可更換每一站的活動內容以增加變化或更適合你的課程架構。也可以請孩子們對道具的使用（如呼拉圈）或遊戲項目（如投擲小沙袋）提供意見。

障礙遊戲範例

第一站：立定跳遠

示範並說明如何在起跳前及跳遠後併攏雙腳，如何用雙臂和軀幹的力量將身體向前推。預備動作時膝蓋應微彎。示範如何擺動雙手才能產生跳遠所需的衝力。注意這個項目強調的是水平的、而非垂直的運動。

第二站：平衡木

鼓勵孩子慢慢地走過平衡木。提醒兩腳輪流交替，眼睛注視前方，身體維持平衡。如用架高的平衡木需有安全防護措施。

第三站：障礙賽跑

從本站開始有跑的動作了。請孩子們儘可能靠近三角錐快跑。首先說明跑步要訣：注視前方的三角錐，擺動雙臂（擺動幅度不要太大或太小），集中注意力將膝蓋提高，輕快地向前跑。本活動的目的是讓小

朋友儘可能以最快的速度跑到三角錐。在小心翼翼地走過平衡木之後，讓孩子盡情跑一跑，可紓緩緊張的情緒。

第四站：從高處跳下來

從高處躍下為障礙賽跑和跳欄的過渡活動。孩子們通常很喜歡這個活動，因為他們對這種跳法特別在行，並認為是非常刺激的運動。你可以放個軟墊在地上以確保孩子的安全。將寬木板的一端著地，另一端離地約二呎架高，做成一個穩固的斜坡，請孩子跑向斜坡然後雙腿併攏、膝蓋微彎地跳向地面或軟墊。建議孩子們張開雙臂以保持平衡。

第五站：跳欄

設置三～四個跳欄，每個距離約三呎遠，讓孩子有足夠的空間在兩個跳欄間整理步伐，做充分的助跳準備。用塑膠桿或竹竿架在支撐物上做成跳欄，可方便移動。示範如何跑及跨欄，中途不要停頓。若孩子感到遲疑或不願意跳，可讓他以自己的方式通過這個障礙（如爬行），或抬高跳欄讓孩子從跳欄下走過。

第六站：賽跑

在整個活動的最後安排一段賽跑，可讓孩子有成就感及圓滿達成任務的感覺。找一個空間讓孩子跑約二十碼，跑道盡頭設置終點線或柵欄做目標。檢查路線，確保小朋友不會闖入危險地帶。如有必要，封鎖部分不適宜的路段。

障礙賽路線圖

1.立定跳遠 ⟶ 2.平衡木 ⟶ 3.障礙賽跑 ⟶

6.賽跑 ⟵ 5.跳欄 ⟵ 4.從高處跳下來 ⟵

節奏感　　　　　　　　　　　　教師導向的小／大團體活動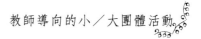

心跳

活動目標：藉由人體的天然節奏——心跳，以認識韻律

核心構成要素：韻律感、辨認特殊節奏

　　　　　　節奏感

教學資源：聽診器

　　　　　鐘或碼錶

活動程序

1. 向小朋友示範如何在頸部和手腕尋找脈搏。解釋心臟如何創造出這樣獨特的節拍，好像在我們的身體裡面有一個小小的鼓。當孩子找到脈搏，請小朋友們隨著脈搏用腳打拍子（若有聽診器，可供孩子用來聽聽彼此的心跳，以手或腳為彼此的心跳打拍子）。

2. 說明測定心跳或脈搏的方法，看看它有多快或多慢！請孩子輪流用鐘或碼錶計算十五秒內自己的心跳次數，並記錄下來，然後將全班小朋友的心跳情形製成統計圖表，當作一個數學活動。最快的速度是多少？最慢？平均數？

3. 安排孩子做由慢而快、而激烈的有氧運動：讓他們走路、單腳跳、再跳快一些等等。若在戶外，讓孩子跑一圈。每個活動後，請小朋友們計算自己的心跳，看看有什麼發現？孩子可以做統計圖，顯示從事不同的運動時，心跳的速度有何變化。記得激烈活動後要做放鬆運動。

4. 為孩子播放不同的音樂，請他們隨著節拍鼓掌、踏腳或哼唱。討論每一種不同的節奏，是否某些節奏讓他們想起了走路、跳躍或跑步？

給老師的話

　　本活動可應用在製作圖表、韻律課及作曲活動。例如：請孩子以各種打擊樂器敲打出他們自己的心跳，或用樂器表現出他們走路、跳躍或跑步時，心跳的變化。樂曲的創作可錄下來，與全班共享。

【本活動取自 E. Nelson.（1979）. *Movement Games for Children of All Ages*. New York: Sterling.】

節奏感   教師導向的小／大團體活動

認識節奏

活動目標：藉由隨著鼓聲舞動來認識節奏
核心構成要素：隨節奏的改變調整動作
　　　　　　　表達能力
教學資源：鼓和鼓槌
　　　　　鐘或木琴

活動程序

1. 小朋友們坐在地上圍成一圈。告訴孩子這個活動要讓他們體驗節奏和數拍子。請孩子留意傾聽你用鼓敲出的固定節奏。過一會兒，請他們跟著你敲的鼓聲拍手。

2. 當孩子對節奏的掌握較有信心了，就換另一種。請孩子先專心聆聽，然後隨著鼓聲拍手。敲一個華爾茲的節奏（1-2-3，重音在第一聲）讓小朋友跟著鼓聲拍手。

3. 請孩子們站起來，隨著鼓聲跺腳。

4. 試試其他的節奏並變換速度（2/2 拍，4/4 拍）。讓孩子們以這樣的節奏在教室裡到處活動。鼓勵小朋友運用身體各部位創造他們自己的獨特動作，問他們：「你能用手臂打拍子嗎？頭呢？腳也可以嗎？」

延伸活動

1. 練習過幾次以後，在某特定的拍子指定特別的動作。例如第一拍作一次跳躍動作，第二拍、第三拍踏步走。一個華爾茲節奏就形成了：跳－踏－踏，跳－踏－踏。讓孩子試著自己編動作。

2.以鈴聲和鼓聲奏一首曲子。以鼓擊出比較快的拍子，鈴聲（或木
  琴）敲出較緩和的拍子。敲打出不同的節奏，請孩子辨認節奏的快
  慢。接下來，讓孩子們隨著節奏的快慢在教室裡到處走動。當他們
  習慣之後，再變換另一個節奏。也可以請孩子輪流擔任敲打樂器的
  工作。

節奏感　　　　　　　　　　　　　教師導向的小團體活動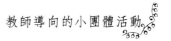

會說話的鼓

活動目標：用聲音和鼓認識節奏
核心構成要素：節奏感
　　　　　　　創造自己的節奏
　　　　　　　表達能力
教學資源：鼓
　　　　　　節奏樂器

活動程序

1. 就如心跳和脈搏，說話也有它自然產生的節奏感。引導孩子隨說話的節奏鼓掌、敲鼓。向孩子說明每個說話的音節都有一個拍子，大家一起來練習幾個句子試試看：假裝跟朋友講電話、跟一個新來的孩子聊天，或在其他假設的情景中，感受所說的話的節奏。或者請孩子隨著接下來三分鐘內所說的話的節奏拍手。

2. 接著，請孩子省略話的內容，而只哼出其節奏並打拍子。告訴小朋友他們必須專心傾聽節奏，好了解其中透露的訊息。

3. 最後鼓勵孩子完全停止自己的聲音，只用鼓或其他節奏樂器來彼此溝通。

4. 討論為什麼以鼓聲傳達出的訊息似乎不易了解。要如何做才能使訊息的傳遞更明確？如有必要，可提出誘導性的問題，像是：好消息的節奏聽起來應該如何？壞消息或悲傷的消息呢？如何以鼓聲表達害羞？請孩子提出他們的想法並加以示範。你還可以將小朋友們的意見記錄下來，編成一套「用鼓說話的秘訣」。

5. 玩猜猜看的遊戲。請孩子兩人一組，一位用鼓聲敲出訊息，另一位

猜猜這訊息的內容。觀察孩子如何進行這種方式的對話？所歸納出
的「秘訣」是否有用？

6. 鼓勵孩子將訊息內容以行動表現出來。一位小朋友用鼓聲敲出訊息
的節奏，另一位隨著節奏以肢體表達訊息內容。

給老師的話

在本書音樂活動「詩的節奏」中有更多相關資料可供參考。

【 本活動取材自 E. Nelson.（1979）. *Movement Games for Children of All Ages*. New York: Sterling. 】

表達能力 　　　　　　　　教師導向的小／大團體活動

你快樂嗎？

活動目標：透過肢體活動學習表現不同情緒
核心構成要素：依口頭指令行事
　　　　　　　透過肢體運動感受情緒
教學資源：有關「情緒」的錄音帶

活動程序

1. 告訴孩子他們將要進行探討感覺的肢體活動：播放各類音樂，請孩子們以肢體動作表現出對這些音樂的感受，並隨著音樂在教室內四處走動。播放一段事先準備好的音樂錄音帶，請孩子說說這段音樂帶給他什麼感覺？協助小朋友使用適當的字彙——這音樂聽起來是快樂的？悲傷的？還是令人興奮的？

2. 放一段表達快樂的音樂，請孩子說出他對這段音樂的感覺。當孩子回答「快樂」，再進一步引導他做出各種表達快樂情緒的動作。如：「當你覺得快樂時，你的頭有什麼動作？背會怎樣呢？讓找看看有朝氣的肩膀、愉悅的腳和高興的膝蓋！」進行約二分鐘後讓孩子休息。

3. 放一段表達悲傷的音樂，請孩子思考如何不說話而讓朋友知道你很難過。想想悲傷時肩膀會怎樣？傷心的手臂如何動？難過的腿和腳趾？頭、嘴巴和眉毛又如何呢？讓身體的每個部位都呈現出悲傷的樣子。活動持續一～二分鐘，請孩子休息。

4. 依相同模式，放一段表達害怕、發怒、興奮或其他類型的音樂。引導孩子想想如何用身體表現害怕、發怒、興奮、驚訝的情緒，然後請孩子一面表演，一面在教室內四處走動。另一個激發孩子的策略

是情境模擬：「你將有個生日派對！」「你的好朋友要搬走了！」
等等，請孩子表現他的情緒反應。

5.將本活動加以延伸；誘導小朋友想想有哪些歌曲勾起他們特殊的情
緒（快樂、生氣和悲傷）？鼓勵孩子討論這些歌曲的節奏、速度、
旋律及歌詞。然後請孩子以小組為單位，為這些歌曲編舞並表演給
大家看。

給老師的話

你可以自製或購買可讓人感受到各類情緒的歌曲所組成的錄音帶，以
便進行本活動。

{ 本活動取材自 G. Hendricks and K. Hendricks.（1983）. *The Moving Center: Exploring movement activities for the classroom*. Englewood Cliffs, NJ: Prentice Hall. }

表達能力　　　　　　　　　　教師導向的小／大團體活動

我像什麼？

活動目標：以肢體動作表現想像力

核心構成要素：表達能力

　　　　　　　創造肢體動作的能力

　　　　　　　觀察技巧

教學資源：無

活動程序

1. 請孩子站起來，介紹今天要玩的遊戲是以身體模仿各種不同的人、事、物。例如學爆米花爆開的樣子、在泥濘中行走的姿態。和孩子討論動作的「質」。（如何表現輕柔和沈重的感覺？活潑的？起伏多變的？）、動作的「速度」（什麼東西動得慢、非常慢、很快？）、「空間感」（什麼東西在地面移動？什麼東西在天空活動？什麼東西在天空及地面之間？）

2. 請孩子想像他們是一隻偷偷靠近獵物的老虎、池塘裡游泳的魚、被風吹落的葉片，並請孩子將這些景物以肢體動作表現出來。

3. 跟孩子一起合作，將一些奇異的事物聯想在一起；例如，請孩子想像如果他是一隻穿著外套的小鳥，會怎麼飛？或一隻跛腿的老虎如何跑？鼓勵孩子盡情發揮想像力。

4. 將孩子分組，協助他們角色扮演、安排布景，示範如下的動作：

- 划船和釣魚
- 吃晚餐
- 花式溜冰
- 被突如其來的暴風雨襲擊

●一群築巢的小鳥

鼓勵孩子想像更多有創意的場景。

給老師的話

1. 本活動可演變為猜字謎遊戲。做出動作請孩子猜猜該動作所代表的意義，然後輪到孩子出題目並表演。

2. 準備一些不同背景的圖片（這些圖片可以有一系列的主題，如有關動物或運動）。請孩子挑選一張圖片並表演其內容，直到有人猜出答案，再由這位猜對的小朋友表演下一題。

表達能力 　　　　　　　　　教師導向的小／大團體活動

故事劇

活動目標：由肢體動作演出故事，探索身體潛在的表達力
核心構成要素：表達能力
　　　　　　　創造肢體動作的能力
教學資源：有許多圖片的故事書

活動程序

1. 讀一則短篇故事。注意其文字及圖片如何表現這個故事。請孩子選一張最能代表該故事的圖片。若孩子說不出來，試試看哪張圖片最能喚起孩子對整個故事的記憶。

2. 示範如何以肢體動作演出一部分故事情節（挑選動作明顯的情節，如關門的動作）。

3. 向孩子說明這整個故事都可以演出來。請他們站起來演這個故事；一頁一頁地朗讀、欣賞圖片，動員小朋友一起演出。從頭到尾至少重複一次。

4. 請一組同學自行選一本想要演的書。分配各小組排練的場地和時間。每一組推派一人擔任旁白。巡視教室指導排演，然後請各組展現成果。

給老師的話

　　本活動可錄影或拍照存檔。

創造肢體動作的能力　　　　　　　教師導向的小／大團體活動

分解搖滾

活動目標：藉由身體特定部位的運動，對肢體動作有更多認識

核心構成要素：肢體控制和察覺

　　　　　　　創造肢體動作的能力

　　　　　　　表達能力

教學資源：小披巾（視需要而定）

　　　　　　音樂錄音帶或收音機

活動程序

1. 告訴孩子本活動要請他們隨著音樂擺動身體（但不是跳舞）。說明我們的身體可以做許多複雜的動作，因爲身體由各部位組成，而且每個部位可以單獨動作。整個身體則可做各種單獨動作的結合。這個活動就是要認識身體各部位可以做哪些動作。

2. 請孩子腦力激盪，寫下可以單獨動作的身體各部位名稱。儘可能引導孩子寫得詳盡些。

3. 讓孩子站起來。請他們從所列出的身體各部位名稱中，逐一示範如何以不同方式動動這些部位。例如眼睛這個部位可做閉眼、眨眼、擠眉弄眼的動作，肩膀則可聳肩、搖擺、轉圓圈等等。

4. 在適當的時機，配上音樂重複這個活動。每次只專注練習一個部位。播放不同類型的音樂，看看會不會激發出孩子的新點子。鼓勵小朋友們討論音樂如何幫助他們發現更多擺動肢體的新方法。當音樂變換時，他們動作的方式也跟著改變嗎？

5. 音樂可以應用在不同的活動；例如小朋友們以同一段音樂擺動身體的各個部位，這些部位的動作方式是否有相同之處？或請一組孩子

依據身體各個部位的擺動方式來設計舞蹈動作並加以示範。

給老師的話

音樂可以啓發孩子創造各種不同的肢體動作。手邊可以蒐集各類型的音樂以備用，或請孩子準備。收音機也是很好的資源，在各電台中尋找不同的音樂播放。此外，發給孩子小披巾，看看會爲活動製造怎樣的效果。

{ 本活動取材自 G. Hendricks and K. Hendricks.（1983）. *The Moving Center: Exploring movement activities for the classroom.* Englewood Cliffs, NJ: Prentice Hall. }

創造肢體動作的能力　　　　　　教師／學生導向的小／大團體活動

形狀

活動目標：透過以身體創作幾何圖形，增進空間概念

核心構成要素：創造肢體動作的能力

　　　　　　形狀認知

　　　　　　空間概念

　　　　　　解決問題能力

教學資源：形狀卡（卡片上有三角形、四方形、圓形及其他幾何圖形）或積木

活動程序：

1. 將全班分為五～六組，請組員們互相合作，將身體組合成你所指定的形狀。你可以先向孩子展示一張方形的圖片以引起動機。

2. 分派各小組到教室裡的各適當地點進行本活動。巡視各小組活動情形，然後請各組做出一～二個其他基本的幾何圖形。

3. 請小朋友試試較複雜的形狀，如六邊形。每組完成後展示給大家看。鼓勵孩子們儘量發揮創意。如遇到困難，協助他們重新調整姿勢，直到做對為止。

延伸活動

孩子們也可以與組員合作，或用自己的身體做出英文字母的形狀。誘導小朋友嘗試不同的方法，如躺下、

坐下或站著，並指出每個方法的不同之處。

給老師的話

　　如孩子遇到困難，可讓他們先練習用竹筷或牙籤拼排該形狀，再以身體做一遍。

創造肢體動作的能力　　　　　　　　教師導向的小／大團體活動

跑 、 跳 、 蹦

活動目標：透過以各種不同的方式穿越教室或操場，擴展對肢體動作
　　　　　的認識

核心構成要素：創造肢體動作的能力

　　　　　　　肢體控制

　　　　　　　表達能力

教學資源：無

活動程序

1. 在操場或教室的一端排成一排，請他們每個人以不同的方式到達另
　一端。

2. 請孩子描述或示範他們所想到的方法（單腳跳、蹦、跳、跑）。孩
　子也許需要一些提示；如：「你的手或腳可以怎麼動？」

3. 請孩子儘量發揮創意，或提供他們下列建議：

- 蹲著走

- 與同伴以兩人三腳方式走

- 閉著眼睛請人帶路

- 踮著腳走

- 跺腳走

- 以「之」字型前進

- 倒著走

- 爬過去

- 爬著倒走

- 學螃蟹橫行

- 滾著過去
- 翻觔斗過去

4.與孩子一起討論各種可能性，並將想法寫下來。

5.來點音樂，請孩子隨不同的音樂類型變換動作。

本活動取材自 G. Hendricks and K. Hendricks.（1983）. *The Moving Center: Exploring movement activities for the classroom*. Englewood Cliffs, NJ: Prentice Hall.

創造肢體動作的能力　　　　　　　教師導向的小／大團體活動

人體機器

活動目標：以身體模仿機器的運作來探索與團體分工合作的方式

核心構成要素：創造肢體動作的能力

　　　　　　對因果關係的了解

教學資源：食物研磨機

　　　　　其他由各組件組裝而成的簡單機器（視需要而定）

　　　　　紙和蠟筆

活動程序

1. 將食物研磨機或其他小型機械放在桌上，請孩子仔細研究它，並輪流操作一下。

2. 以因果關係的角度引導孩子探討小機器如何運作（當開關啓動後，食物變成怎麼樣了？研磨器內的旋轉葉片會怎樣？研磨盤有何變化？）。說明一個機械組件的啓動如何影響下一個組件的運作。

3. 接下來開始玩遊戲：將身體變成機器。每個孩子當作機器的其中一個組件，就如同桌上的研磨機是由各小組件組合銜接而成。徵求一組志願者模仿食物研磨機（或其他機器）的各個部分。孩子們先分別表演他所模仿的組件，然後再共同組合成一部機器。

4. 全班每五～八人成一組，分組討論想要模仿的機器，以及每個孩子的動作。建議他們在教室裡尋找實物加以模仿（如削鉛筆機）。

5. 或者，孩子可創造一部想像中的機器。請孩子先將這部機器畫下來，協助小朋友思考這機器需要哪些組件？各組件間的因果順序爲何？以及孩子們模仿這些組件運作的方式？

6. 經過練習後，讓組員們介紹自己模仿的組件，然後全組表演他們所

模仿的機器。

延伸活動

1. 設計一部機器，每次只請一位小朋友表演；當某位小朋友的名字被叫到時，就要模仿這機器的其中一個組件，直到全班都投入這個活動。本活動可加以錄影，讓孩子稍後欣賞。

2. 加入口頭提示，如：「我要把花生醬倒入機器中。」「我在爲齒輪加潤滑油。」讓孩子依你的口令表演機器的運作情形。

3. 調換某一個組件的位置，請孩子另找一個位子安置它，想想其他組件將如何被這「新組件」所影響？

【 本活動採自 E. Nelson.（1979）. *Movement Games for Children of All Ages*. New York: Sterling. 】

感受音樂的能力　　　　　　教師／學生導向的小／大團體活動

自由舞動

活動目標：體驗不同的音樂形態如何影響肢體動作及跳舞的方式

核心構成要素：感受音樂的能力

　　　　　　　創造肢體動作的能力

　　　　　　　表達能力

　　　　　　　肢體控制

教學資源：錄音機

　　　　　　各類型音樂的錄音帶

活動程序

1. 告知孩子你將播放各種不同類型的音樂，請小朋友隨各類音樂所營造的感覺起舞。

2. 開始播放音樂讓孩子自由舞動。問小朋友：「這音樂讓你想做什麼動作呢？」舉例來說，若孩子回答：「我覺得聽起來像進行曲！」就和孩子一起繞著教室邁步前進。

3. 為活動加入一點變化；請孩子跳舞直到音樂結束。在音樂結束的瞬間立即停止動作，並保持最後一個動作靜止不動。

4. 繼續隨音樂跳舞，提醒孩子在音樂結束時靜止舞蹈動作。讓小朋友們以自選的曲子玩最後一次。

5. 播放緩和安靜的曲子，讓孩子放鬆下來。將音量關小，請小朋友找個地方坐下來，慢慢地將身體放平。請他們閉上眼睛聆聽音樂。

6. 關掉音樂，引導孩子傾聽自己的呼吸聲。請他們將下巴靠近胸部，安靜地坐下來，深深地吸氣、吐氣。一兩分鐘之後，請孩子們抬起頭、張開眼睛、雙臂高舉過頭並揮揮手。慢慢將手臂放回身體兩

側，一會兒之後請孩子回座位。

給老師的話

1. 下雨天時這是個非常好的室內活動，也可以應用在孩子上課坐不住的時候。

2. 請孩子帶他們自己喜歡的音樂錄音帶來進行本活動。

3. 自由自在地隨意舞動讓孩子有機會展現各種肢體運動的基本能力。可能的話，錄下這個活動。特別注意下列幾個重點：

- **節奏感**：孩子能抓得住不同音樂類型的節奏。
- **空間感**：孩子能嘗試高、低平面及不同方向的肢體運動。
- **表達能力**：孩子能展現豐富的肢體動作，並隨音樂的不同而加以變化。
- **肢體動作的創造力**：孩子能表現或帶領大家隨音樂變換做出各種有創意的動作。

肢體動作親子活動 1

伸展活動

活動目標：認識各部位肌肉的功能
　　　　　學習放鬆和緊繃肌肉的方式
教學資源：無

給父母的話

　　對肢體的察覺是肢體活動及創造力活動的重要因素。本活動是為使你的孩子更意識到身體各部位的肌肉而設計。亦能幫助你觀察孩子能否辨別哪個部位正在伸展，是否能放鬆和緊繃某個部位的肌肉，而不牽動到其他鄰近部位的肌肉。

活動程序

1. 請孩子躺在地上伸展身體，就像早晨起床伸懶腰一樣。引導孩子伸展某一組肌肉，如：頸部、肩膀、手臂、手指、胸部、肚子、腿、腳、腳趾，每一次只專心伸展一組肌肉，享受那種感覺。

2. 請孩子繃緊肌肉，一次一組。一旦某個部位繃緊了就維持那樣的狀態，直到全身的肌肉都繃緊。一會兒之後，請你的孩子慢慢地、一組一組地放鬆肌肉，直到全身的肌肉都完全放鬆。

3. 請孩子動一動某一部分的肌肉，而不牽動到其他鄰近部位。例如：孩子能不能動動腳踝的肌肉而不牽動到腳趾？動動小手指而不動到無名指？

分享

　　你的孩子或許會想向學校的老師、小朋友展現這些技能，鼓勵他吧！

肢體動作親子活動 2

慢動作

活動目標：計畫並實行一系列動作的能力
教學資源：無

給父母的話

本活動強調肢體控制及動作記憶。你可以觀察孩子的回憶和模仿動作的能力以及計畫並實行一系列動作的能力。

活動程序

1. 請孩子閉上眼睛，想像有人正進行長跑。引導孩子以慢動作的方式來想像跑步的樣子：跑者的腿如何動作？手臂？臉部表情？手指？
2. 請孩子張開眼睛並以慢動作做出跑步動作。
3. 接著，請孩子模仿投手、騎腳踏車、彈琴、貨車司機或任何其他肢體活動。提醒孩子用整個身體做這些動作較為逼真。

分享

你的孩子在學校可以表演一段動作，讓老師和同學猜猜他正在做什麼。

肢體動作親子活動 3

熱舞寶貝

活動目標：依據孩子所聽到的音樂及從電視或影帶上所看到的動作自
　　　　　創一段舞蹈

教學資源：舞曲錄音帶或錄影帶

給父母的話

　　跳舞提供孩子機會去表達他們的情感，並突顯出各種運動技能。孩子跳舞時，觀察他的節奏感、以肢體動作傳達感情或想法的能力、空間感和感受音樂的能力。

活動程序

1. 讓孩子自行挑選舞曲影帶，聆聽或觀賞數次。然後請孩子模仿其中的動作並自創一段舞蹈。或播放錄音帶或 CD，讓孩子自由創作。
2. 協助孩子編一段與音樂相稱的舞蹈。思考一下舞蹈動作應該是快節奏或慢節奏的？快樂的或悲傷的？激烈的或溫和的？
3. 為了協助孩子專心編舞，你可以將電視螢幕調整到最暗，看不到影像，只聽到音樂；或關掉音量，讓孩子為舞蹈配一首新的旋律。
4. 鼓勵孩子為舞蹈取一個名字，讓觀眾了解舞曲及動作的涵義。
5. 若孩子對於單獨表演感到不自在，你可以跟他一起跳舞或邀請兄弟姊妹加入。

分享

　　表演需要觀眾。讓孩子為你和其他家人，甚至朋友和老師做一次表演。

資料來源及參考書目

　　前面所介紹的活動只是肢體動作學習領域的序曲而已。為了使你能在這個教學領域進行更深入的探討，在此提供對我們及我們的同事極具參考價值的書單，其用意是希望藉此提供讀者靈感，而非對這些文獻的評論。標明＊者表示本書所引用的資料來源。

Belknap, M. (1980). *Taming your dragons: A collection of creative and relaxation activities for home and school.* Buffalo, NY: DOK .

Benzwie, T. (1980). *A moving experience: Dance for lovers of children and the child within.* Tucson, AZ: Zephyr Press.

Boal, A. (1992). *Games for actors and non-actors.* New York: Routledge.

Carr, R. (1980). *See and be: Yoga and creative movement for children.* Englewood Cliffs, NJ: Prentice Hall.

Cole, J. (1989). *Anna banana, 101 jump rope rhymes.* New York: Scholastic.

Fluegelman, A. (1981). *New games book.* New York: Doubleday.

Fraser, D. L. (1991). *Playdancing: Discovering and developing creativity in young children.* Princeton, NJ: Princeton Books.

Gilbert, A. (1977). *Teaching the three Rs through movement experience.* New York: Macmillan.

Gregson, B. (1982). *The incredible indoor games book.* Belmont, CA: Fearon Teacher Aids.

* Hendricks, G. & Hendricks, K. (1983). *The moving center: Exploring movement activities for the classroom.* Englewood Cliffs, NJ: Prentice Hall.

Jenkins, E. (1989). *Adventures in rhythm* [audiocasette]. Washington, DC: Smithsonian/Folkways; Cambridge, MA: Rounder Records.

Jones, B. & Hawes, B. L. (1972). *Step it down: Games, plays, songs and stories from the Afro-American heritage.* Athens : University of Georgia Press.

Joyce, M. (1973). *First steps in teaching creative dance.* Palo Alto, CA: National Press.

Lowden, M. (1989). *Dancing to learn: Dance as a strategy in the primary school curriculum.* London: Falmer Press.

* Michaelis, B. & Michaelis, D. (1977). *Learning through non-competitive activities and play.* Palo Alto, CA: Learning Handbooks.

Nelson, E. (1989). *Dance sing and listen* [audiocasette]. Available from Dimension 5, Box 403 - Kingsbridge Station, Bronx, NY 10463.

Nelson, E. (1987). *Everybody sing and dance!* Available from Dimension 5, Box 403 Kingsbridge Station, Bronx, NY 10463.

* Nelson, E. (1979). *Movement games for children of all ages.* New York: Sterling.

Orlick, T. (1982). *The second cooperative sports and games book.* New York: Pantheon Books.

* Pangrazi, R., & Dauer, V. (1981). *Movement in early childhood and primary education.* Minneapolis, MN: Burgess.

Sullivan, M. (1982). *Feeling strong, feeling free: Movement exploration for young children.* Washington, DC: National Association for the Education of Young Children.

Yolen, J., (Ed.). (1992) *Street rhymes around the world.* Honesdale, PA: Wordsong/Boyds Mill Press.

數學活動

數學活動概要

　　本章節幫助孩子發展數學概念，並透過親自動手做的活動來思考。這些活動銜接抽象概念到具體素材，及日常生活中熟悉的事物，因而豐富了幼小階段的課程。藉著兼具合作性遊戲及個人挑戰的活動，希望孩子眼中的數學既有趣又實用，更是解答生活疑惑的方式。

　　接下來的篇幅中，你會發現兩種類似大富翁紙板遊戲的說明：恐龍遊戲及公車遊戲。這是由我們的工作小組所發展出來，加強數學技巧的遊戲。還有些活動改編自常見的遊戲，例如用撲克牌玩「比一比」及「加加看」，提供孩子機會練習計算、加法、估量、辨認圖案和其他與數有關的能力。這些活動可當作基本活動範例，幫助你利用大家所熟知的數學遊戲或策略性遊戲作為引導孩子學習數學的工具。

　　這類遊戲和書中其他活動激發小朋友思考「數」及物體的「量」，作比較對照，發展解決問題的策略，學習如何與同伴共同合作並交換想法。而這些都植基於三個原則：⑴協助孩子探究數的各種變化，及數與數之間的各種關係；⑵請孩子按照指示操作實驗，並仔細思索，以發展理解力；⑶鼓勵孩子從各種角度主動獨立地思考。

　　本書所蒐集的活動依數學領域的三項關鍵能力而分成三部分：數字學、空間概念、問題解決。每個部分的活動安排都由簡單、探究取向漸漸趨於較複雜、目標取向。問題解決部分所占篇幅較小，因為它與各個領域都有關聯，非數學領域獨有。

　　開始這一系列的數學活動之前，可先介紹相關教具（遊戲板、撲克牌、骰子等），及活動方式（透過烹飪、買糖果等活動來認識數學）。鼓勵孩子說出對數學的想法：你覺得數學是什麼？你在家裡會用到數學嗎？在戶外呢？在學校呢？我們什麼情況下會用到數學？它有什麼功用？

如果教室裡規劃出一個數學活動專屬的角落，讓孩子知道，在這裡一切都與數字、形狀、大小、重量、長度、時間和錢有關。他們能在這裡玩遊戲，甚至發展他們自己的遊戲；更能學到如何利用某些數學工具解決問題，如天秤、時鐘、尺、捲尺。儘可能向孩子展示這些用具，並說明使用方法。

■ 關鍵能力說明

數字概念

- 擅於計算（使用最簡便的方式計算）
- 有估量能力
- 擅於以數字表示物體和資料（記錄的能力、設計有效的記錄方法、製作統計圖表）
- 認識數字間的關係（機率、百分比）

空間概念

- 探索空間的各個平面
- 擅於解題
- 將問題視覺化或概念化

問題解決

- 能從整體架構探討問題
- 能作合乎邏輯的推斷
- 歸納定律
- 發展並運用策略

▢▩■ 教具說明

恐龍遊戲

硬紙板一塊，塑膠小恐龍數個，數字骰子兩個，「＋、－」骰子一個。在硬紙板上畫一隻大恐龍，背景是樹木和岩石。從大恐龍的嘴邊沿著背到恐龍尾端，畫三十五個格子並標上號碼。在第十五格的地方寫「開始」；第三十五格的地方寫「結束」。骰子可以是市售的，或以正方體自製的。「＋、－」骰子的作法是：在小正方體的其中三面畫「＋」，另外三面畫「－」。

公車遊戲

這組教具需要一輛玩具公車、一塊遊戲板、公車站牌、公車總站、乘客及做記錄用的文具。用一塊長方形的硬板做遊戲板，在板上布置街景和樹木，讓玩具公車穿梭其中。最好在遊戲板外層包裹透明膠膜，以延長它的使用期限。

儘量發揮創意設計四個站牌。我們的作法是羽毛站牌、鑰匙站牌、牙刷站牌和松果站牌。最後一站之後，設置公車總站：你可以用小紙盒來製作，裝飾門窗，寫上「公車總站」的字樣。

公車可以用小鞋盒或小紙盒裝飾而成，窗戶用畫的，不要剪開，以免小朋友看到裡面的乘客數目。在靠近車頭及車尾的地方各做一個可以開關的門，讓乘客上下車。

至於乘客，包括十位大人和六位小孩，用堅固的紙板製作。由於小朋友玩遊戲時必須記錄各有多少大人和小孩上下車，故在尺寸上宜有顯著的不同以作區別。這些人物可以自己畫，或剪雜誌上的照片，或使用市售的小人偶。

數字概念 　　　　　　　　　教師／學生導向的小／大團體活動

估量遊戲

活動目標：藉由玩遊戲練習估量技巧

核心構成要素：計算和估量

　　　　　　　作預測及檢驗預測結果

　　　　　　　空間概念

教學資源：量杯

　　　　　大的碗或鍋

　　　　　各類容器（紙杯、小盒子）

　　　　　核果、豆子、米粒或乾的通心麵

　　　　　水

活動程序

1.請孩子猜猜一個碗可容納幾杯的水？將答案寫下來。

2.以量杯在碗中倒滿水，同時請孩子數一數總共倒了幾杯？讓小朋友

比較實際的答案與他們稍早的猜測差距多少？

3.提供孩子各式容器及裝填物（核果、豆子、米粒或乾的通心麵）。請孩子設計自己的實驗，估算一下每一種容器的容量，再以量杯盛滿裝填物倒入容器中求得實際答案。

延伸活動

給孩子一些核果及三～四個不同大小的紙杯。請孩子回答下列問題；先以預估方式回答，再求實際答案。

- 最小的杯子可裝多少核果？
- 最大的杯子可裝多少核果？
- 哪些杯子能容納十顆以上的核果？哪些少於五顆核果？
- 有沒有杯子剛剛好可以裝十五顆核果？

數字概念　　　　　　　　　　　　　學生導向的小團體活動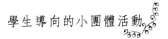

量一量

活動目標：實際進行各種測量活動，認識標準及非標準的測量工具
核心構成要素：比較和對照

　　　　　　　　從嘗試及錯誤中學習

　　　　　　　　邏輯概念

教學資源：尺、牙籤、迴紋針串、鉛筆、色紙

　　　　　　黏土、木質積木、碗或瓶子、小袋子

　　　　　　塑膠積木、紙杯、線、支架

活動程序

1. 測量長度：給孩子一把尺、牙籤、迴紋針串和鉛筆。請小朋友以這些工具量一量黑板、書、桌子、門或教室牆壁的長度。鼓勵孩子想出其他方式測量這些物體，如利用他們的手和腳。請學生們填寫下頁活動單，然後和同學們互相比較答案。與孩子們討論標準及非標準的測量工具，非標準的測量工具也許方便，但不是很準確；舉例來說，手和腳可以當作隨身的測量工具，但老師及小朋友以手腳測出的結果會相同嗎？

2. 測量面積：發給每位學生一組由各種顏色的紙剪成的不同形狀，請他們以目測的方式由最大到最小的形狀依序排好。再請孩子想辦法測量這些形狀的面積。你可以建議他們將這些形狀剪開，重新排列成新的形狀，以便於比較面積大小（如將三角形剪成長方形，看看它可以容納幾個最小的長方形）。請小朋友再一次按照大小排列，比較這次排列結果與先前目測的排列方式有何不同。

3. 測量重量：給小朋友每人三～四塊大小不一的黏土，請他們指出最

輕和最重的是哪一塊，或提供他們一塊木質積木、一個小袋子和一些塑膠積木。請孩子們將塑膠積木放進小袋子裡，直到它的重量相等於一塊木質積木。鼓勵孩子嘗試各種不同的方法測得重量。可以用手稱稱看，或自製天秤——以二個紙杯做秤盤，牢牢地繫在支架上，中間用勾子吊起，或者，以尺橫放在鉛筆上保持平衡，製作一個類似蹺蹺板的簡易天秤。

4. 測量容量：給小朋友每人三～四個尺寸形狀不一的瓶子，將水倒入。請孩子比較哪一個瓶子的水較多？鼓勵孩子思考重量和容量的不同（若其中一個瓶子裝的是米而不是水，其容量會不會改變？重量會不會改變？）。為什麼碗或瓶子比天秤適合用來測量容量？

測量記錄單

	黑板	書	桌子	門	牆	其他
尺 （多長）						
牙籤 （幾根）						
迴紋針串 （幾根）						
鉛筆 （幾枝）						
腳 （幾步）						
其他						

哪一種測量工具最簡便？ _____
為什麼？ _____
哪一種測量工具最困難？ _____
為什麼？ _____

數字概念　　　　　　　　　　　教師導向的大團體活動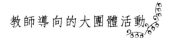

好玩的月曆

活動目標：了解日期星期和月份的關係

　　　　　探索月曆上的數字圖案

核心構成要素：認識月曆

　　　　　　　認識圖案

　　　　　　　加法和減法

教學資源：麥克筆或蠟筆

　　　　　壁報紙

　　　　　尺

　　　　　透明薄紙

活動程序

1. 在壁報紙上畫出七乘八的空格，告訴孩子他們將要製作月曆以記錄重要事項。討論這些格子，為什麼需要七格？讓孩子來告訴你第一個空格填什麼？是不是星期天？

2. 在格子上覆蓋一層透明薄紙，以便小朋友在上面黏貼數字及作畫時不污損月曆。請一組志願者剪下數字 1-31。

3. 孩子可在每個月的第一天將上個月的數字拿下來，重新排下個月的日期；也可以從書報雜誌上剪下好看的圖案，裝飾特別的日子，如節慶、生日或校外教學的日期。月曆亦可用來記錄天氣或一週行事（如週二上音樂課，週五上體育課）。

4. 讓孩子練習使用月曆。下面幾個問題可幫助你引導孩子認識月曆的使用方法，當然也可以用你自己的方式來引導他們。

   • 順著一欄往下看，會發現什麼共通性？（它們都是一個星期的同一

天，例如都是星期一或都是星期二）

•一個月有幾天？有幾週？

•若今天是星期三，離星期五還有幾天？

•若星期三是 10 號，星期五是幾號？

下列問題更有挑戰性：

•將所有星期二、星期三、週末的日期列出來，看得出來其中的變化嗎？（每個日期加 7 就是下個禮拜的日期。）

•為什麼會這樣？（一個禮拜有 7 天。）

•月曆上還看得出哪些相關性呢？

延伸活動

1.提供孩子月曆格子，讓他們自己填上數字。請小朋友們在數字 2 的格子內塗上紅色，然後在每個 2 的倍數的格子裡都塗上紅色；再找數字 3 的格子內塗上藍色，然後在每個 3 的倍數的格子裡都塗上藍色（若格子重複也沒關係）。看看有什麼結果？

1	2 （紅）	3 （藍）	4 （紅）	5	6 （紅） （藍）	7
8 （紅）	9 （藍）	10 （紅）	11	12 （紅） （藍）	13	14 （紅）
15 （藍）	16 （紅）	17	18 （紅） （藍）	19	20 （紅）	21 （藍）
22 （紅）	23	24 （紅） （藍）	25	26 （紅）	27 （藍）	28 （紅）

2.給每位孩子一張畫有十乘十共一百格的紙。若在每個偶數格內都塗上顏色，這張表格會變成怎樣？若在每個 3 的倍數格內塗上另一種顏色，結果會如何？你甚至可為全班做一張大型一百格的海報，在 2、5、10 及其倍數的格子內塗顏色，看看會呈現怎樣的圖案。這張表格可當行事曆用，例如開學一百天後舉辦個慶祝同樂會。

3.鼓勵孩子們自製表格及設定塗顏色的方式。有些小朋友也許只想在格子內塗顏色卻不想填上任何數字；有些小朋友則喜歡在數字格內塗顏色，並觀察其變化。

數字概念 學生導向的小團體活動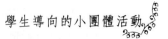

比 一 比

活動目標：以玩紙牌練習加法及比較數字的大小
核心構成要素：數字的識別與比較
　　　　　　　加法
教學資源：紙牌

活動程序

1.拿掉紙牌中的 J、Q、K。請孩子將剩下的牌平均分為二等份，其中一份面朝下發給每位參與活動的小朋友。

2.每位小朋友將自己手中最上面的一張牌翻開，跟同伴比較大小。數目較大者可拿走彼此的牌放在自己的牌的最下面；若翻開的牌數目相同，再翻另一張牌，這一次，數目較大者可拿走四張牌。持續這樣玩直到有人贏走所有的牌。

3.改變玩法；每人一次翻開二張牌，並以二張牌的總和互相比較。總數較大者贏得四張牌。總數相同時兩人都再翻開第三張牌。總數較大者贏得所有六張牌。若孩子不太會加法，可讓他們用籌碼來計算。

延伸活動

讓三～四位小朋友一起玩這個遊戲。如此一來，他們就有機會比較更多的牌和更多的數字。

給老師的話

鼓勵孩子玩其他的紙牌遊戲，以增進辨識數字和圖案的能力，練習加法及其他數學技巧。

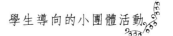

數字概念　　　　　　　　　學生導向的小團體活動

加加看

活動目標：玩紙牌以練習加法
核心構成要素：加法
　　　　　　　數的組合與分解
教學資源：二副紙牌
　　　　　托盤

活動程序

1. 請小朋友從二副紙牌中找出所有 1-4 的牌，一共三十二張。將這些牌平均分給二～四位小朋友，小朋友將拿到的牌面朝下堆成一疊，其他的牌則面朝上放在托盤中。注意托盤中至少需保留一張牌（若只有兩位小朋友玩牌，最後二張牌要放在托盤中）。

2. 每位小朋友翻開一張牌。這張牌與托盤中朝上的第一張牌相加，總和若大於 5，就將這二張牌置於一旁；若相加結果小於 5，小朋友就將手中的牌放到托盤中換回另一張；若這些牌加起來都少於 5，小朋友就須等到下一輪再翻開二張牌。依照這個方式，小朋友可以做一種以上 5 的組合。繼續遊戲直到所有的牌都用完。

3. 小朋友可比較並記錄各種 5 的組合方式。

給老師的話

1. 欲使本活動更富挑戰性，可使用更多的牌。鼓勵孩子用二張以上的牌組合成 5。

2. 前項及本活動鼓勵主動自主的學習。孩子們必須自己摸索出加法的解題方式，而且這個答案須得到別人的認同。老師和同學立即的回

饋比其他事後的修正更具效果，例如，若孩子說「4 + 2 = 5」，與
其糾正他的答案，不如引導他想一想 5 是怎麼來的？在孩子解釋理
由的過程中，自然達到自我矯正的效果。

數字概念　　　　　　　　　學生導向的小團體活動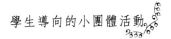

擲骰子

活動目標：藉由玩遊戲學習機率和圖表

核心構成要素：製圖

　　　　　　策略的運用

教學資源：骰子

　　　　　記錄單或繪圖紙

　　　　　鉛筆

活動程序

1. 給每位小朋友一個骰子、一枝鉛筆、一張記錄單（見下頁）。問小朋友：一個骰子有幾個面？幾個數字？每個數字擲出的次數都差不多嗎？或某個數字特別容易出現？讓我們做個實驗看看每個數字出現的機率。

2. 請一位志願者擲骰子。每位小朋友將擲出的數字記錄在記錄單上。

3. 讓孩子個別進行這項工作。持續擲骰子，並將擲出的數字記錄在記錄單的格子內，直到其中一欄填滿爲止。和孩子討論記錄結果：所出現的數字幾乎一樣還是各不相同？是否有某個數字常常出現？協助小朋友比較記錄結果，並了解每個數字出現的次數都差不多。

4. 變化玩法：準備十二欄的記錄單。請小朋友一次擲兩個骰子，記錄其總和，且並比較結果。

5. 接下來動動腦：準備二欄的記錄單，擲出一個骰子，將數字填在其中一欄內。再擲一次，將數字填在另一欄。如果左欄的數字比右欄小，就得到一分。引導孩子想一想如何才能贏得分數（例如若擲出4、5、6最好填在右欄較容易贏）。

擲骰子記錄單

1	2	3	4	5	6

數字概念　　　　　　　　　　教師／學生導向的小團體活動

恐龍遊戲

活動目標：透過玩遊戲學習數學、計算技巧和策略運用

核心構成要素：計算技巧

　　　　　　　遵守遊戲規則

　　　　　　　掌握兩項可變因素的能力

　　　　　　　加法和減法

教學資源：恐龍遊戲組

活動程序

1. 本遊戲適合二～三位小朋友玩，以實物講解並示範遊戲規則。假設小朋友是在大梁龍背上逃命的小恐龍（因為大梁龍要吃牠們），將塑膠小恐龍放在遊戲板上寫著「開始」的格子內，然後輪流擲骰子。依骰子出現的點數決定可移動幾格。

2. 花一點時間詳細說明並討論骰子的使用方法。兩個普通的骰子：每一面有一～六個點。擲出後，將兩個骰子的點數相加，決定可移動

幾格。鼓勵孩子思考並說出答案。提醒孩子因為他們要從餓鬼大梁龍的嘴邊逃命，所以要往大梁龍的尾端移動。

第三個骰子上有「＋」和「－」的記號。「＋」表示向大梁龍的尾端移動；「－」表示往大梁龍的嘴邊退回。讓孩子親自練習幾次，確認他們都已了解遊戲規則：「＋」和「－」表示移動方向，其餘兩個骰子的總和表示移動格數。

3. 若孩子必須退回到大梁龍的嘴裡，就停留在那裡直到他們擲出「＋」的骰子。最先抵達大梁龍尾端的小朋友為贏。

延伸活動

1. 加入另一個骰子，三個骰子的總和表示移動格數。

2. 改變「＋」「－」記號骰子的用途；用來表示其餘兩個骰子所出現的數字是相加或相減。至於方向則統一由大梁龍的嘴邊往其尾端移動。

在孩子以這種玩法進行遊戲以前，協助他們先熟悉新的規則。測試他們是否了解若擲出 2、5、「＋」代表什麼意思？1、6、「－」又該怎麼辦？說明小的數目不能減去大的，所以應該是 6 減 1 等於？若擲出「－」、4、4 意即 4 減 4 等於？小朋友該移動幾格呢？

3. 確認遊戲板上每個格子內都標明數字。請孩子用加法和減法算出該將小恐龍移動到哪一格？舉例來說，若一位小朋友的塑膠小恐龍在第五個格子內，而他擲出 3、5、「＋」，則應該移動到第十三個格子內。

4. 鼓勵孩子玩其他類似的遊戲，分享玩這些遊戲的經驗並向同學介紹規則。提供小朋友各種材料，如骰子、紙牌、大的硬紙板、標籤、尺、小戲偶、玩具車等，鼓勵他們設計自己的遊戲。要求他們須使用有數字的道具（如骰子、紙牌）。製作完成後向小組成員講解玩法，開始玩遊戲。

為增加益智性，你可以在遊戲中為孩子明確說明一些關於數的概念：

如加法、減法和方向（前進、後退）。或者爲遊戲設定一個主題（有關動物或污染），擴展孩子的學習領域。

給老師的話

1. 小朋友第一次進行恐龍遊戲時，觀察哪些孩子可以較快理解，哪些孩子需要再次解釋。要求他們向彼此說明遊戲規則，務必使他們確實了解。

2. 若有小朋友對數字有困難，試著進行一對一的教學，以便進一步了解他們需要加強哪一方面的輔導。

空間概念　　　　　　　　　　　　教師導向的大團體活動

統計圖

活動目標：了解如何利用圖表統整資料

核心構成要素：分類

比較和對照

教學資源：粉筆

線

剪刀

活動程序

1. 請小朋友依自訂的特徵（如男生和女生）分成四組。

2. 若在戶外，用粉筆在地上畫一個大圓圈；在室內則用線或繩子圍成圓圈。請每一組孩子繞著圓圈手牽手。

3. 請小朋友以粉筆或線在圓圈的中心畫一個大 X。X 的四個頂點與圓周相交，將圓周以組為單位分為四等份。

4. 告訴孩子他們創造了一個巨大的圓形統計圖。看一看哪一組最大？哪一組最小？嘗試用其他的特徵分組，作圓形統計圖。

延伸活動

1. 製作一個立體長條圖。請小朋友依自訂的特徵將全班分成若干組。製作圖表時，以每一格代表一位小朋友，每個由格子層層疊高的長條就代表每一組。

2. 向孩子展示各種統計圖表，大家腦力激盪把同樣的資料以不同的圖表呈現出來。讓他們建議欲統計的項目，如最喜愛的書、電視節目、寵物等，鼓勵他們使用統計圖表記錄科學實驗及其他調查的結果。

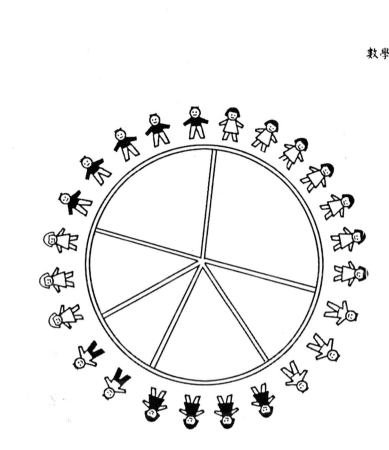

你的生日在幾月？

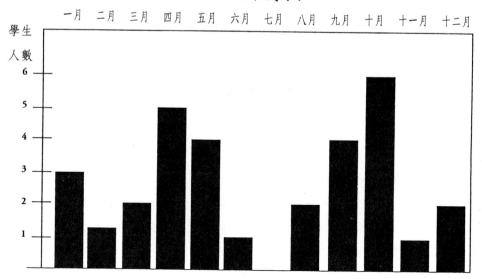

空間概念 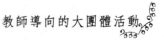 教師導向的大團體活動

面積和容積

活動目標：能操作與面積和容積有關的實驗

核心構成要素：問題解決

對照和比較

依實驗結果歸納出結論

教學資源：黑板或壁報紙

粉筆或麥克筆

硬紙板

剪刀

膠帶

米、豆子或乾的通心麵

活動程序

1. 問孩子對面積的認識，以及面積（兩度空間的測量，或一組線條所構成的表面數量）和容積（三度空間的測量，或被物體占據的空間數量）的關係。寫下他們的回答。

2. 請孩子進行下列實驗：將一張 9"×12" 的紙剪成一半（務必使孩子了解這兩半的大小相等）。將這兩張紙捲成管狀，但其中一張是長的管狀，所以底部成小小的圓形。另一張是短的管狀，所以底部成大的圓形。用膠帶固定尾端。

3. 讓孩子猜猜看這兩個管子能裝同樣數量的米（或豆子、乾的通心麵）嗎？如果不能，哪一個裝得比較多？也就是容量比較大？請孩子親自操作實驗。

延伸活動

1. 若教室內有地毯，讓孩子估量長度、寬度及它所覆蓋的面積，然後請孩子實際測量。在校園內繞一圈，找一塊地方剛剛好可以鋪這塊地毯。量一量這地方，以便確定是否與地毯的大小相符。或者，在教室內找個地方正好可以容得下一張書桌或書櫥。

2. 蒐集大大小小不同尺寸的盒子，看哪一個能裝最多的書或鉛筆。

【本活動取材自 M.Burns.（1975）. *The I Hate Mathematics !**Book.* Boston: Little, Brown.】

空間概念 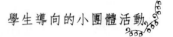 學生導向的小團體活動

聽聽排

活動目標：能聽從並給予口頭指示以模仿他人積木作品

核心構成要素：空間概念

問題解決

視覺意象

教學資源：積木（每種顏色和尺寸各 2 個）

硬紙分隔板

活動程序

1. 兩人一組，每人各拿相同數目和種類的積木，中間設分隔板，不讓他們看到彼此的積木。

2. 其中一人開始組合積木。完成後，隔著分隔板向同伴描述如何建構同樣的作品（如：將紅色的小積木放在藍色大積木的頂端）。後者不能偷看，試著依照對方的指示組合出一模一樣的作品。

延伸活動

1. 若參與人數改為三人，一人組合積木，第二人給予口頭指示，第三人依照指示組合出一模一樣的作品。

2. 找兩塊有座標格子的遊戲板。一位小朋友在某個格子裡排積木，並以座標方位告訴同伴如何將積木做相同的排列（例如將藍色積木放在 A1，紅色積木放在 B6）。

空間概念 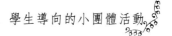 學生導向的小團體活動

請你跟我這樣做

活動目標：能聽從並給予口頭指示以模仿他人作品
核心構成要素：辨認座標的能力
　　　　　　　策略的使用
　　　　　　　空間概念
教學資源：釘有大頭針的板子
　　　　　橡皮筋

活動程序

1. 將大頭針釘在板子上，橫向每排上方標明 A 到 E，直向每列標明一
　到五。兩人一組，每人一塊板子，進行這個遊戲。請一位小朋友用
　橡皮筋在板子上繞出簡單的造型，但不要讓第二位小朋友看見。請
　第一位小朋友以座標方位的方式，口頭告知同伴如何繞出相同的形
　狀，例如：「從 B2 的地方開始，往下拉直繞到 D2。」不要糾正第

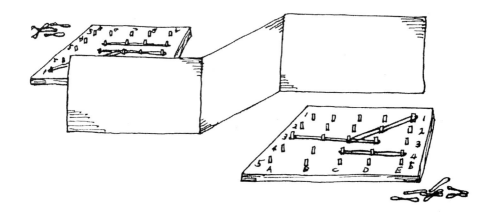

二位小朋友的工作。

2. 第二位小朋友依照第一位小朋友的指示繞橡皮筋；完成後，比較兩人的板子。其結果通常有天壤之別。

3. 由第二位小朋友設計圖案讓第一位小朋友仿做。

給老師的話

可視情況於小組活動時間示範如何進行本遊戲。小朋友熟悉活動方式後就可以自己玩了。

空間概念　　　　　　　　　　　學生導向的小團體活動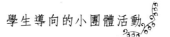

尋 寶 遊 戲

活動目標：利用圖表解題
　　　　　在地圖上設計代號
核心構成要素：策略的使用
　　　　　設計簡單明瞭的記錄符號
　　　　　做記錄
教學資源：藏寶圖（見下頁）
　　　　　麥克筆或蠟筆

活動程序

1. 本遊戲適合兩人進行。每個人須在格子狀的藏寶圖裡藏四樣寶藏，也要猜猜同伴的寶藏藏在哪裡？提供孩子空白的格子藏寶圖，讓他們練習以座標辨認方位，如 C2、E5。

2. 請孩子想出四種寶藏，偷偷地以四種簡單的記號分別代表這些寶藏。如：畫一個圓圈表示金幣；菱形代表鑽石；三角形是泰迪熊；方形表示禮物。小朋友必須告訴對方自己所設定的寶藏名稱。若有相同的，就要另外再想一個。

3. 孩子開始在藏寶圖上「藏」四樣寶藏：也許是在C4畫一個小圓形、在E5畫一個小方形；諸如此類。注意畫的時候不要讓對方看到唷！

4. 換另一位孩子猜對方的寶藏位置。他必須在自己的地圖上記錄所猜測的位置。也就是說，每個人的地圖上應記錄兩件事情：對同伴藏寶位置的猜測，及自己藏寶位置的設定。記錄做得愈詳盡，就愈有助於找到同伴的寶藏（如有必要，協助孩子想出一套有效的記錄方法。鼓勵他們嘗試各種不同的方式）。

5. 若找到寶藏，就換另一人尋寶。直到兩位小朋友都找到所有的寶
藏。

藏寶圖

	A	B	C	D	E	F
1						
2						
3						
4						
5						

寶藏符號

1. =	2. =	3. =	4. =

空間概念　　　　　　　　　　　學生導向的大團體活動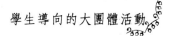

紙拼布

活動目標：認識對稱概念並設計幾何圖形

核心構成要素：空間概念

　　　　　　　視覺意象

教學資源：各種顏色的色紙，剪成：

　　　　　　　3"的正方形若干

　　　　　　　3"的直角三角形若干

　　　　　　　1～1/2" × 3" 的長方形若干

　　　　　每人一張 9"× 9"的白紙

　　　　　膠水

　　　　　布告看板

活動程序

1. 告訴孩子將要進行的活動是利用四方形、長方形和三角形做紙拼布。提供每個孩子一張上面有三乘三個格子的白紙作為基底，再給他們各種色彩鮮豔的四方形、長方形和三角形。

2. 讓孩子試著在格子內擺放不同顏色和形狀的紙片。說明這些格子可幫助他們排列圖案，並探索幾何圖形之間的關係。

3. 接著請孩子設計至少有一組對稱的圖案，換句話說，在線的兩邊呈現相同的圖案（若孩子還不了解何謂「對稱」，考慮在活動前先介紹這個概念）。當小朋友設計出他們喜歡的圖案，請他們將這個圖案黏在紙上。

4. 請小朋友每人至少做四塊紙拼布，並在地板或桌上布置。注意每塊紙拼布之間須密切接合。讓孩子以他們自己最喜歡的方式來決定紙

拼布接合的方式。

5.請小朋友把紙拼布固定於布告看板上展示出來。

問題解決　　　　　　　　　　學生導向的小團體活動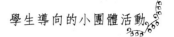

拿 牙 籤

活動目標：透過遊戲認識數的關聯和策略

核心構成要素：視覺關聯

　　　　　　　從嘗試及錯誤中學習

　　　　　　　策略的使用

教學資源：牙籤

活動程序

1. 給每位孩子十六根牙籤。請他們想一想有幾種不同的方法可將這些牙籤排成四排（如四排四根、二排二根＋二排六根、二排三根＋二排五根）。請孩子寫下每一種方式。

2. 兩位小朋友面對面而坐，十六根牙籤放在中間，排成四排。遊戲開始，孩子輪流拿開牙籤，想拿幾根都可以，但一次只能拿同一排的牙籤；拿到最後一根牙籤者爲輸。

3. 孩子熟練這個遊戲後，引導他們思考自己所使用的策略：有沒有最簡單的方式可以避免拿到最後一根牙籤？你在同一排留下的牙籤數目是否會影響遊戲結果？先開始拿牙籤或第二個拿，會不會比較容易贏或輸？

延伸活動

1. 與上面的活動玩法相同。以十五根牙籤排成三角塔狀，最上層排一根，第二層排二根，最下面一層排五根。兩位孩子輪流拿開牙籤，想拿幾根都可以，但一次只能拿同一排的牙籤。拿到最後一根的就輸了。

2. 兩位小朋友將十二根或更多牙籤隨意排成若干排，輪流拿開牙籤，每次可拿一至兩根，拿到最後一根牙籤者為輸。請孩子想一想玩這個遊戲所使用的策略與先前的遊戲有無不同？

3. 畫一個八個格子長、四個格子寬的表格。兩位或兩位以上的小朋友輪流放小石子或籌碼在格子內，一次只能放一～二個格子。這兩個放有籌碼的格子必須上下或左右相鄰，而不可對角放置。放到最後一個格子裡的人是輸家。

上下相鄰

左右相鄰

不可對角放置

問題解決　　　　　　　　　　　學生導向的小團體活動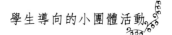

糕餅店

活動目標：認識金錢的價值及數的合成

核心構成要素：籌劃和決策

　　　　　　　加法和減法

教學資源：錢（真鈔或玩具鈔），包括鈔票和硬幣

　　　　　　假的杯形糕餅、甜甜圈、餅乾

　　　　　　玩具收銀機

　　　　　　記帳單

活動程序

1. 開設一間糕餅店。和孩子一起討論食物的價錢，例如杯形糕餅十五元、甜甜圈十元、餅乾五元。

2. 一次安排四位小朋友參與遊戲：一位當老闆，另外三位當客人，每位身上帶著一百元。每位客人每次最多只能用二十元，看誰第一個將一百元不多不少剛好用完。

3. 客人選購物品後，老闆將食物和正確數目的零錢交給客人。老闆和客人都要一起計算該找多少錢？每次消費後，客人需以下列表格記錄他們原本有多少錢？用掉多少錢？剩下多少錢？

糕餅店記帳單

姓名：＿＿＿＿＿＿＿＿＿   日期：＿＿＿＿＿

我有？錢	我買了？	我用了？錢	我剩下？錢

公車遊戲

活動目標：透過玩遊戲運算數字及利用記錄解決問題

核心構成要素：計算能力

　　　　　　　記錄的能力及設計記錄的方式

　　　　　　　加法和減法

　　　　　　　處理一個以上的變項的能力

教學資源：公車遊戲（見教具說明）

　　　　　　兩個骰子（數字骰子及「＋、－」記號的骰子）

　　　　　　紙和筆

　　　　　　籌碼

活動程序

1. 依教具說明的介紹製作遊戲板，向小朋友說明遊戲規則並加以示範。

2. 小朋友輪流當公車車掌及司機。公車在遊戲板上繞來繞去，穿梭在公車站之間。在前兩站，司機擲骰子決定讓多少乘客上車，到第三站和第四站，司機擲「＋、－」記號的骰子決定讓乘客上車「＋」，或下車「－」；到終點站時，司機必須憑計算（不可偷看車內）說出有多少人還在車上。司機可一路上以紙筆做記錄。

3. 多示範幾次。先以一次讓一～二位乘客上車開始，請小朋友以紙筆記錄每一站有多少人上車下車。如果這樣太困難，可以用籌碼來記錄。引導孩子比較不同的記錄方法，哪一種較簡單明瞭？

4. 孩子對遊戲規則及記錄方法能運用自如後，讓他們找同伴自己進行遊戲。

延伸活動

1. 你可以先介紹數字骰子，讓孩子練習每一站增加乘客上車人數。稍後再介紹「＋、－」記號的骰子，讓乘客可以上車下車，並讓孩子有機會練習減法。

2. 為增加遊戲的挑戰性，將乘客分為大人和小孩。請小朋友將大人和小孩分開記錄。亦可以其他類型來分類，如男生和女生，或高的人和矮的人。

3. 介紹錢幣的使用；請乘客付車資，司機要記錄收了多少錢？

【 本活動根源於 Joseph Walters 及 Matthew Hodges 的著作，在《光譜計畫：幼兒教育評量手冊》中有更詳盡的說明。 】

數學親子活動 1

還有多久吃晚飯？

活動目標：利用鐘和錶來認識時間
　　　　　了解秒、分、時的關係
教學資源：有秒針、分針和時針的鐘或錶

給父母的話

　　鐘和錶是認識時間最常使用的工具。這個活動幫助你的孩子發展時間概念（如了解一分鐘和一小時的不同），及練習看指針來辨識時間。

活動程序

1. 請孩子幫忙用鐘或錶量一分鐘或一秒鐘。向孩子說明哪一根是秒針、哪一根是分針、時針，並比較哪一根走得快？哪一根走得慢？哪一根比較長——秒針、分針或時針？

2. 協助孩子留意他的時間分配：如公車每天早上八點到學校，每天下午二點半放學，晚餐時間是下午六點，晚上八點是上床時間。孩子可以因此預料什麼時間該做什麼事，而先做好準備。

3. 為幾項例行瑣事計時：一頓飯、一個電視節目、一段廣告、洗澡、閱讀、學校的一天、準備晚餐。鼓勵孩子利用下列表格為不同的活動計時，顯示從事不同的活動所需時間的長短。

活動項目	起迄時間	時	分	秒

4.請孩子依據上表回答下列問題：

• 電視節目和一段廣告，哪個所需的時間比較長？

• 如果很餓了，你希望晚餐在多久時間內做好？一秒鐘、一分鐘或一小時？

• 刷牙需要幾分鐘或幾小時？看電影呢？

5.請孩子在屋裡找找其他的計時工具，如廚房用的計時器、微波爐的計時器、碼錶、鬧鐘。一共有幾種？

分享

孩子可帶著計時表格到學校和老師同學分享他的發現。老師也許會請你的孩子看時鐘提醒大家下課或吃午餐呢！

數學親子活動 2

你多高？

活動目標：測量和估算高度
　　　　　使用圖表來記錄資料

教學資源：線
　　　　　尺
　　　　　長的紙或可以在上面寫字的牆

給父母的話

　　孩子喜歡記錄他們的身高——看著節節上升的記號，覺得自己真的長大了。本活動中，孩子練習以不同的測量單位來進行測量和估算。

活動程序

1. 以尺的刻度或線的長度向孩子展示一英吋（約 2.54 公分）有多長。示範如何利用這根線量一量書、門、桌子、手指、泰迪熊或其他物體的長度。

2. 給孩子一張紙，請他畫不同長度的線條，並標明其長度。

3. 請孩子回答下列問題：

 • 書和門哪一個比較長？你怎麼知道？

 • 三英吋和一英吋哪一個比較長？你怎麼知道？

 • 你知道書和門、三英吋和一英吋究竟有多長嗎？

4. 讓孩子靠牆邊站好，在孩子的頭上方的牆上做記號。請他自己用尺從地板到做記號的地方量一量。現在你的孩子知道自己有多高了，將身高記號保留下來，隔一段時間看自己長高了多少。

5. 孩子也許想為其他家人量身高，可以藉此引導他思考：家人中誰比

較高？誰最矮？與上次的身高相比，他長高了多少？

分享

孩子可帶著一英吋（約 2.54 公分）長的線到學校，量量教室裡的東西，或為班上同學製作身高統計圖。

數學親子活動 3

烤餅乾

活動目標：認識容器

　　　　　了解不同尺寸的測量工具之間的關係

教學資源：一組大小不同的湯匙（1/4 茶匙、1/2 茶匙、1 茶匙、1 湯匙）

　　　　　不同形狀的透明容器（玻璃杯、碗、瓶子）

　　　　　量杯

　　　　　鹽

　　　　　水

　　　　　烤餅乾的材料（見 259 頁）

　　　　　烤餅乾的設備

給父母的話

　　本活動讓你有機會觀察孩子是否能遵照指示、準確測量並了解不同尺寸的測量工具之間的關係（如湯匙和茶匙）。使用測量工具的能力是很重要的，不只是應用在烹飪上，木工、藝術、科學和其他許多活動都需要這項技巧。

活動程序

1. 請孩子分別用四種大小不同的湯匙舀鹽，倒在紙上成一排四堆。請孩子指出哪一堆最大？是哪個湯匙舀的？再指出其餘三堆的大小？分別是哪個湯匙舀的？

2. 請孩子用茶匙將湯匙裝滿鹽，請他們回答：

   • 需要舀幾茶匙才能將湯匙裝滿？

- 若用二分之一茶匙來舀，需要幾匙才能將湯匙裝滿？
- 如果湯匙弄丟了，如何量出等量的鹽？

3. 蒐集各種不同形狀的透明容器，請孩子用量杯準確地量一杯水倒在每個容器中，並回答下列問題：

- 每個容器中的水都一樣多嗎？你怎麼知道？
- 為什麼有的容器看起來已經很滿了，有的看起來還不太滿？
- 如果不想讓杯子裡的水太滿，你會怎麼做？

4. 參考下頁食譜，和孩子一起做小西點。其實這是很好的數學活動，因為製作過程中需要注意分量的多寡。請孩子務必要使用量杯等測量工具，也許剛開始會一團糟，但提供機會練習是很重要的喔！

分享

　　請老師、同學或家人品嚐孩子親自做的小西點，並以量杯等測量工具向大家說明製作過程。

巧克力厚片餅乾

材　料

2 又 1/2 條奶油，置於室溫中使其變軟

1/2 杯砂糖

1/2 杯黑砂糖

1 又 1/2 茶匙的香草精

1/2 茶匙的鹽

2 個蛋

2 又 1/2 杯麵粉

1 包 12 盎司的袋裝巧克力厚脆片（或者放一條 12 盎司的半甜巧克力在砧板上，不必拆開包裝，用小鎚子輕輕敲碎）

作　法

1. 預熱烤箱至 350 度。

2. 將奶油、砂糖、黑砂糖、香草精、鹽放入攪拌碗中攪拌，直到呈平滑的乳脂狀。把蛋放進去，分 2 次加入麵粉，均勻地與巧克力厚脆片攪拌。

3. 舀一大湯匙的量的生麵糰在未塗油脂的烤盤上，在麵糰間留一些空隙。烤 8-10 分鐘（別烤太久）。

4. 置於盤中待涼。

資料來源及參考書目

　　前面所介紹的活動只是數學學習領域的序曲而已。為了使你能在這個教學領域進行更深入的探討，在此提供對我們及我們的同事極具參考價值的書單，其用意是希望藉此提供讀者靈感，而非對這些文獻的評論。標明＊者表示本書所引用的資料來源。

Anno, M. (1992). *Anno's counting book.* NY: HarperCollins.

Anno, M. (1987). *Anno's counting games.* New York: Philomel.

Baker, A., & Baker, J. (1991). *Raps and rhymes in math.* Portsmouth, NH: Heinemann.

Baker, A., & Baker, J. (1993). *From puzzle to project: Solving problems all the way.* Portsmouth, NH: Heinemann.

* Baratta-Lorton, M. (1976). *Mathematics their way.* Reading, MA: Addison-Wesley.

Burk, D., Snider, A., & Symonds, P. (1988). *Box it or bag it mathematics.* Salem, OR: Math Learning Center.

Burk, D., Snider, A., & Symonds, P. (1992). *Math excursions 1: Project-based mathematics for first graders.* Portsmouth, NH: Heinemann.

* Burns, M., (1975). *The I hate mathematics! book.* Boston: Little, Brown.

Burns, M., & Tank, B. (1988). *A collection of math lessons.* White Plains, NY: Math Solution Publications.

Gonsalves, P., & Kopp, J. (1995). *Build it! festival.* A GEMS Teacher's Guide. Berkeley, CA: Lawrence Hall of Science, University of California.

Goodman, J. (1992). *Group solutions.* A GEMS Teacher's Guide. Berkeley, CA: Lawrence Hall of Science, University of California.

Hohmann, C. (1991). *High/Scope K–3 curriculum series: Mathematics.* Ypsilanti, MI: High/Scope Press.

* Kamii, C. (1982). *Number.* Washington, DC: National Association for the Education of Young Children.

Kamii, C. (1985). *Young children reinvent arithmetic: Implications of Piaget's theory.* New York: Teachers College Press.

National Council of Teachers of Mathematics. (1989). *Curriculum and evaluation standards for school mathematics.* Reston, VA.

National Council of Teachers of Mathematics. (1988, February). Early childhood mathematics. [Special issue]. *Arithmetic Teacher, 35.*

Russell, S., & Stone, A. (1990). *Counting: Ourselves and our families* [for grades K–1]. From the series *Used numbers: Real data in the classroom*. Palo Alto: Dale Seymour.

Stenmark, J. K., Thompson, V., & Cossey, R. (1986). *Family math*. Berkeley, CA: The Regents, University of California.

University of Chicago School Mathematics Project (1993). *Everyday mathematics*. Evanston, IL: Everyday Learning Corporation.

Welchman-Tischler, R. (1992). *How to use children's literature to teach mathematics*. Reston, VA: National Council of Teachers of Mathematics.

Whitin, D., & Wilde, S. (1992). *Read any good math lately?* Portsmouth, NH: Heinemann.

社會化認知活動

社會化認知活動概要

　　本章節的活動設計乃在促進幼兒社會化的學習能力，並展現社會智慧。本書使用「社會智慧」一詞來涵括人際智慧和內省智慧。前者指的是區辨他人的能力，如不同的心情、氣質、動機及意向等；後者意指自我認識：對自己的長處、弱點、需求及情緒有清楚的了解，並能依據這些自我認識來回應週遭事物，且能引導情緒作為理解及影響個人行動的方式。許多兒童社會化發展的理論都以行為表現作為強調重點（分享、輪流、以口語表達憤怒而非訴諸拳頭），我們則試圖探討孩子們如何知覺、領會社會關係，以及自己在其中所扮演的角色。

　　本書設定三種關鍵能力來說明幼兒階段的社會智慧：了解自我、了解他人及了解文化上對重要社會角色的看法。當孩子們與同儕互動時，可由其所扮演的是促進者、領導者、照顧者或者朋友，而觀察出他的社會角色。值得注意的是，不同的文化背景會塑造出不同的社會角色，並影響孩子們對這些角色的看法。許多社會化認知活動鼓勵孩子們探索自己與他人的異同點，可作為本活動或討論多元文化的基礎。

　　大部分這類活動都是以團體的形式進行的，因而在孩子們與同儕互動時，有機會發展出具反省性的、可供觀察的溝通技巧。孩子們必須學習如何和他人共同合作以解決問題、玩遊戲或實踐計畫，例如開一個小型的派對來慶祝生日。

　　你可以將社會化認知活動視實際的需要，安插在整學年的活動當中，或整合為一個完整的單元：像是「認識自己」、「好朋友」等。而無論是哪一種方式，導入活動的安排可幫助小朋友更能體會活動的意義，及熟悉相關教具的使用方法。有些老師會設計戲劇表演的空間，放置家具及衣服等，好讓小朋友在其中探索社會角色及模擬社交情境。你也可以用各種偶

具來充實扮演區，或利用放有卡通人物或小朋友照片的教室模型，讓他們有充分的機會和素材玩扮演遊戲。此外，不妨充分利用其他領域的教具，如數學領域的拼圖、藝術領域的材料、錄音機、玩具電視、麥克風等。這也是觀察小朋友如何與他人共同合作的好機會。

另外，建議你引導孩子思考他們對「社交」的看法以引起動機。那是指與朋友相聚嗎？它和一個人的感情、思想、情緒有沒有關係呢？和人與人之間彼此對待的方式有關聯嗎？小朋友們發表他們的想法後，邀請小朋友玩打電話遊戲、扮演遊戲，及利用偶具、道具說故事等等，都是有助於孩子們發展「社會化」的好方式。也可以和孩子討論適合在這個學習區使用的服飾、教室模型及其他教具。別忘了鼓勵小朋友談一談他們對這些活動的想法。

◼◼ 關鍵能力説明

了解自我

- 對自己的能力、技巧、興趣及弱點有所認知
- 覺察自己的感覺、經驗及才能
- 根據以上省思，來理解並指引自己的行為
- 洞察影響個體表現良好或某方面表現較差的原因

了解他人

- 展現對同儕及其所從事的活動之了解
- 易於親近他人
- 辨認他人的思想、感受和能力
- 以他人所參與的活動來判斷其人

不同社會角色的特徵

領導者
- 常常主動提出想法、組織活動
- 能動員其他小朋友
- 分派角色任務給其他小朋友
- 能說明活動進行的方法、步驟
- 主導整個活動的進行

促進者
- 常與其他小朋友分享觀念、訊息和技巧
- 調停小朋友之間的糾紛
- 邀請其他孩子一起參與活動
- 擴充並發揮其他小朋友的點子
- 提供協助

照顧者／朋友
- 當其他小朋友沮喪時會給予安慰
- 對他人感受有敏銳的回應
- 尊重他人的好惡

■ 教具說明

戲劇角服飾

蒐集各式服裝及相關用品，以便小朋友進行扮演活動。可利用二手衣或請小朋友帶來。種類宜豐富些，包括男孩及女孩的外套、皮帶、背心等。可提供各行各業的相關用品，如聽診器、郵件袋、指揮棒等。想進一步了解如何布置戲劇角，可參閱 James Johnson, James Christie 及 Thomas Yawkey 所著的《*Play and Early Childhood Development*》。作者建議我們如何利用相關道具，並使它們適用於整學年各種不同的角色。

教室模型

本書所提到的教室模型是由一個 24"×15"×5"的大紙箱所製作的立體模型。並以碎布、小紙盒、木條等物仿製教室內的擺設。其製作方式請參看本書視覺藝術指導部分。另外在語言活動中也會用到此教具。

玩具電視機

用大紙箱做成並加以裝飾。在戲劇扮演活動及語文活動的小記者報導活動中，都少不了它喔！

了解自我 　　　　　　　　　　學生導向的小團體活動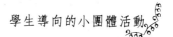

我的履歷表

活動目標：藉由美勞創作，幫助小朋友了解自己和他人
核心構成要素：思考能力
　　　　　　　認識自己和他人的優點
教學資源：紙
　　　　　膠水
　　　　　剪刀
　　　　　照片
　　　　　舊雜誌
　　　　　書寫工具

活動程序

1. 向小朋友展示成品並說明作法。你可以這樣開場：「這是一張我女兒的海報。上面有一些書、寵物、小孩游泳的照片，因為那是她最喜歡的事物。這就是我們今天要做的『履歷表』。履歷表可以幫助別人認識我們，知道我們會做些什麼事。大人們使用履歷表可以找到工作。你可以用文字、圖片、照片或畫圖來做一張你自己的履歷表，讓別人認識你。」

2. 引導小朋友以各種不同的方式來描述自己。鼓勵他們說出自己的興趣、能力、最喜歡的顏色、食物和寵物。

3. 以腦力激盪的方式讓小朋友想一想要在履歷表中放入哪些項目？除了圖片、照片外，也可以附上個人的蒐集品，如棒球卡、包糖果的紙或觀賞某場表演的票根。

4. 在小朋友動手做之前，讓他們有充分的時間作計畫及蒐集材料。必

要時，可寫份通知單給家長說明整個活動的內容及目標，並請他們
給予協助。

5.活動完成後，鼓勵小朋友和大家分享、討論履歷表的內容。

給老師的話

1.這份「履歷表」可隨著小朋友對自己有更多的認識而作適時的修
正。

2.可於家長參觀日展示這些作品。

了解自我　　　　　　　　　學生導向的小團體活動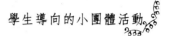

百寶箱

活動目標：探索思想、觀念和情感

核心構成要素：了解自我

　　　　　　思考能力

教學資源：每人一個小盒子

　　　　　貼紙

　　　　　膠水

　　　　　紙

　　　　　筆

活動程序

1. 讓小朋友知道每一個孩子都是特別的，而使他們如此特別的，正是每個人獨特的思想、觀念和情感。這項活動就是要為他們的這些特質做一個百寶箱。

2. 分發小盒子給每位小朋友，提供他們可以用來裝飾的材料。然後孩子們可將他們的「想法」或「感受」（參考「給老師的話」）寫下來或畫下來，珍藏在百寶箱中。

3. 和孩子們討論「隱私權」的觀念。說明百寶箱是私人物品，要求孩子們互相尊重彼此的隱私權，不可擅動他人的百寶箱。然而如果小朋友願意的話，可安排一段時間做分享活動。

給老師的話

　　活動之前可藉由說故事或拋出一個簡單的問題，引導小朋友討論關於「想法」的話題。例如，怎樣的思考方式有助於解決以下情境呢？

- 你和另一個孩子在同一個時間、想玩同一樣玩具？
- 媽媽規定你在完成例行家務後才可看電視？
- 想不起來把外套放在那兒了？

請小朋友想一想幾種不同的解決辦法，讓孩子知道他們的每一個想法都是珍貴而有價值的。

了解自我　　　　　　　　　　　　學生導向的小團體活動

指紋

活動目標：蓋指紋來突顯每個人的獨特性

核心構成要素：了解自我

教學資源：印泥
　　　　　紙
　　　　　放大鏡
　　　　　書寫工具

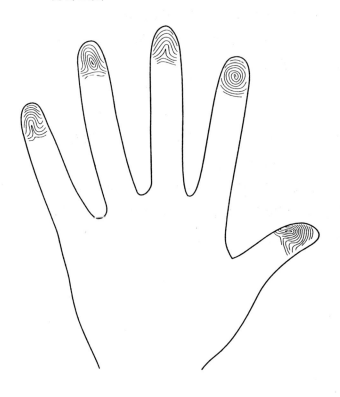

活動程序

1. 向小朋友說明「指紋」是使每個人獨一無二的特徵之一。沒有兩個人的指紋是完全相同的，因此指紋可用來辨識身分。每組指紋都只能擁有一位唯一的主人。

2. 協助小朋友們蓋指印，也可以發給小朋友一張畫有手掌外型的紙（或教他們描自己的手掌），認識每個指頭的名稱。將每一個指頭先在印泥上按一下，再蓋在紙上相對位置的指尖處。鼓勵孩子用放大鏡觀察他們所蓋的指紋，並和同伴互相比較彼此的指紋有多相似，又有多麼不同。

3. 指紋以各種不同的形狀呈現（參見科學活動篇「認識工具」）。蒐集小朋友清晰的指紋，用影印機複印幾份放大的指印，讓小朋友依其形狀做分類，然後繪製成統計圖表，顯示多少小朋友有螺旋紋、弧形紋、環狀紋。

延伸活動

1. 請小朋友做創意指印畫：將沾了印泥的手指蓋在紙上，再以麥克筆或蠟筆加上線條完成作品。

2. 若小朋友意猶未盡，可延伸為蓋掌印、腳印遊戲。本活動適於戶內外進行，但需準備溫水及乾淨的毛巾，讓小朋友擦淨手腳。

了解自我 　　　　　　　　　　　教師導向的大團體活動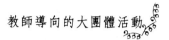

剪影

活動目標：從不同的角度觀察自己

核心構成要素：了解自我

教學資源：紙

　　　　　粉筆

　　　　　小檯燈

　　　　　剪刀

　　　　　看板或壁報紙

　　　　　膠水或漿糊

活動程序

1. 將紙固定在牆上，徵求一位小朋友坐在牆前，以小檯燈照射，使小
　朋友的頭部投影在紙上。

2. 以粉筆描下小朋友的投影，將它剪下來貼在看板或壁報紙上。

3. 在班上開一個展示會，讓小朋友試試看能不能辨認出剪影的主人，或玩名字牌和剪影的配對遊戲。

延伸活動

1. 玩影子遊戲，如：

- 如何使你看起來是悲傷的、快樂的、嚇壞的？

- 找一位朋友合作，看看能不能創造出一個有兩個頭、兩個鼻子、三隻手的怪物？

- 找一位朋友合作，想想看如何創造出一個影像表現出你們相親相愛的樣子、生氣的樣子、爭吵的樣子？

為增加活動的趣味性，可由小朋友做出影像後，讓全班小朋友猜猜這影像所要表現的意思或情緒是什麼？

2. 請小朋友在舊雜誌中找一找，剪下可以用來描述他們自己的語句或圖片，貼在他們的剪影上。引導小朋友想想他們的興趣、和別人之間的關係、他們的情緒、身體的特徵。完成活動後，請小朋友向大家解釋他們的作品。

了解自我　　　　　　　　　　教師導向的小／大團體活動

情緒輪盤

活動目標：辨認自己的各種情緒感受

核心構成要素：思考能力

　　　　　　了解自己的情緒

　　　　　　了解他人的感受

教學資源：圖表紙

　　　　　麥克筆

　　　　　蠟筆

　　　　　有關情緒的書（如 Aliki 所寫的《Feelings》）

活動程序

1. 和小朋友分享一本有關情緒的書，討論各種情緒如：罪惡感、慚愧、嫉妒、孤獨、驕傲、慷慨、勇敢、興奮。

2. 在圖表紙上畫一個大圓，劃分為六～八等份，告知小朋友這是「情緒輪盤」。請小朋友說出幾個情緒的形容詞，將它寫在輪盤上。如有必要，可給一些提示以刺激小朋友思考，如：請小朋友想像一下，當他們處在下列情境時，會有何感受？

 • 一位朋友叫他「走開」。

 • 摔倒時有人將他扶起來。

 • 兄弟姊妹得到禮物，他卻沒有。

 • 上學的第一天。

3. 視情況許可，將輪盤上所列出的情緒以戲劇方式扮演出來。選一種情緒，鼓勵小朋友分享他們自己的經驗，或想像在何種情境下，他們可能會有那樣的感受？（例如什麼事會讓他們生氣？如果朋友意

外地弄壞了他最喜歡的玩具呢？）徵求志願者將它扮演出來。

4. 和小朋友討論以上短劇。所有的小朋友對同一個情境的感受都是一樣的嗎？例如在令人生氣的情境中，有沒有其他小朋友覺得悲傷、或可以包容？

5. 徵求志願者在輪盤上任選一種情緒，塗上足以代表該情緒的顏色，並說明原因。

6. 下次再以另一種情緒作為討論重點。

延伸活動

1. 延續扮演活動；發給每位小朋友一張紙，上面寫著：「當＿＿＿＿的時候，我覺得傷心（快樂、生氣）。」請小朋友畫或替小朋友寫下那個情境。可將這些作品蒐集成冊，鼓勵小朋友輪流將書借回家和父母分享。

2. 鼓勵小朋友製作他們自己的情緒輪盤。

了解他人  學生導向的小團體活動

辨認臉孔

活動目標：增進對他人的認識
核心構成要素：視覺記憶
　　　　　　　辨認同伴
　　　　　　　了解相同點和相異點
教學資源：每人兩張快照

活動程序

　　向小朋友解釋這是需要專心的遊戲。將快照正面朝下放在地板或桌上排好，每位參與遊戲的小朋友任選兩張照片，並將它們翻開來。若兩張照片都是同一人，可留下照片並得到再玩一次的權利；反之，則將照片朝下放回，輪到下一位小朋友玩。遊戲終了，得到最多照片者爲贏。本活動適合二～四人的小組活動。爲增加活動的挑戰性，在照片的選擇上可做些變化，例如同一位小朋友正在從事不同活動的照片、同一人在不同年齡階段的照片、正面及背後的照片或戴帽子及未戴帽子的照片。

延伸活動

　　做小朋友的臉部拼圖遊戲。爲每一位小朋友在同一距離拍攝特寫鏡頭。用影印機放大這些照片到相同尺寸。你可以用以下兩種方式來製作拼圖：

　1.請小朋友將他們影印放大的照片貼在厚紙板上，以任意形狀剪成四～五片，就可以練習拼圖了。熟練後，可以小組爲單位，將所有的圖塊混在一起，小朋友每次從混合的圖塊中拿取一片來完成拼圖。若所拿圖塊無法拼起來，也不可以放回，只可和同伴交換。最

後看誰完成的拼圖最多。

2. 另一方式為：將影印的圖片剪成可互相接合的小塊，以便分屬不同小朋友的臉孔圖塊可以互相組合。作法是將影印的圖片對折，再橫放折成三等份，請小朋友沿著摺痕剪下來；當小朋友們將自己及同伴的容貌混合拼貼時，看看會創造出怎樣的有趣畫面；最後，請小朋友重新組合恢復自己及同伴的臉孔作為結束。

了解他人　　　　　　　　　學生導向的小團體活動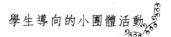

誰不見了？

活動目標：從遊戲中認識同伴

核心構成要素：了解他人

　　　　　　觀察技巧

教學資源：計時器

　　　　　眼罩

　　　　　毯子（視需要而定）

活動程序

1. 請小朋友圍坐在地板上成一圈，徵求一位小朋友當小偵探，另一位小朋友當主持人兼計時員。

2. 將小偵探的眼睛矇住，主持人挑選一位小朋友暫離教室或躲在毯子下，其他小朋友則盡快變換座位。

3. 拿下小偵探的眼罩，請他試著在一分鐘之內說出躲起來的小朋友是誰。小偵探可以向大家詢問是非題來得到一些線索。

4. 由小偵探挑選下一位當小偵探的人選。

延伸活動

1. 利用教室模型再玩一次（教室模型製作方法請參看教具說明）。拿掉某位孩子的標示牌，請小朋友說出誰的牌子不見了。

2. 請小朋友圍成圓形，並請一位自願者站在中間，鼓勵其他小朋友利用三十秒的時間來研究這位自願者的外表，然後請大家閉上眼睛，並利用這段時間快速地改變這位自願者身上的某一件東西（例如將錶換到另一手腕，拿掉髮飾等）。大家睜開眼睛後觀察並說出有何

不同。

3.錄下小朋友的聲音，讓大家猜猜看是誰在說話呢？

了解他人　　　　　　　　　　　學生導向的大團體活動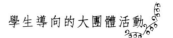

電話

活動目標：了解溝通的複雜性

核心構成要素：練習與同伴溝通

教學資源：紙杯

　　　　　線

　　　　　大紙箱

　　　　　塑膠水管

　　　　　漏斗

　　　　　錫罐

　　　　　粉筆和黑板

活動程序

1. 讓小朋友圍坐在地上，請一位小朋友造一個句子，並悄悄地對第二位小朋友說，不要讓別人聽到，如此一個接一個傳下去，最後一位孩子要大聲說出這個句子，大家比較和第一位小朋友的句子有何不同。引導小朋友想一想，如果再說一遍，他們會如何說得更清楚些呢？將小朋友的想法寫在黑板上。和小朋友討論謠言是如何產生的，一個流傳在朋友中的事件可能會受到怎樣的扭曲？

2. 請一位小朋友在兩旁小朋友的耳邊輕輕地發出一些特別的聲響（例如貓的喵喵聲、嬰兒啼哭聲、門鈴聲），並向兩邊分別傳下去。最後一位小朋友將同時聽到來自左右兩邊傳來的聲音。請他告訴大家兩邊傳來的聲音是否相同。

3. 請一位孩子向鄰座孩子扮鬼臉，並依序傳下去（請尚未輪到的小朋友閉上眼睛），第一位扮鬼臉的小朋友和最後模仿的小朋友互扮鬼

臉，讓大家比較異同處。（本活動取材自 Ruth Charney, Marlynn Clayton, and Chip Wood 所著《The Responsive Classroom: Guidelines》一書）

延伸活動

1. 協助小朋友利用紙杯及錫罐，中間以線相連來製作電話（注意錫罐口的尖銳部分）。鼓勵小朋友輪流打電話給同伴聊聊，請對方來參加派對，或告訴對方某個訊息。

2. 設計不同的玩法讓孩子自行玩遊戲。在上述的同一個「電話」上，再加上數個紙杯或錫罐，好讓多一些小朋友可同時接收到同一個訊息。也可以設計「電話亭」讓小朋友體驗不同的經驗，方法是：找兩個大得足以讓小朋友容身的紙箱，以長的塑膠水管連結，當作電話線，末端裝上漏斗當電話筒。

了解他人　　　　　　　　教師導向的大團體活動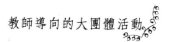

朋友

活動目標：探索「朋友」的概念和定義，認識同伴在生理方面、社交
　　　　　方面及智力方面的特徵

核心構成要素：了解他人
　　　　　　　識別他人的興趣及長處

教學資源：教室模型
　　　　　小玩偶或人型
　　　　　探討友誼的書籍（如：Shel Silverstein 所寫的《*The Giving
　　　　　Tree*》）

活動程序

1. 朗讀關於友誼的書籍，並從不同的角度和孩子討論什麼是「友
　誼」：

•朋友的定義是什麼？

•如何成為他人的好朋友？

•你如何交朋友？

•擁有朋友的感受如何？

•當你生某人的氣時，他仍然算是你的朋友嗎？

•為什麼朋友會互相爭吵呢？

•朋友如何重修舊好？

2. 輪流請一位小朋友到教室前，儘可能詳細地描述他的一位好朋友的
　特徵，但不說出這位好朋友的姓名。也可利用人偶在教室布置模型
　中標示出這位好朋友最喜歡停留的角落，讓其他小朋友猜猜看這位
　好朋友是誰。

3. 老師可利用本活動來增加小朋友們對他人特殊需要的敏感度。例如和小朋友們討論如何布置教室模型，讓盲生或坐輪椅的孩子更方便活動。

延伸活動

延伸活動建立在小朋友對友誼的概念上，並幫助小朋友察覺到每個人的長處。這些活動可以單獨進行，也可以作為「友誼」一系列活動中的一個小單元。這些活動對小朋友細心友善的行為予以增強，也有助於營造出教室中肯定、積極的氣氛。

1. 友誼鏈：連接紙環從教室的一端到另一端，每當你注意到小朋友有體貼他人或幫助他人的表現時，便將小朋友姓名及事蹟寫下來，貼在友誼鏈的其中一個紙環上（班上的每位老師都這麼做）。當每一個紙環都被貼滿時，舉辦個慶祝派對吧！

2. 請小朋友兩人一組圍坐成一圈，想一項他們的搭擋的優點，然後請小朋友聽鼓聲傳球，當鼓聲停止時，手中有球的小朋友就要告訴大家其搭擋的優點。

了解他人　　　　　　　　　　學生導向的小團體活動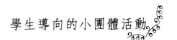

指偶

活動目標：利用紙偶扮演社交情境

核心構成要素：了解他人

　　　　　　　　解決社交問題

　　　　　　　　調停的能力

教學資源：舊手套

　　　　　膠水

　　　　　剪刀

　　　　　碎布

　　　　　麥克筆

活動程序

1. 將手套剪下做指偶，來代表虛構的人物或自己、父母、兄弟姊妹、朋友等。請小朋友為這些偶畫上臉及製作衣服，讓它們看起來生動些。

2. 鼓勵小朋友利用紙偶扮演學校生活中常出現的情境，例如輪流盪鞦韆、分享玩具，或一起討論一項計畫。將焦點集中在「解決問題」上，例如引導小朋友思考「如果你很想玩鞦韆，你會怎麼辦呢？」這是個很好的方式來討論在教室中曾發生的糾紛，而不帶說教的意味。

3. 一旦小朋友熟悉了這種遊戲的方式，他們也許會產生一些自己的想法。或者可在老師的協助下設置「問題箱」，將需要解決的問題情境寫下來或畫下來，再藉由扮演的方式，輔導孩子合作想出各種不同的解決辦法，同時避免對情境中的當事人指名道姓，以維護其自

尊。

4.將這些指偶及相關道具擺放在小朋友方便取用的地方。

延伸活動

1.利用各種不同的材料來製作偶具，例如將裝三明治的紙袋貼上眼睛、鼻子，並利用袋底折縫處做嘴巴，使它易於開闔；又如在冰棒棍上貼上臉孔及身體等等；你可以在本書視覺藝術篇找到更多關於「偶」的製作方法。

2.請幾位孩子協助將一個堅固的大紙箱設計成戲偶舞台，幫忙小朋友作切割的工作，並提供所需材料，例如做帷幕的布料、裝飾紙箱所需要的染料等。將這舞台放置在書櫃或有長桌巾的桌子上，讓操作偶的小朋友可以藏身幕後。

了解他人　　　　　　　　教師導向的大團體活動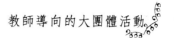

觀點

活動目標：了解對同一件事可以有不同的觀點
　　　　　交換彼此的想法
核心構成要素：了解他人
　　　　　　　思考能力
教學資源：表達不同情緒的圖片
　　　　　圖表紙和麥克筆或黑板和粉筆

活動程序

1. 請小朋友觀賞可從面部表情觀察情緒變化的圖片（可幫小朋友拍照或從舊書報中尋找）。請小朋友想像圖片中的人傳達出什麼情緒？是什麼原因讓他有那種感受？觀賞並討論各式表達不同情緒的圖片。

2. 比較這些圖片，請小朋友試著將他們分類。鼓勵小朋友以不同的方法來詮釋、歸類這些圖片。

延伸活動

1. 從雜誌書報中找圖片，有關於兩個人的互動所營造出的情境，例如媽媽擁抱正在哭泣的孩子、父母生氣地看著孩子雜亂的房間。圖片中的父母和孩子對房間的雜亂有相同的感受嗎？請小朋友扮演圖片中的人物，並依其情境設計對話。

2. 請小朋友指出一些對他們來說看起來很大或很小的事物，將它們在黑板上分別列出來，再請小朋友把自己想像成空中的飛機駕駛員及小嬰孩來看這些事物，有沒有不同的發現呢？

了解他人 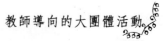 教師導向的大團體活動

問題解決

活動目標：藉由聽故事討論問題的解決辦法

核心構成要素：了解自己和他人

定義「分享」和「公正」

教學資源：老師及小朋友們的圖片或相片

活動程序

1. 向小朋友描述一個故事情境（摘自《*The Moral Child：Nurturing Children's Natural Growth*》，William Damon 著，1988 ）：

> 所有的男孩和女孩在同一班，有一天老師要他們花整個下午的時間畫水彩及蠟筆畫。老師認為他們畫得很好，所以想在學校的義賣會上展售這些畫。果然這些畫都賣完了，班上也賺了不少錢，孩子們聚集在一起討論如何處理這筆錢。（Damon, 1988, pp. 40-41）

2. 問小朋友下列問題：

• 你認為他們會如何處理這筆錢？

• 當大部分小朋友認真作畫時，有些小朋友只是到處閒晃，他們也可以得到這筆錢嗎？

• 有人提議家境清寒的孩子應該得到較多的錢，你認為如何？

• 你認為畫得最棒的孩子應得到最多錢嗎？

• 有人認為老師也應該得到一些錢，畢竟這一切都來自她的構想。你同意嗎？

• 也有人提議這筆錢應均分，你同意嗎？

3. 在班上舉辦烘焙義賣，並和小朋友討論處理所得的方式。

了解他人 學生導向的小團體活動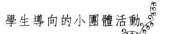

醫院

活動目標：藉由各行各業的扮演活動來了解社區

核心構成要素：了解他人

　　　　　　學習「計畫」和「組織」

　　　　　　和他人合作的能力

教學資源：戲劇扮演所需的服飾及道具，如：

　　　　　繃帶、聽診器、手電筒、血壓計、枴杖、空藥瓶、消

　　　　　毒用具、口罩、橡皮手套、帆布床、墊子、擔架

活動程序

1. 告訴孩子班上將要設置一個小小醫院，他們將可在其中扮演醫生和病人的遊戲（若教室裡已設有扮演區，可暫時改裝成醫院）。和孩子們討論醫院是什麼樣的地方？人們在什麼情況下需要去那裡？或者和孩子討論醫院的相關書籍，可能的話，不妨來趟實地參訪。

2. 請孩子想一想有哪些行業跟醫院有關？將他們的想法寫在黑板上。請孩子描述一下這些工作，並猜想什麼人會對這些工作感興趣。女生能不能當醫生？男生能不能當護士？強調一個人的職業不該受到性別的限制。如果學生家長中有人在醫院工作，邀請他們到班上和孩子們聊聊他們的工作。

3. 蒐集與醫院相關工作的服飾、道具、玩具設備。以腦力激盪的方式，想一想需要哪些道具。若家中有舊枴杖或玩具器材，徵求志願者提供班上暫用，或者發通知單向家長請求支援。

4. 用品蒐集來之後，和小朋友討論如何安排布置；或請幾位小幫手一起動手做。

5.連續幾週每天安排一段時間讓孩子可以到這個角落玩。

給老師的話

　　本活動以醫院為媒介，來認識不同職業及這些職業和社區生活的關係。你也可以依孩子的興趣、生活經驗或某個課程單元來選擇其他行業作為探討的主題，例如：配合「食物」或「營養」的單元，以玩具食物、餐具、菜單來布置餐廳；或在「使用工具」或「認識不同文化」的單元中，以孩子製作的手工藝品開一個禮品店。

不同的社會角色　　　　　　　　學生導向的小團體活動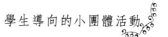

班級人口調查

活動目標：認識同學並藉實施班級人口調查學習如何與他人合作

核心構成要素：發展溝通技巧

　　　　　　　了解他人

　　　　　　　認識社會角色

教學資源：紙

　　　　　筆

　　　　　錄音機

　　　　　粉筆和黑板或圖表紙和麥克筆

活動程序

1. 介紹調查的概念及調查員的角色。和小朋友們討論調查的過程，並請他們在班上進行調查。

2. 請小朋友列出一些調查項目，如：班上有多少男生？多少女生？有多少人是走路上學的？多少人坐校車？多少人有兄弟姊妹？多少人養寵物？每個月有哪些人過生日？多少人喜歡玩棒球？游泳？閱讀？解數學題？有多少人在本地出生？多少人是從外地搬來的？

3. 利用上述資料繪製統計圖表（參看本書數學活動篇）。將各類統計圖表做成一本書或公開展示。

給老師的話

1. 這項活動可持續幾天。整個活動的進行可分為若干階段來進行，如：籌備和決策、工作分配、蒐集資料、統計和分析資料。

2. 小朋友可使用玩具電視模仿電視播報員報告調查結果。

不同的社會角色 　　　　　　　　　教師導向的小／大團體活動

生日派對

活動目標：透過籌劃生日派對，體驗不同社會角色

核心構成要素：不同社會角色的認識，如：

　　　　　　籌劃活動

　　　　　　設定目標

　　　　　　交換想法

　　　　　　共同朝目標努力

　　　　　　認識自己和他人的優點

教學資源：粉筆和黑板或圖表紙和麥克筆

活動程序

　1.爲當月壽星籌辦生日派對，請小朋友考慮下列問題：

　●爲什麼要辦派對？

　●辦班級慶生派對的最佳時段？

　●準備哪些食物？

　●誰來準備這些食物？

　●派對上還需要哪些物品？

　●誰負責帶這些東西來？

　●誰來收拾整理？

　●每一個派對都需要主題嗎？

　●在寒暑假期間過生日的同學怎麼辦呢？

　2.討論完畢，將每項工作的內容及負責人寫在黑板上。

給老師的話

1. 本活動可做為整學年常態性的活動。鼓勵每一位小朋友都參與籌備、任務分派、作決策、執行、收拾的過程，並容許小朋友在每次派對中嘗試不同的任務。

2. 在籌劃的過程中提供幾個替代方案讓小朋友作選擇。將活動細節作一番整理，好讓小朋友在條件限制下作出適當的決定，例如請小朋友考慮在每個月的第一天或最後一天舉行？在上午或下午的課間休息時間較好？請小朋友想想哪一種時間上的組合是最恰當的，為什麼？

不同的社會角色　　　　　　　　　　　教師導向的大團體活動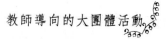

歡迎光臨

活動目標：透過團體討論評估可能性及替換方案
核心構成要素：不同社會角色的認識，如：

　　　　　作決策
　　　　　協調並建立共識
　　　　　與他人溝通觀念
　　　　　共同朝目標努力
　　　　　了解他人
教學資源：粉筆和黑板
　　　　　圖表紙和麥克筆

活動程序

1. 邀請其他年級的小朋友訪問你的班級，你的學生必須籌劃一下如何幫助訪問者適應這個班級，例如向他們解釋一些在這個班級裡需要知道的事，以便他們也能像這班級裡的小朋友一樣自在地活動。舉例來說，一年級的學生可以在學年尾聲的時候，邀請幼稚園的小朋友來參訪，看看升上一年級的情形。

2. 引導孩子們腦力激盪——訪問者該知道班上的哪些事呢？在黑板上列出所有的想法。將學生們分成若干組，每一組選出他們認為最重要的三個項目，並說明他們的理由。

3. 鼓勵學生們在這項活動中擔任協助、報告、規劃等各種社會角色。

延伸活動

假設有機會接待降落在操場上的外星人，請孩子們想出三件最重要的

事向外星人介紹自己、班級或家庭，他們將會如何做呢？（這是觀察學生
們如何在團體中交換觀念、達成共識的好機會。）

不同的社會角色　　　　　　　　　　　學生導向的小團體活動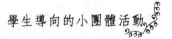

同心協力

活動目標：學習共同合作解決問題、達成目標

核心構成要素：不同社會角色的認識，如：

　　　　　　　合作

　　　　　　　問題解決

　　　　　　　與他人溝通觀念

　　　　　　　認識自己和他人的優點

教學資源：乾淨的窄口瓶

　　　　　動物形狀的小橡皮擦

　　　　　線

　　　　　呼拉圈

　　　　　地板拼圖

　　　　　積木

　　　　　月曆

　　　　　繩子

　　　　　眼罩

活動程序

　　告訴小朋友他們將要面臨的挑戰：例如在不能討論的情況下，共同完成拼圖；或者，不用手來傳遞呼拉圈。爲了達成任務，他們必須共同合作。

搶救動物

將四個動物形狀的橡皮擦分別綁在線上，將它們放進乾淨的窄口瓶，線的另一端留在瓶外。將這瓶子交給四人一組的小朋友，假裝這四隻

動物掉進深井中,當老師一聲「開始」,小朋友們盡快解救這些動物。老師大聲計時,看看用掉多少時間。(備註:瓶口應窄小,無法讓四塊橡皮擦同時被拉上來,才能使小朋友互相合作,一次只能移出一塊橡皮擦。)

跳呼拉圈

請小朋友牽手圍圓圈,將呼拉圈放在一位小朋友的肩上,請他傳給下一位小朋友,但雙方的手都不能碰觸呼拉圈。只要仍維持隊形,兩邊小朋友可以幫忙想辦法(不用手)。就這樣依序傳遞呼拉圈,繞圓形隊伍一圈。(本活動採自《*The Responsive classroom*》,Ruth Charney, Marlynn Clayton 及 Chip Wood 著)

猜禮物

將小朋友分為四~六人一組。每一組圍成圓形。其中一位小朋友假裝將禮物送給旁邊的朋友,但只能以動作表現該禮物,不能交談。收到禮物的孩子必須根據對方的動作猜出這禮物是什麼。若猜不出,可請其他小朋友在不交談的情況下給一點提示。猜出之後,這位小朋友必須想一個不一樣的禮物給下一位小朋友。

拼圖挑戰

將小朋友分為三~四人一組。給每一組一套適合他們年齡的、難易適中的拼圖,請小朋友試著不交談完成拼圖。指派一位小老師確認大家都遵守這個規定。

積木挑戰

發積木給小組的孩子們,請他們試試看在彼此不交談的情況下能蓋得多高。記錄這些作品的高度,然後請小朋友重複這項活動一~二次,看他們是否能從錯誤中學習,並且愈蓋愈高。

你的生日是幾月?

請學生不交談,按照出生月份排隊:一月份的壽星排在最前面,十二月的壽星在最後面。同一個月份的壽星排在一起,但不需要依出生日期排好。貼一張整年份的月曆好讓學生參考。

排排看

三～五位小朋友成一組，發給每組一條繩子，請小朋友戴上眼罩，集體合作以這條繩子排成不同形狀，例如方型、三角形、或英文字母 L。提醒孩子們不要放開繩子或拿下眼罩，直到小組成員都認為完成了想要排的形狀。（本活動採自 Harvey Foyle, Lawrence Lyman 及 Sandra Alexander Thies 於 1991 年所著《*Cooperative Learning in the Early Childhood Classroom*》中〈Move the Fence〉一文）

給老師的話

1. 注意每個小組如何運用不同的策略來解決同一個問題。活動結束後，請每一組派一位代表對全班說明他們的解決策略。

2. 觀察記錄孩子們在解決問題的過程中所扮演的角色。他們的角色會依活動內容的不同而有所改變嗎？或依小組成員的不同而改變？根據下列理由，有時指派角色是必要的：為了更仔細地觀察幾位特定的孩子在某方面的表現、提供孩子較多機會去練習某項角色以發揮他的優點、讓孩子體驗平時較少擔任的角色（例如讓較害羞的孩子嘗試著擔任領導者的角色）。

社會認知親子活動 1

我的成長故事

活動目標：協助孩子了解他們在生理上、認知上及社會化方面的成長
教學資源：孩子的照片
　　　　　孩子的畫
　　　　　任何與孩子的生活有關的文件或物品
　　　　　布告欄
　　　　　膠水
　　　　　麥克筆

給父母的話

　　本活動旨在幫助你的孩子從各方面體認到自己過去幾年的發展。他
（她）現在已能獨立完成幾個月前尚無法做到的事了。

活動程序

　　1.蒐集相關資料，並以視覺方式呈現孩子在不同年齡階段所具備的能
　　　力，包括：
　　●出生證明影本。
　　●出生時的腳掌印。
　　●出生時的身長、體重。
　　●爬行、走路、跑步、戶外玩耍、自己穿衣服、騎腳踏車、繫鞋帶等
　　　身體發展各階段的照片。
　　●說話、和父母共同閱讀、玩各種玩具、使用電腦等認知發展各階段
　　　的照片。
　　●與親人、朋友的合照、節慶聚會、幼稚園或小學生活照等社會化發

展各階段的照片。

●孩子的寫作或繪畫作品。

2.和孩子討論「成長故事」的概念，請他來挑選最能代表他各階段成長的照片。儘量涵蓋他所成長的家庭背景及社區文化。

3.依照時間先後來整理排列這些資料照片。請孩子將它們貼在家中公布欄，或折頁小册上，鼓勵孩子加以裝飾。

4.資料整理完畢後，和孩子一同回顧一遍，聊聊在孩子成長過程中重要的里程碑。

分享

讓孩子將他的成長故事帶到學校和同學分享。

社會認知親子活動 2

情緒臉孔

活動目標：協助孩子由觀察他人的面部表情了解其心情感受
教學資源：色紙
　　　　　剪刀
　　　　　紙盤
　　　　　膠水

給父母的話

　　請孩子想一想哪些事情讓他有特殊的感受，依此辨認一些情緒，並體認到別人也會有這些感受。

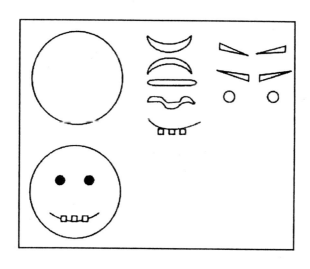

活動程序

1. 從硬紙板上剪下五官形狀：快樂的及悲傷的眼睛、微笑的及不悅的嘴巴等等。請孩子在紙盤或圓形紙上排列組合這些五官，以創造出快樂、悲傷、生氣、害怕、無聊、疲倦的表情；也可以添加幾筆讓表情更生動。

2. 請孩子說出還有哪些情緒？並拼排出該表情。

3. 請孩子依據這些表情編一個簡單的小故事。

4. 討論在怎樣的情況下，人們會有喜悅、寂寞、憤怒、得意的情緒出現。請孩子想一想：

- 什麼時候會覺得驕傲、快樂、傷心、無聊、寂寞、興奮、生氣、難堪？

- 參加生日派對、進入教室、看電視、贏得比賽時，心情如何？

- 你如何判斷某人正覺得傷心（得意、興奮、寂寞、難堪）？

分享

1. 讓孩子和學校同學們分享步驟三的情緒小故事。

2. 讓孩子以表情臉孔做一個情緒圖表，帶到學校和同學玩臉孔和情緒的配對遊戲。

資料來源及參考書目

　　前面所介紹的活動只是社會化認知學習領域的序曲而已。為了使你能在這個教學領域進行更深入的探討，在此提供對我們及我們的同事極具參考價值的書單，其用意是希望藉此提供讀者靈感，而非對這些文獻的評論。標明＊者表示本書所引用的資料來源。

* Aliki. (1984). *Feelings*. New York: Green Willow Press.

* Barry, C. F., & Mindes, G. (1993). *Planning a theme-based curriculum: Goals, themes, activities, and planning guides for 4's and 5's*. Glenview, IL: Good Year Books.

* Borba, M., & Borba, C. (1982). *Self-esteem: A classroom affair* (Vol. 2). San Francisco: Harper & Row.

Carlsson-Paige, N., & Levin, D. E. (1987). *The war play dilemma: Balancing needs and values in the early childhood classroom*. New York: Teachers College Press.

Carlsson-Paige, N., & Levin, D. E. (1985). *Helping young children understand peace, war, and the nuclear threat*. Washington, DC: National Association for the Education of Young Children.

* Charney, R., Clayton, M., & Wood, C. (1995). *The responsive classroom: Guidelines*. Greenfield, MA: Northeast Foundation for Children.

Crary, E. (1984). *Kids can cooperate: A practical guide to teaching problem solving*. Seattle: Parenting Press.

* Damon, W. (1988). *The moral child: Nurturing children's natural moral growth*. New York: Free Press.

Derman-Sparks, L., & The A.B.C. Task Force. (1989). *Anti-bias curriculum: Tools for empowering young children*. Washington, DC: National Association for the Education of Young Children.

DeVries, R., & Zan, B. (1994). *Moral classrooms, moral children: Creating a constructivist atmosphere in early education*. New York: Teachers College Press.

* Foyle, H., Lyman, L., & Thies, S. A. (1991). *Cooperative learning in the early childhood classroom*. Washington, DC: National Education Association.

* Johnson, J., Christie, J., & Yawkey, T. (1987). *Play and early childhood development*. Glenview, IL: Scott Foresman.

Mallory, B., & New, R. (1994). *Diversity and developmentally appropriate practices*. New York: Teachers College Press.

McCracken, J. B. (Ed.). (1986). *Reducing stress in young children's lives*. Washington, DC: National Association for the Education of Young Children.

Neugebauer, B. (Ed.). (1992). *Alike and different: Exploring our humanity with young children* (rev. ed.). Washington, DC: National Association for the Education of Young Children.

Saracho, O. (Ed.). (1983). *Understanding the multicultural experience in early childhood education.* Washington, DC: National Association for the Education of Young Children.

* Silverstein, S. (1964) *The giving tree.* New York: Harper & Row.

Slaby, R. G., Roedell, W. C., Arezzo, D., & Hendrix, K. (1995). *Early violence prevention: Tools for teachers of young children.* Washington, DC: National Association for the Education of Young Children.

York, S. (1991). *Roots and wings: Affirming culture in early childhood programs.* St. Paul, MN: Redleaf Press.

語文活動

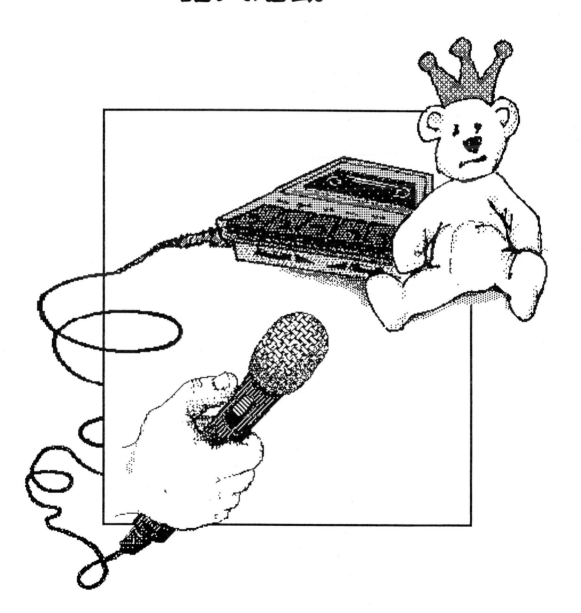

語文活動概要

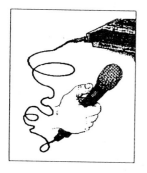

　　讀和寫是幼小階段的學習重心。然而讀寫能力不僅僅是一種技能而已,更是與他人溝通和表達個人內在思想的必備能力,除了學習當一個好讀者、好作者、和好的演說者之外,更重要的是,學習當一個好的傾聽者。

　　本書語文活動的設計方針,是透過有意義的實際生活經驗,培養孩子聽、說、讀、寫的能力。舉例來說,孩子們藉由寫信給朋友,練習寫的能力;藉由訪問同學,訓練說的能力;而「新聞報導」和「詩的創作」這類的活動,則引領孩子接觸語文的相關事業。孩子們也因此感受到教室內的學習活動與校外生活的相關性。請留意本書所蒐集的活動並非打算作為課程之用,而是希望在促進孩子們語文發展的領域中,提供一些實用的例子,更希望這些實例能幫助你設計適合你的班級的語文活動。

　　本書語文活動可歸為四種類型:故事講述、報導、詩歌及讀寫。儘管這四種類型有部分重疊,大致說來,故事講述的重心在語言的表達和美感;報導著重事實的說明和解釋;詩歌強調遣詞用字的奧妙;讀寫則強調字的本身。這些活動中,有的加強孩子閱讀的準備度,如基本的識字能力;有的則專為培養孩子更成熟的閱讀技巧而設計。

　　開始活動之前向孩子介紹語文活動的大致內容,可以幫助孩子對將要進行的活動作好心理準備,同時了解各項相關教學資源的使用方法。或者你也可以請小朋友提出想法,並且採用他們的建議,這會使孩子感到自己在學習活動中的自主性。例如,介紹故事板時,鼓勵孩子發表操作它的方式;想一想以故事板說故事和讀故事書、講述故事,有哪些不同的感受?還有,在以自製電視機進行新聞報導活動時,與講述故事有何不同?讓孩子使用這個自製電視機報導假日記趣及日常生活趣聞。

　　你可以視情況使用「發言球」來指派發言的小朋友。任何人拿到這個「發言球」就要發表，其他的小朋友則保持安靜。當這位小朋友發言完畢，就將「發言球」傳給下一位小朋友。

◼◼◼ 關鍵能力說明

創作故事／故事敘述

- 運用想像力和創造力說故事
- 體驗聽故事和說故事的樂趣
- 對於設計故事情節、故事發展、角色安排、故事環境背景的敘述、對白的運用等等，展現興趣與能力
- 顯示出表演能力或戲劇方面的敏銳度，包括獨特的風格、豐富的表達力，或扮演各種不同角色的能力

敘述性的語言風格／報導

- 能夠正確地、有條理地說明事件、感受、和經驗（如：正確的因果順序及適當程度的細節；辨別事實和幻想）
- 能夠正確地判斷及描述事物
- 能解釋事物的來龍去脈，或描述事物的程序步驟
- 重視事物的邏輯性

詩歌的語言風格／措詞技巧

- 熟悉文字的運用，如：雙關語、押韻詞和隱喻的使用，且能從中得到樂趣
- 感受字義與聲韻的趣味
- 表現對於學習新字詞的興趣
- 以幽默的手法運用文字

■□ 教具說明

故事板

在板子、箱子、或毯子上布置故事人物和布景。孩子們可以一邊說著他們熟悉的或自己編的故事，一邊操作這些道具。你可以使用黏土模型或市售的相關產品，依據某一本書或某個故事、或只是一般性的道具（如：池塘、樹木、國王、皇后等等）來安排布景，激發孩子的想像力。

立體故事偶

影印書上的故事人物，並剪下來加以著色、護貝，貼在木塊上，讓孩子可以使用具象的、立體的故事偶說故事。你可以依孩子的建議，或者你在班上所說的故事，定期加入新的立體故事偶，也可以試著用其他材料來製作。將這些相關教具分類放在貼有標籤的收納盒內，並在盒上貼著從書上影印的角色人物，方便孩子收拾整理。

識字盒

盒子貼上物體名稱的標籤，裡面放著與標籤上的名稱相符的物體或字卡。這些標籤可定期更換。你可以自行製作這些字卡，或使用市售的閃示卡。

猜猜我是誰

以堅固的紙及飾帶做成一本小書。剪下雜誌上較不容易確認的物體的照片或圖片，將它們貼在書的右頁；請孩子猜猜那是什麼東西，將他們推測的答案寫在左頁。如此整理成一本小書。

玩具電視機

將一個大紙箱裝飾成電視機的外觀。在進行報導活動，及部分社會化認知活動時，都用得到它喔！

班級信箱

由老師或小朋友將硬紙盒裝飾成信箱。在寫信活動，或班級溝通時，就能派上用場了。

教室模型

用立體的形式呈現教室規劃的縮影。以硬紙箱製作這個模型，用碎布、小木條、小盒子或其他可資利用的物品仿製教室內的擺設。另外，可將學生的照片貼在小木塊上，當作小人偶。在視覺藝術的單元中有較詳細的製作方法。

發言球

進行團體討論時，用來指派發言小朋友的一種玩具。小朋友之間互相傳遞「發言球」，聽到訊號時，拿到這個球的小朋友就要發表。亦可以石頭、貝殼等類似物品代替。

創作故事及敘述　　　　　　　教師導向的小／大團體活動

故事接龍

活動目標：使用故事板及道具講述故事

核心構成要素：故事講述，強調：

　　　　想像力及創造力

　　　　主題連貫性

　　　　劇情富變化

　　　　培養戲劇欣賞力

教學資源：一條大毯子

　　　　道具及人偶

　　　　錄音機（視需要而定）

活動程序

1. 學生圍坐在地板上，向他們說明在這一整年中將有許多以故事板說故事的機會，而且會從故事接龍開始。

2. 將大毯子鋪在地上，再挑一些道具和戲偶。讓孩子們明白你並沒有特定要說的故事，大家可以嘗試各種不同的方式來完成一個故事。你可以說：「我想用小人偶來說故事，這個道具就當作是他的小房子，我把房子放在這兒。」請孩子們提供建議，增加一些角色及所需道具，讓這故事更生動。

3. 說一個簡短的故事，使用一些技巧（描述內容、對話方式及不同聲音的轉換），讓故事說得更富變化。

4. 告訴孩子下一個故事要由他們集體創作，每一次為故事增加新的內容。先集體構思一下，這將是個怎樣的故事？會發生怎樣的事情？故事的背景環境大致如何？故事板上的道具如何安排？

5. 徵求志願者開始說故事。依序讓每個孩子都有機會參與說故事並操
   作教具。提醒其他孩子當個好聽眾，專心傾聽別人的故事。

6. 每個孩子都發表後，你（或請一位孩子）可以將這故事作個結束，
   讓這故事聽起來更完整、有連貫性。

7. 對整個故事加以討論。劇中角色有何遭遇？如果發生不同的事會如
   何呢？有人希望有不同的結局嗎？如何創造不同的結局？儘量提問
   以激發孩子的戲劇鑑賞力、想像力、對白能力或聲音的表達能力。

給老師的話

1. 適當的話，可以「發言球」的方式來指派說故事的小朋友。

2. 你可以在活動期間，隨時備妥故事板所需教具，讓孩子們能自由取
   用，創作故事。

3. 進行故事接龍時，可使用錄音機錄下故事內容。在活動尾聲時播放
   給孩子聽。可能的話，允許孩子自由使用錄音機，錄下他們自己的
   故事。

創作故事及敘述　　　　　　　　教師導向的小／大團體活動

以故事板說故事

活動目標：以故事板講述熟悉的故事，協助孩子發展說故事的技巧

核心構成要素：說故事，強調：

角色個性的塑造

劇情的發展

演出能力或戲劇欣賞力

理解故事的能力和複述能力

對白的使用

富情感的語言

教學資源：故事書

與故事內容有關的道具及戲偶

活動程序

1.以生動、富有感情的方式，朗讀短篇故事。和孩子簡要地討論這本書，包括背景、主要角色、劇情和結局。

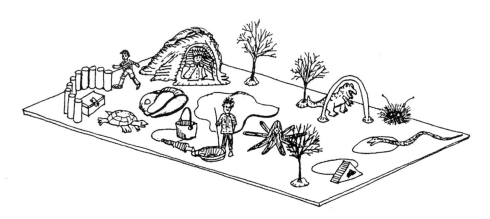

2.同樣的故事以故事板再說一次，刻意改變一些語言風格和細節，鼓勵孩子用他們自己的方式說這個故事。邀請孩子為故事添加劇情或提供建議。

3.如果時間允許，讓孩子們有機會發表個人版本的故事創作。

給老師的話

1.準備故事板時，選擇大部分孩子已熟悉的故事書，像你常常在班上讀的那一類。這對尚未具備閱讀能力的孩子特別有幫助。然後描繪或影印主要角色的影像，剪下來貼在積木或塑膠軟墊上。

2.常常向孩子介紹新的故事書及故事板，並讓孩子能自由運用這些教具。鼓勵他們共同合作、說故事給對方聽。

創作故事及敘述　　　　教師／學生導向的小／大團體活動

設計故事板

活動目標：藉由製作故事板了解說故事的要件

核心構成要素：說故事，強調：

　　　　　　想像力和創造性

　　　　　　戲劇欣賞力

　　　　　　情節安排和發展

教學資源：鞋盒（請孩子帶來）

　　　　　蠟筆或麥克筆

　　　　　黏土

　　　　　從家中帶來的各式道具和戲偶

活動程序

1. 告訴孩子他們將要自己設計故事板。提供他們充分的事前說明；引導孩子思考他們想要設計哪一種類型的故事、需要哪些材料（盒子、道具、小戲偶）。協助孩子將這些所需物品條列出來，並發通知單給家長以尋求支援。

2. 每個孩子都帶來了鞋盒或其他任何可資利用的材料後，發給每位小朋友黏土、蠟筆或麥克筆、其他美勞用品。請孩子為他們的故事板設計角色人物和道具布景，強調在他們動手做以前，先構思他們想要說的故事。巡視孩子工作的狀況，並提供適當協助。

3. 工作完成後，鼓勵孩子們以團體或分組的方式，分享其故事板想要表達的故事。在教室中展示所有的故事板，並建議孩子們持續利用這些作品來說故事。

4. 一段時間後，讓孩子將故事板連同通知單帶回家，請家長們和孩子

一起利用故事板說故事。鼓勵孩子們向父母示範如何進行這項活動。

創作故事及敍述　　　　　　　學生導向的小團體活動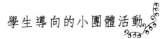

教室裡的故事

活動目標：故事生活化，從日常教室、生活中尋找說故事的題材

核心構成要素：說故事，強調：

       情節設計和發展

       角色塑造

       對白的運用

       社會化認知

教學資源：教室模型（詳見教具說明及視覺藝術單元）

       錄音機（視需要而定）

活動程序

1. 告訴孩子可以使用教室模型來說故事。鼓勵孩子們在自由探索或學習區活動時間使用這項教具。如果你願意，可以放個錄音機在這裡，讓孩子錄下他們的故事，並播放給他們自己和其他同學聽。

2. 孩子們熟悉此活動之後，鼓勵每位孩子以團體或分組的方式，用教室模型來輪流說故事（如有需要，可使用計時器）。強調他們可以自日常教室生活中發生的事件取材，也可以是幻想虛構的。若題材

敏感尖銳，或需斡旋調停時，老師應適時介入。

延伸活動

1. 鼓勵孩子運用任何教室裡現有的材料來創作和分享他們的故事。小玩偶是個為說故事提供靈感的好道具，請參看視覺藝術活動及社會化認知活動中有關製作玩偶的說明。

2. 或者建議孩子使用橡皮圖章來創作故事。請他們以橡皮圖章在紙上蓋一系列的角色人物或場景，然後和同學們分享這個故事。本活動亦可當作寫作練習；請孩子儘可能寫下每個場景中所發生的事。你可以視情況，讓孩子用他們自己創造的文字來寫故事，稍後再教他們正確的寫法。

創作故事及敍述　　　　　　教師／學生導向的小／大團體活動

音效

活動目標：藉由製造音效，豐富故事內容

核心構成要素：說故事，強調生動和創造力

教學資源：短篇故事

　　　　　樂器（如：鈴、笛子、木頭積木）

　　　　　其他適合劇情的音效器材

活動程序

1. 和孩子分享一個短篇故事，請他們隨劇情發展製造音效。可選擇節奏樂器、鈴聲或教室中其他適合劇情的音效器材。

2. 複述這個故事，在適當的時候作一些停頓，讓孩子加入音效。安排每一個孩子負責一種特殊的音效。

給老師的話

幾乎所有的故事情節都適合作音效。例如：

　　很久以前，在瀑布旁的森林中（從水壺倒水至盆中），國王和皇后（以玩具喇叭或笛子演奏四個短音符的皇室音樂）和他們大部分時間都在睡覺的（打開音樂盒）、剛出生的小女兒（搖一搖嬰兒波浪鼓）安適地生活在一起。小公主漸漸長大，她經常幻想瀑布（倒水）的另一端是什麼樣子。在一個晴朗的日子，公主騎上她的馬（以手指頭輕敲桌面製造馬蹄聲），邁向地平線的另一端。

延伸活動

1. 讓孩子練習以聲音的變化來代表不同的角色（例如低沈的聲音代表熊、尖銳的聲音代表老鼠）。你可以唸故事旁白，由孩子負責對話部分。

2. 引導孩子以演奏樂器的方式來表現故事中的角色。以音樂爲主題的故事：《彼得與狼》就是很好的範例。向孩子介紹《彼得與狼》中的每一個角色，隨著角色的出場，就請負責那個角色的孩子彈奏他的樂器。

敘事報導   教師／學生導向的小／大團體活動

小記者

活動目標：輪流訪問同伴

核心構成要素：描述性的語句，強調：

　　　　　　　發問技巧

　　　　　　　正確、有條理的敘述

教學資源：無

活動程序

1. 告知孩子他們將要進行互相訪問的遊戲，以便對別人有更多了解。安排孩子兩人一組，或自行尋找搭檔。你可以親自訪問一位小朋友，示範訪問的技巧。

2. 向孩子解釋「訪問」可以發現別人對某件事物的想法、了解和感覺。將打算要訪問的題目條列出來，請小朋友們一起思考這些問題，看看是否需要增加其他項目。你也許可以從以下問題著手：

- 你叫什麼名字？
- 住在哪裡？
- 你有兄弟姊妹嗎？
- 你最喜歡吃什麼？
- 你最喜歡做什麼？

3. 小朋友開始訪問時，巡視整個活動的進行並適時提供協助指引。

4. 請小記者報告訪問內容。

5. 重複訪問程序，請受訪者與小記者角色互換。

給老師的話

1. 本活動可作爲其他需要小朋友作訪問活動的入門練習。訪問主題可包括假期生活、時事及美勞、科學或其他領域的作品分享。

2. 若適用於你的班級，可以將訪問活動以電視專訪的方式進行。首先，請孩子們談談他們所看過的電視訪問；然後，鼓勵孩子輪流扮演主持人和來賓。如果他們願意，可以坐在玩具電視後面假裝演出，或請同學們當觀衆。

敍事報導　　　　　　　　　　　教師導向的小／大團體活動

報告新聞

活動目標：利用「電視」了解和練習報導活動
核心構成要素：描述性的語句，強調：
　　　　　　　　對事件正確、有條理的說明
　　　　　　　　解釋事物如何運作
教學資源：玩具電視
　　　　　　玩具麥克風

活動程序

1. 介紹玩具電視教具，和孩子腦力激盪：可以利用「電視」做哪些活動？

2. 說明可以將玩具電視教具當作真的來使用：用來報告新聞。建議孩子籌劃一個節目，來報導他們自己的新聞；例如旅遊心得、有趣的經驗、寵物的趣事或運動事件。

3. 模仿電視節目。坐在「電視」後，佩帶玩具麥克風，說一則家庭生活報告，如：「昨天下午我們全家到公園玩，妹妹餵了鴨子。接下來是廣告時間，葵司特牙膏……」

4. 請小朋友準備一、二件他們想告訴全班小朋友的事。讓他們輪流坐在「電視」後報告新聞。若孩子們不知如何開始，你可以這樣引導他們：「你要不要談談你的狗？牠會做些什麼？牠長得什麼樣子？」在每一段報導後給予孩子掌聲鼓勵。

延伸活動

1. 將不同類型的新聞寫在小紙條上（運動、娛樂、地方新聞、商業新

聞、氣象），放在帽子裡，讓孩子們抽籤，選一種新聞類型於隔天
向全班報導。

2.安排新聞報導成為每週固定的例行活動。例如每週一小朋友利用
「電視」報導他們的週末生活。這項活動可以是團體性質的，也可
以兩人一組。

敍事報導　　　　　　　　　　教師導向的小團體活動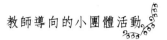

電影回顧

活動目標：藉由回顧電影，發展報導技巧
核心構成要素：描述性的語句，強調：

　　　　　有條理地說明事件

　　　　　正確報導事件發生的順序

　　　　　細節的選擇

　　　　　評論回顧電視電影的技巧

教學資源：電影

　　　　　電影票（視需要而定）

活動程序

1. 告訴孩子他們將要看一部電影。請他們要仔細觀賞，因爲觀賞後要對內容加以討論。

2. 規劃一個小「售票亭」。請一位小朋友負責售票，讓孩子們排隊取票進入「戲院」。

3. 觀賞後，請孩子們發表對這部電影的看法：喜歡這部電影嗎？爲什麼？這部電影帶給孩子們什麼感覺？小朋友們認爲這些事件會發生在眞實生活中嗎？原因呢？

4. 引導孩子討論電影中事件的因果關係、劇情安排、主題、角色人物。問小朋友電影中先發生了什麼事？然後呢？接下來呢？這部電影中發生的最重要的事爲何？

給老師的話

1. 選擇一部孩子較不熟悉的，片長不超過十五分鐘，事件因果清楚明

確的電影。

2.可行的話，規劃本活動成爲例行活動，讓孩子練習觀賞電影，回想事件的順序、劇情、主題和角色的細節。

詩意的教室

活動目標：向小朋友介紹讀詩和寫詩
核心構成要素：詩的美妙
　　　　　　　遣詞用字
　　　　　　　豐富的表達力
教學資源：詩

活動程序

1. 向小朋友介紹讀詩和寫詩，並將此當作教室中重要的語文活動。鼓勵孩子多接觸文字，感受其差異，並提供孩子題材以培養他們豐富的表達能力。詩的讀和寫是一體兩面：孩子長期在朗讀詩的薰陶下，能慢慢熟悉音韻之美；而寫詩，則使他們融入美好的文學傳統中。

   當你為孩子們朗讀詩的時候，請特別強調那些充滿朝氣的、多采多姿的、令人愉快的字眼。鼓勵孩子體會詩中的遣詞用字──字的節奏和韻腳；和那些彷彿能在聽眾心中勾勒出一幅圖畫的字（當孩子們嘗試詩的創作時，這些體驗會相當有幫助）。安排讀詩為整學年經常性的活動。試著找些符合孩子們興趣的詩，如有關寵物、怪獸、假期、季節、運動和遊戲方面的主題。一再重複的詩和好笑的、幽默的作品也是小孩子們很感興趣的。下面就是個例子：

動物展覽會

我來到動物展覽會，

看到小鳥和怪獸。

大狒狒在月光下，

梳理牠赤褐色的毛。

最好玩的是和尚，

他坐在象鼻上。

大象打了個大噴嚏，

你猜和尚會怎樣？會怎樣？

經常性的進行詩的賞析，當你認為孩子們已具有某種程度時，慢慢加入新的主題和更巧妙的幽默。

2. Theresa Brown 和 Lester Laminack 在《*Let's Talk a Poem*》一書中提到：寫詩可以從「談」詩的過程中尋找靈感。詩的寫作可由全班共同創作，或由老師引導小組進行。藉由提出問題激發孩子的想像力，引出他們特殊的、具體的意象。

3. 假設寫一篇以孩子共有的經驗為主題的詩，如參觀水族館，請孩子描述這個水族館，好讓沒有去過的人也能身歷其境。讓孩子們發表對這個參觀活動的心得，作為寫作活動的開始。你也許會聽到他們說：「水族館裡有好多魚喔！」寫下他們所說的話，問孩子們問題以刺激他們更生動地描述這個參觀活動。提醒小朋友們多利用感官來回憶這次經驗。你可以問小朋友：「你在水族館裡看到什麼？」

「很大的魚和可愛的小魚。」

將它記錄下來，再問：「你能不能告訴我，魚在做什麼？」

「牠們游來游去、吃東西和休息。」

寫下來，再問：「你在做什麼呢？」

「我說：『哈囉，魚！』」

「我微笑。」

「我看著牠們。」

整理孩子們的答案，也許會成為這樣一首詩：

> 水族館裡的魚，
>
> 有大魚和小魚。
>
> 游過來游過去，
>
> 吃東西和休息。
>
> 我說：「哈囉，魚！」
>
> 我笑著看牠們游來游去。

4. Brown 和 Laminack 建議了一些方式幫助孩子發現新的、描述性的字眼。例如：孩子說道或寫道：「狗走開了。」你可以這樣引導：「有沒有其他的字，讓我知道狗是怎麼走開的？」如有必要，可以提供貼切一點的提示：「牠是偷偷溜走的？神氣活現的？匆匆跑掉的？還是垂頭喪氣地走？」讓孩子選擇一個適當的字眼，並仍讓他感到他是作者。

5. 寫詩應該是愉快的經驗。在《*Wishes, Lies, and Dreams: Teaching Poetry to Children*》一書中，詩人 Kenneth Koch 認為關鍵在找到適合的主題；一個孩子們熟悉得足以刺激他們創作欲望的主題，注意不要有所約束，以免限制了孩子的想像力，例如要求孩子作到押韻或特殊的韻腳；相反的，宜提供孩子能夠激發寫作創意的意見。以他所建議的一首關於「願望」的詩為例，可以讓班上的每個孩子都以「我希望」為首，造一個句子；或者，關於「顏色」的主題，每人以一種顏色寫一行詩（可以是不同顏色，也可以重複）；關於

「夢」，每人以自己做過的夢寫一句話；或關於「成長」，可以完成下列句子：「我以前＿＿＿，但現在我＿＿＿。」其他主題如：請孩子描述聲響，或要他們比較拍子的強弱等，皆能刺激這些小作家們勇於嘗試運用具獨創性的、脫俗的文字。

6. 鼓勵並協助孩子寫出具有個人特色的詩作，來描述事件或個人經驗。提供孩子機會口述詩歌並和全班分享作品。下一個活動「快樂是……」，就融合了集體創作和個人特色的寫作方式。

詩的語法及措詞　　　　　　　　　　教師導向的大團體活動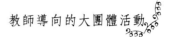

快樂是……

活動目標：藉由隱喻的方式體驗詩的美妙
核心構成要素：想像力和獨創性
　　　　　　　遣詞用句
　　　　　　　熟悉隱喻的使用
教學資源：詩
　　　　　黑板和粉筆或紙和麥克筆

活動程序

1. 以肢體活動開始。請小朋友表演心情好的時候是什麼樣子？用整個身體表現出快樂的樣子。

2. 對學生的表演給予回饋。如：「我看到很多快樂的人。歐珈，你好像要飛起來了。裘，你看起來像是小狗在搖尾巴。」鼓勵小朋友說明他們在做什麼。如「我是媽媽，在搖小嬰兒。」「我是逗大家開心的小丑。」

3. 問小朋友：「是不是藉著扮演別的事物（而非你自己）比較容易表現快樂？為什麼？」引導孩子思考是否「假裝是別人（事、物）」相當於一種「對照」，又是否這樣的「對照」讓他們較容易表達情感？

4. 朗讀〈鞦韆〉（見 335 頁）。討論詩中對快樂的看法。

5. 如果你願意，朗讀其他關於快樂的詩。問孩子：「什麼能讓你快樂？」「快樂是什麼感覺？」將他們的想法寫下來，整理成詩的形式，邀請孩子為這首詩加上開頭和結尾，讓它更完整。和孩子們大聲朗讀這首詩。

延伸活動

　　延伸隱喻的概念到情緒以外的事物，比方「顏色」。讀一首探討該主題的詩作為活動開端，然後和孩子一起腦力激盪。設計隱喻的活動單（例如，在紙上寫著：「什麼是白色？」或者「紅色是_____。」），並讓孩子們能自由地以單獨、與搭檔合作、或小組的型式完成這些活動單。

鞦韆

喔！我發現了　　　　　　此刻我發現了

一件快樂的事！　　　　　這件美妙的事

對每個遊戲來說　　　　　我真實地

都有一首屬於它的歌　　　坐在鞦韆上擺盪

有些有歌詞　　　　　　　我所唱的歌

有些則沒有　　　　　　　是那樣出自內心

什麼是歌　　　　　　　　對所有天空中飛翔的事物

其實很簡單　　　　　　　也都是一樣

只是哼哼唱唱　　　　　　不論是海鷗和水鳥

像午後的風　　　　　　　或是蜜蜂和昆蟲

甚至　　　　　　　　　　還有飛箭和麻雀

不需要旋律　　　　　　　飛天魔毯

就這樣　　　　　　　　　白雲和氣球

隨心所欲　　　　　　　　氣球和蜜蜂──

如果你　　　　　　　　　喃喃低吟也好

忠於自己　　　　　　　　快樂高歌也罷

那就是　　　　　　　　　盪著盪著

你的風格　　　　　　　　只唱自己的歌

──譯自 Harry Behn

【 本活動取材自 G.D.Sloan （1984）. *The Child as Critic: Teaching literature in elementary and middle school* （2nd ed.）. New York: Teachers College Press. 】

詩的語法及措詞　　　　　　　　　　教師導向的大團體活動

我們的歌

活動目標：爲歌曲填詞

核心構成要素：詩意的文字，強調：

　　　　　　　對聲韻、字義的體會

　　　　　　　表現幽默的手法

教學資源：歌本

　　　　　黑板和粉筆或紙和麥克筆

活動程序

1. 選一首孩子喜歡的歌，最好有許多重複的段落。告訴他們將要爲這首歌填上自己喜歡的詞，然後跟孩子一起唱這首歌。
2. 請孩子再唱一遍。然後讓他們考慮想要更改哪些小節或哪幾段的歌詞。將原版歌詞抄在黑板上或紙上，在預計更動的部分留下空白。
3. 指導孩子進行討論。寫下他們的意見並一起唱這首新版本的歌。

延伸活動

若孩子已能順利完成這項練習，再挑選另一首歌請他們改歌詞。這一次要求他們注意歌詞的押韻，可以全部照他們的想法編寫或只修改某些段落。

詩的語法及措詞　　　　　　　教師導向的小／大團體活動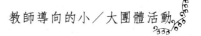

詩歌動作化

活動目標：以動作表現詩歌、故事和歌曲

核心構成要素：表達能力

　　　　　　　結合肢體遊戲與文字韻律

　　　　　　　詩的美妙

教學資源：詩篇

　　　　　戲服和道具

活動程序

1. 告知孩子他們將要演出一首詩。慢慢引導孩子讀這首詩，好讓他們能充分理解每一個字。再體會詩的音韻，鼓勵孩子背誦它（宜選擇幽默的、耳熟能詳的、有許多重複段落的詩）。

2. 請孩子排成半圓形，以便每個人都能看見你。背誦這首詩，並設計動作表達它的字義。鼓勵每個孩子參與，重複這個活動直到大家都熟練為止。

3. 挑選另一首詩，請孩子一起設計適當的動作。

延伸活動

1. 選一首喜愛的詩、短篇故事或歌曲。同樣地，以肢體動作將它們表現出來。這一次，孩子們可以扮演不同的角色。

　　大聲朗讀詩或故事，直到孩子們耳熟能詳。大家一起動動腦，設計動作。每個意見都試試，看哪一個效果最好（見次頁範例）。鼓勵孩子負責不同的角色，可以個別的、與搭檔合作、或以小組方式進行。角色選定、動作設計完成，就在時間允許下儘量練習。

2. 孩子們可以為家人或其他班級籌劃一次表演。準備一齣戲劇可以花上幾天，並涵蓋不同領域。孩子們也許需要製作道具和戲服，就屬於美勞活動；歌唱的練習就是音樂部分；至於語文活動，你可以引導孩子寫下他們自己的故事作為劇本。讓孩子知道他們的作品將會被演出、呈現在大家眼前，能高度激發他們的創作動機（請參考 Vivian Paley 的《*Wally's Stories*》一書）。

表演範例

轉載自 R. Pangrazi and V. Dauer.（1981）《*Movement in Early Childhood and Primary Education*》©1981 Allyn & Bacon 著。轉載及採用均經許可。

傑克和巨人

很久以前，有個巨人叫卡拉曼瑞，住在山頂上的洞穴裡。他是一個很邪惡的巨人，所以國王提供大筆的獎金給除掉巨人的英雄。傑克是個鄉下小男孩，決定試試他的運氣。

內　容	動　作
一天早晨，傑克拿著鏈子和十字鎬，朝著巨人住的山頂出發了。他拼命趕路，希望在天暗以前到達。	拿著鏈子和十字鎬，繞著圓圈跑步。
傑克終於來到山腳下，並開始往上爬。	提高膝蓋繞著圓圈走。
這座山太難爬了，他必須雙手用力攀爬。	用雙手和手臂做出爬的動作。
天暗了，傑克也到達山頂。確定巨人已在床上熟睡後，開始在洞穴入口處挖洞。	左右扭轉身體，雙腳分開站立，動作俐落地挖。
他用十字鎬鬆開了土，鏈向洞穴四周。	先往左，再往右，起勁地將土拋向各個方向。

傑克用稻草和棍子覆蓋在洞穴上，做成一個陷阱。	彎腰撿稻草，旋轉身體，左右交替。
工作告一段落，傑克等到早上，大聲地吵醒巨人。巨人邁開他大得嚇人的步伐，怒氣沖沖地跑出洞來。	兩手高舉過頭，手伸得又直又高，踮起腳尖繞著圓圈走。
巨人太生氣了，沒注意傑克挖的陷阱，就掉下去，摔死了。	快速蹲下，假裝墜落。
傑克用旁邊的土，把巨人埋在裡面。	反覆一面繞圓圈，一面雙手前後推動，做出將土推到洞裡的動作。
傑克跑到洞裡，拿了巨人的寶藏，跑回家告訴媽媽這件事。	帶著寶藏往相反方向繞圈子。
當他回到家時，真是又累又興奮，幾乎喘不過氣來。從此以後，傑克成為大家的英雄。	深呼吸

小袋鼠

內　　容	動　　作
袋鼠，袋鼠，小袋鼠	在肩膀前方握拳，當作袋鼠的前腳。
你怎麼那麼會跳？	身體不動，由右至左看看四周。
我敢說就算我練習了一年零一天，	學袋鼠跳
也不會像你那樣跳。	繼續學袋鼠跳

讀／寫　　　　　　　　　　　學生導向的小／大團體活動

識字盒

活動目標：藉由拼音和圖像的配對學習發音
核心構成要素：發音技巧
　　　　　　　「字」和「音」的配合
教學資源：識字盒（見教具說明）
　　　　　各種物體和圖片

活動程序

1. 向孩子介紹「識字盒」。每一個盒子分別貼上一個注音符號。孩子可以放以相同聲母為始的字卡、小物件、圖片在代表此注音符號的盒子中。例如將「媽媽」、「馬」、「玫瑰」等以「ㄇ」開始的字卡、小物件和圖片（可從舊雜誌上剪下來）放在貼有「ㄇ」的盒子內。

2. 為孩子示範如何進行這個活動。隨時邀請他們提供意見，想一想可以放進哪些東西，以確認孩子們是否完全了解遊戲規則。

3. 告訴小朋友們「識字盒」整天或整個禮拜都可供使用。提醒孩子們在放東西（也許是教室內的教具、玩具）到識字盒之前，先讓你看一下，以防別人也要使用相同的玩具。

4. 在一天或一週結束的時候，檢查盒內的物品。問孩子們：「這是什麼？它是ㄇ開頭的嗎？」如果放錯了，檢討錯在哪裡。

給老師的話

1. 為孩子準備充分的、各式各樣的物體、圖片和注音卡，以便進行本活動。

2. 一次準備二～三個識字盒即可。

讀／寫　　　　　　　　　　教師導向的小／大團體活動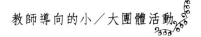

我說你聽

活動目標：和同伴一起朗讀

核心構成要素：傾聽和朗讀故事的樂趣

　　　　　　　具說服力及表達力的朗讀

　　　　　　　合作

教學資源：書

活動程序

1. 安排孩子兩人一組。每個人選一本想要唸給同伴聽的故事書。

2. 孩子們可以和他們的同伴到教室的各個角落，輪流進行說故事。

3. 集合小朋友們，協助他們發展傾聽和演說的技巧。請他們對大家描述剛剛聽到的故事。

延伸活動

1. 幫助孩子了解閱讀可以是社交性的、也可以是個別性的活動。在這過程中，人們得以分享彼此的觀念和經驗。鼓勵孩子對全班讀一篇故事，無論是從家中帶一本最喜愛的書或從教室內的書中選一本都可以。尚未完全準備好的孩子可以看圖說故事的方式來誘導。

2. 全班一起朗讀一首詩或歌。將歌或詩的內容抄在黑板上或分發影本給小朋友。用富有情感的聲音朗讀一段作為示範，然後請孩子跟著你一起唸。你可以一邊朗讀，一邊指著字，再請孩子每人輪流讀一行。最後以背誦這首詩或合唱這首歌作為結束。

日 誌

活動目標：以寫日誌的方式，練習透過文字表達思想

核心構成要素：寫作，強調：

　　　　　想像力和創造性

　　　　　表達能力

　　　　　正確、通順地描述

　　　　　解釋事物的來龍去脈

　　　　　遣辭用字，例如音韻和暗喻

教學資源：每位孩子的日誌

　　　　　寫作及畫圖工具

　　　　　裝飾用的材料（視需要而定）

活動程序

1. 告訴孩子什麼是日誌。說明你將會給他們每人一本特殊的本子，供他們任意作畫或寫作。告訴孩子，大人們常藉著寫日誌來反省和思考生命中的事件。孩子們也可以這樣做——寫下他們個人的想法、詩歌、故事、難忘的事和任何他們所想到的念頭，也可以在日誌上作畫或表現故事性的畫。和小朋友討論他們打算在日誌上畫或寫哪些事物，將他們的點子條列在黑板上。

2. 將日誌連同蠟筆或麥克筆及其他適用的美勞用品分發給小朋友。建議孩子們為自己的日誌設計圖案或花樣，讓日誌看起來更特別且容易辨認。

3. 詳盡地指導如何寫第一篇日誌。你可以提議一個特殊的練習幫助他們有個開始。舉例來說，你可以試試這個暖身活動：請小朋友翻開

日誌，在第一頁隨意塗鴉，然後請孩子們仔細地看這些圖案，並註明他們所看到的。看到某一種形狀了嗎？一個熟悉的東西，像是樹、臉孔或一隻動物？巡迴整個教室，協助孩子進行這項活動。

4.讓孩子知道他們隨時都可使用這本日誌。偶爾請他們回顧以前的作品，並個別地或全班性地和孩子討論這些作品。

給老師的話

　　鼓勵孩子利用日誌來做個人反省及抒發情感。找不到人傾訴時，也可以利用日誌發表他的心聲，或記錄他們想要記住的事。孩子們可以在自由活動的時間、等待的時間或活動空檔來進行這個活動，當然也可以每天安排特定時段成為寫日誌時間；或者你想用較有結構性的方式進行寫日誌活動，提供孩子一個具體、特定的題目去發揮。例如在《*The Creative Journal for Children: A Guide for Parents, Teachers and Counselors*》一書中，Lucia Capacchione 提供如下的建議：「畫或寫下你的夢想、描述你心目中的英雄、你想要實現的願望、畫一幅自畫像並完成下列句子：『我是＿＿。』」

猜猜我是誰？

活動目標：透過《猜猜我是誰》練習寫作和表達自我

核心構成要素：寫作／虛構的故事體／敘述性的語文表達，強調：

　　　　　　　　想像力和創造力

　　　　　　　　正確的分類和描述

　　　　　　　　解釋事物運作方式的興趣

教學資源：雜誌

　　　　　《猜猜我是誰》之書

　　　　　剪刀

　　　　　膠水或膠帶

活動程序

1. 從雜誌上選兩張照片或圖案作為《猜猜我是誰》的範例。這些照片或圖案中的物體最好是孩子較不熟悉的動物、食物、機械等。

2. 讓孩子欣賞這本《猜猜我是誰》。為他們示範如何自己做一本。翻閱雜誌，向孩子說明你正在找一些東西的照片，而你也不知道這東西的名稱或不確定其用途。

3. 剪下這些照片並貼在《猜猜我是誰》書上。高舉這本書，讓每個孩子都看得到，並問他們：「猜猜我是誰？」（或「你認為這是什麼？」「這可能是做什麼用的？」）將孩子們的答案寫在照片的相對位置，並展示出來。

4. 重複搜尋照片、剪貼照片及定義照片的工作。引導孩子思考富有想像力的答案，比方「這是火星上的披薩」。然後讓小朋友們從雜誌上找尋並剪下他們的神祕圖片。

5. 傳閱《猜猜我是誰》，協助孩子將他們找到的照片貼在這本書上。別忘了留下寫答案的位置。讓孩子儘量發揮想像力和創造力，討論這些神祕圖片，並寫下對這些圖片的臆測。巡視教室，協助活動順利進行。讓這本《猜猜我是誰》在整學年中隨時保持可使用狀態。

讀／寫   教師導向的小／大團體活動

班級信箱

活動目標：藉由寫信、寄信給同學發展溝通技巧

核心構成要素：寫作，強調

想像力豐富的、具創造力的寫作

措詞的技巧

教學資源：班級信箱

寫作工具（紙、麥克筆、鉛筆）

裝飾用品（橡皮圖章、貼紙）

雜誌

剪刀

膠水或膠帶

活動程序

1. 向孩子宣布你設置了一個班級信箱，他們可以互相寄信（包括你）。請大家裝飾這個信箱。

2. 安排孩子兩人一組，讓他們為對方準備一封信（或抽籤決定寫信的對象）。信的形式不拘，也許是文字、圖畫、雜誌剪下的圖片或蓋圖案印章。你也準備一封信給全班，或沒有配對的孩子。

3. 巡視班級，協助他們把寫好的信折起來，在封面寫上收信人的名字，「寄」到班級信箱中。

4. 選一些小朋友當郵差，協助他們送信。孩子閱讀這些信時會感到非常喜悅興奮，特別是如果他們事先不知道信的內容的話。

5. 將班級信箱留置在班上，讓孩子隨時可以彼此寄信。

延伸活動

1. 以團體的方式寫一封信。引導孩子們針對同一主題寫或畫下他們自己的內容，並寄給同學。題目可以包括班級公告事項、祝賀生日、節慶問候（注意儘量涵蓋不同文化的節慶）。

2. 當孩子愈來愈熟悉寫作活動，鼓勵他們嘗試較特定的題目，如：探病、生日、節日慶賀。孩子們可利用班級信箱寫信給同學，也可以將信帶回家送給家人。你或許可以嘗試讓孩子以他們自己的方式寫字，然後請一位大人幫忙註明信的內容。

3. 在整學年的不同階段，建議孩子以集體的或個別的方式寫一封信給班級以外的人。例如：

•另一個國家的小孩。

•一位生病的朋友。

•謝謝一位參與班級教學的來賓。

•邀請別人到班上參觀。

•當代英雄人物，或最喜愛的電視節目中的角色。

•和總統討論一項重要的議題。

▌讀／寫　　　　　　　　　　教師導向的小／大團體活動

誰的家？

活動目標：練習敘述性的、具想像力的寫作

核心構成要素：寫作／虛構故事，強調：

　　　　　　想像力和創造力

　　　　　　詳盡的敘述

　　　　　　字詞的創造

教學資源：寫著「＿＿＿是＿＿＿＿＿的家。」的活動單

　　　　　寫作及繪畫的所需材料

活動程序

1. 如果可能，向孩子介紹 Mary Ann Hoberman 的《*A House is a House for Me*》這本書，或和孩子一同欣賞介紹各式房屋的書，討論各種生物不同型式的家。發給每位小朋友一張畫紙，並於畫紙下方寫著：「＿＿＿是＿＿＿＿＿的家。」

2. 向孩子說明他們需要運用想像力來完成這個句子。舉例來說：「假設我們用『房子』寫在第一個空格，這句話就變成了『房子是＿＿＿的家。』」等孩子回答後，說：「很好！『房子是人們的家。』在活動單中間空白的地方，我們可以畫一間房子；一個人或一個家庭在窗內或站在屋旁。」鼓勵孩子想想更多的例子。

3. 鼓勵孩子們以真實的或虛構的人物或動物來完成活動單。巡視教室，協助孩子動手做。完成後，蒐集孩子的作品裝訂成册，並讓每個孩子有機會將這本小册帶回家與家人分享。

延伸活動

1. 本活動中的房子可以代換成其他事物，如：

「＿＿＿是＿＿＿＿＿＿的食物。」

「＿＿＿是＿＿＿＿＿＿的衣服。」

2. 設計更多具創造性的句子讓孩子練習。你可以讓這些句子繞著某個
主題而發展，像是最喜愛的事物、旅行、家人、嗜好、寵物都是很
不錯的題材。

語文親子活動 1

我的書

活動目標：製作一本圖畫書，包括孩子的原作及文字說明
教學資源：五張以上的紙
　　　　　膠帶或訂書機
　　　　　蠟筆或麥克筆
　　　　　原子筆或鉛筆

給父母的話

　　看到自己的作品印刷出來，可說是非常令人興奮的經驗。本活動提供機會讓你的孩子發表故事，使他感到自己也可以像個大人般的當個作家。同時父母們也有機會觀察自己的孩子如何安排故事架構，講述故事是否條理分明。作品完成後，讓孩子與親友、兄弟姊妹分享，當然也可以帶到學校和老師同學一同欣賞。

活動程序

1. 給孩子至少五張以上的紙，並協助裝訂成小冊子。
2. 請孩子想一個故事主題，可從最喜愛的故事或生活經驗著手。請孩子以畫圖的方式來表現這個故事。
3. 畫完後請孩子告訴你每張畫的內容，並在畫的下方簡要地以孩子的用語記錄他所說的故事。
4. 將每張畫都輔以文字說明後，唸一遍給孩子聽，以確認是否表達了他的原意。
5. 請孩子為這本小書命名，並製作封面。如需引導，你不妨試試這樣問：「這個故事適合什麼標題呢？」「封面上要畫什麼，才會讓別

人想要讀這本書呢？」

分享

　　安排孩子對家人或朋友朗讀這本書。如果孩子願意，也可以帶到學校。孩子所朗讀的內容不需要與你所記錄的完全吻合。這個活動的重點在於培養孩子設計條理分明的故事架構。

語文親子活動 2

色彩押韻詩

活動目標：以顏色名稱做押韻練習
教學資源：紙
　　　　　鉛筆
　　　　　彩色筆、麥克筆或蠟筆

給父母的話

　　孩子們常常能從發音遊戲中得到樂趣，有時甚至會自己發明。本活動要求小朋友仔細傾聽與感受「字的發音」，這是培養詩的欣賞與創作能力的重要關鍵。活動中藉由孩子常使用的顏色名稱，來練習有趣的押韻字詞，並認識生字。

活動程序

1. 請孩子說出五種顏色，並將其名稱寫下來。

2. 選一種其名稱容易押韻的顏色（如：紅色的ㄥ），並請孩子想一想有哪些字跟這個顏色名稱的韻腳相同（如：宮、嗡、蜂、鷹），同樣地，將孩子的答案寫下來。若孩子想不出來，就換一種顏色。如果孩子想要自己創字也可以，請他告訴你那個字的意思。

3. 討論孩子的答案：能不能將這些字組合成有意義的句子，如：「紅色的蜜蜂嗡嗡嗡。」將孩子的想法寫下來，等一下可以朗讀出來。換一種顏色做同樣的練習。

4. 如果想讓活動有變化些，可試著造一組類似繞口令的句子。

分享

　　本活動之所以採用「顏色」作為押韻練習的主題，是因為那是孩子學校生活中最熟悉的物品之一。建議孩子將顏色押韻的創作帶到學校去和老師同學分享。

資料來源及參考書目

　　前面所介紹的活動只是語文學習領域的序曲而已。為了使你能在這個教學領域進行更深入的探討，在此提供對我們及我們的同事極具參考價值的書單，其用意是希望藉此提供讀者靈感，而非對這些文獻的評論。標明＊者表示本書所引用的資料來源。

* Brown, T. M., & Laminack, L. L. (1989). Let's talk a poem. *Young Children, 9,* 49–52.

* Capacchione, L. (1989). *The creative journal for children: A guide for parents, teachers, and counselors.* Boston: Shambhala.

Cazden, C. (Ed.). (1981). *Language in early childhood education.* Washington, DC: National Association for the Education of Young Children.

Cole, J.(Ed.). (1994). *A new treasury of children's poetry.* New York: Doubleday.

* DeVries, R., & Kohlberg, L. (1987). *Constructivist early education: Overview and comparison with other programs.* Washington, DC: National Association for the Education of Young Children.

Fox, M. (1984). *Teaching drama to young children.* Portsmouth, NH: Heineman.

Graves, D. (1992). *Explore poetry.* Portsmouth, NH: Heineman.

Harper, B. (Ed.).(1993). *Bringing children to literacy: Classrooms that work.* Norwood, MA: Christopher-Gordon.

Heard, G. (1989). *For the good of the earth and sun.* Portsmouth, NH: Heineman.

Heinig, R. (1992). *Improvisation with favorite tales: Integrating drama into the reading and writing classroom.* Portsmouth, NH: Heineman.

* Hohmann, M., Banet, B., & Weikert, D. (1979). *Young children in action.* Ypsilanti, MI: High/Scope Press.

Holdaway, D. (1979). *The foundations of literacy.* New York: Ashton Scholastic.

* Hopkins, L. (1987). *Pass the poetry please!* New York: Harper & Row.

Koch, K. (1970) *Wishes, lies, and dreams.* New York: Chelsea House.

Maehr, J. (1991). *High/Scope K–3 curriculum series: Language and literacy.* Ypsilanti, MI: High/Scope Press.

Mallan, K. (1992). *Children as storytellers.* Portsmouth, NH: Heineman.

McClure, A., with Harrison, P., & Reed, S. (1990). *Sunrises and songs: Reading and writing in an elementary classroom.* Portsmouth, NH: Heineman.

* Paley, V. G. (1981). *Wally's stories.* Cambridge, MA: Harvard University Press.

* Pangrazi, R., & Dauer, V. (1981). *Movement in early childhood and primary education.* Minneapolis, MN: Burgess.

Raines, S. C. & Canady, R. J. (1989) *Story s-t-r-e-t-c-h-e-r-s: Activities to expand children's favorite books.* Mount Rainier, MD: Gryphon House.

Schickedanz, J. (1986). *More than the ABCs: The early stages of reading and writing.* Washington, DC: National Association for the Education of Young Children.

* Sloan, G. D. (1984). *The child as critic: Teaching literature in elementary and middle school* (2nd ed.). New York: Teachers College Press.

Strickland, D. & Morrow, L. (1989). *Emerging literacy: Young children learn to read and write.* Newark, DE: International Reading Association.

視覺藝術活動

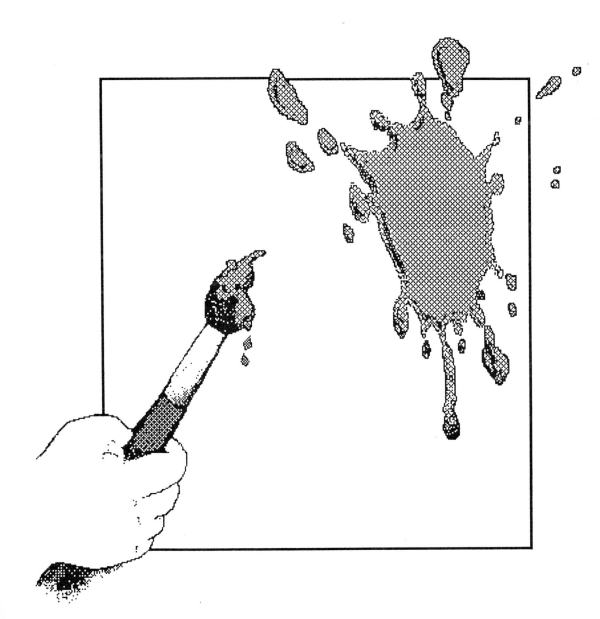

視覺藝術活動概要

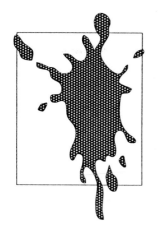

藝術家以訓練有素的眼光，敏銳地感受物體的線條、色彩、質感及構圖等各方面的細微差別。本章節的設計目的，就是幫助兒童們發展如藝術家般的觀察力和創造力。首先介紹的是藝術認知的活動，目的是幫助孩子們靈敏地探索視覺世界，培養對藝術作品的欣賞能力。

第二部分是藝術創作：書中提供了多樣的活動，幫助小朋友運用他們對圖案、色彩及其他視覺特色所日漸累積的知識，來創作自己的作品。藉由這些活動，小朋友學習到如何將內在想法轉換成外在的表現形式，以達到情感上的滿足──包括具象的表達能力、藝術技巧、想像力及探究和嘗試的意願。通常在順序的安排上，會先以二到三種「乾而整潔」、運用少許液體的活動為開始。接著而來的練習可能就會被稱為「溼而髒亂」了。不論如何，這樣的順序可以讓你和學生們較容易適應，兼顧師生的需求。

除了參與這些結構性的練習，小朋友們還需要有機會以他們自己的方法和步調，做各種材料的實驗及嘗試。這種自由探索的方式給予小朋友們自我表達的機會、感受不同藝術材質所創造出來的不同效果，以及有機會在輕鬆的環境下練習操作各種藝術用具的經驗與技巧。

在美勞區準備相關材料之前，先向小朋友們解釋或示範一些基本技巧，例如如何用海棉或紗布抹掉畫筆上多餘的水分、如何混合顏料、如何清洗畫筆才不會影響下一個要調的新顏色，以及如何將兩塊黏土以沾濕和刮削表面的方式將之黏合在一起……孩子們熟悉了這些技巧之後，就能更成功及更富創造性地把想法表現出來。

你可以儘量提供各式各樣的材料來擴展孩子們的感官經驗。幫助孩子

們發現蛋彩畫和水彩畫的不同、體驗在平坦的表面上作畫和在畫架上作畫的不同、感受以畫筆和手指作畫的不同觸覺。用手指作畫是一種很棒的經驗——它不但鼓勵孩子們運用手腕部位的大小肌肉來探索線條和形狀，還可以幫助他們放鬆情緒上的緊張和壓力。

你還可以教小朋友們如何以新的方法使用熟悉的材料，像是用膠水來作畫：將膠水瓶當作鉛筆般握住、作畫，然後將沙、鹽、亮片、金粉或粉筆灰灑在膠水畫上。鼓勵他們以不同的方法使用粉筆；將粉筆在沙上磨擦，可以使沙呈現出不同的顏色。將粉筆的一端浸在糖和水或牛奶的混合液中，可產生如顏料般的效果；或者只要將粉筆橫放，用較長的一邊，就可以畫出一小片色彩來了。

確定你所提供的材料是否可以讓小朋友們創造立體及平面的作品。堆積木是很好的開始，小朋友們必須思考如何構圖並兼顧平衡。鼓勵他們繞著自己的作品走一圈，從不同的角度觀看這些作品。你也可以集合一群小朋友圍繞著作品觀賞，鼓勵他們發表對該作品的不同觀點。接著，引導孩子嘗試創作雕塑，運用堆積或黏的方式把各種盒子、箱子、管子、籃子、吸管和其他可回收的東西組合在一起。或者他們可以將瓶蓋、迴紋針和其他物品壓入一個黏土球或一塊保麗龍中。鼓勵孩子們從真實世界裡挖掘靈感，並運用想像力來創作。

我們建議將孩子一年來的藝術作品收集起來，定期回顧。讓老師和小朋友都可以觀察孩子們在藝術方面的發展，察覺孩子是否對某一主題或材料有強烈的喜好。如果你也想採用這種方式，可以在一開始的時候教小朋友製作並裝飾他們的藝術檔案，以保存他們的作品。

大多數的孩子在能拿蠟筆的時候就開始畫畫塗鴉，所以當他們進入學校時，已經對藝術有一定程度的經驗和意見。欲引領孩子探究藝術領域的其中一個方法，就是和他們討論這些經驗。舉例來說，你可以要求孩子談談他們以前所做過的作品種類、偏好的藝術材料、表現方法或工具，以及對藝術的任何想法。問他們是否參觀過美術館？對美術館有何看法？對美術館印象最深刻的是什麼？

　　如果情況許可，可以邀請學校的藝術專任教師或地方上的藝術工作者到課堂上與孩子們分享經驗，展示他們未完成的或即興塗鴉的作品。告訴小朋友他們如何在藝術的領域裡開始創作？接受過哪些訓練？如何形成個人的風格和興趣？或許也可以分享他們兒童時期的作品。個人的故事將有助小朋友對藝術創作的了解：其過程和結果一樣重要，它是有趣的，卻也需要努力付出。

　　你也可以向小朋友展示一些藝術創作所需的材料，例如不同的畫筆、各式各樣不同質感和顏色的畫紙，以及可供循環利用的回收物品。問問小朋友如何運用回收的物品？寫下他們的想法，告訴他們等一下就有機會將他們的想法付諸實現。

　　接下來，向小朋友介紹藝術檔案。說明它可以用來蒐集作品，便於將他們過去、現在甚至未來的作品作一比較。他們將會對自己的表現感到驚訝。告訴小朋友如果他們願意的話，可以將檔案帶回家與爸爸媽媽分享，或在學期末時辦一個成果展。

▢■ 關鍵能力説明

視覺藝術：領會覺察

- 覺察到環境和藝術作品中的視覺要素（如色彩、線條、形狀、圖案和其他細節）
- 對不同藝術風格的敏銳度（如：能分辨寫實主義、印象派主義、抽象藝術等）

視覺藝術：創作

具象表達

- 能夠以平面或立體的方式正確地表達視覺世界
- 能夠為一般物體創造出可辨認的符號（如人類、植物、房子、動物），並調和部分與整體的關係

•注意物體的比例及細節特徵，審慎地選擇色彩

藝術技巧

•能運用各種藝術要素（如線條、色彩、形狀）來傳達情感，產生某種效果以美化圖畫或立體作品

•經由實際的具象表達（如微笑的太陽、哭泣的臉）和抽象的特徵（如以黑色系或頹喪消沈的線條表達傷心難過），呈現有活力的或悲傷的畫作或雕塑

•對裝飾和美化顯示出興趣

•創作具有平衡感、韻律感、色彩豐富，或兼具以上特色的畫作

探索

•有彈性、有獨創性地運用藝術材料（如以顏料、粉筆、黏土做實驗）

•運用線條和形狀製造平面或立體作品的多變型式（如開放的和封閉的、爆發性的和抑制性的）

•能創作各類主題（如人類、動物、建築物、風景）

藝術領會與覺察　　　　　　　　學生導向的小團體活動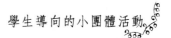

尋找形狀

活動目標：辨認藝術作品中所使用的特定形狀

核心構成要素：藝術領會覺察

　　　　　　意識到形狀是設計的元素

教學資源：黑色、灰色或白色的卡紙

　　　　　藝術複製品（書籍、明信片或海報）

活動程序

1. 分發黑色、灰色或白色的卡紙給小朋友，鼓勵他們將其剪成各式形狀，如圓形、橢圓形、長方形、三角形和半圓形。

2. 請小朋友展示並說出剪好的各式形狀名稱，讓他們在教室裡尋找與這些幾何形狀相同的物品。或者請他們閉上眼睛，想一想教室裡有哪些東西是這些形狀？

3. 分給小朋友們二～三種形狀，並請他們在複製的圖畫、雕塑、或其他作品中尋找相同的形狀。

4. 鼓勵小朋友們在畫作中尋找圖案，觀察藝術家們如何使用和創造幾何形狀。請孩子們回答下列問題：在藝術家的作品裡看到哪些形狀？是否將一些東西或物件集合在一起而形成某種形狀（例如是否集中人、樹或其他物件來形成一個三角形）？藝術家如何運用相同的形狀來形成不同的物品？

5. 提供蛋彩畫材料，讓小朋友盡情探索形狀的運用。

延伸活動

1. 請孩子用自己的身體做成不同形狀。例如用手指、嘴巴、手臂和整

個身體做成一個圓。讓孩子各自尋找一位伙伴，兩人合作做成一個圓，或要整個班級一起做成大小不同的圓圈。想一想如何將圓圈變成一個三角形或四方形。

2. 分給每位小朋友一個餐巾紙或衛生紙圓筒、透明有顏色的紙和一條橡皮筋。將圓筒的一端用紙封起來，以橡皮筋綁好，做成一個遊戲用的望遠鏡。孩子們可以用他們的「望遠鏡」在教室裡四處看看，然後發表所看到物品的形狀和顏色。

藝術領會與覺察　　　　　　　　教師導向的小團體活動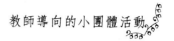

拓印

活動目標：藉由感官和蠟筆拓印認識物品的質地紋理
核心構成要素：藝術領會覺察
　　　　　　　對質地紋理的敏銳度
教學資源：撕去包裝紙的各色大蠟筆
　　　　　白報紙、薄素描紙或打字紙
　　　　　硬紙板
　　　　　膠帶
　　　　　裝在袋子裡不同質地的物品，如：
　　　　　　　鐵絲圈、磨砂紙、魔鬼氈、樹葉、塑膠泡包裝紙

活動程序

1. 將各種質地紋理的物品樣本貼在海報上，註明樣本名稱。展示這張海報，請每位小朋友挑選一種樣本，並說出其名稱。

2. 讓小朋友閉上眼睛，將手伸進袋子裡，以觸覺找出剛剛在海報上所挑選的物品。然後將該物品放到桌上，察看其外觀。

3. 向小朋友示範如何做拓印：將一張紙放在具有質地紋理的物品上，然後用蠟筆長的一邊（去掉包裝紙）在紙上來回磨擦幾次。如果他們用力平均，並儘量多磨擦幾次可以製造很好的效果。若將欲拓印的物品先用膠帶固定於桌上會較便於工作。

4. 讓孩子比較拓印成品和真實的物品。蒐集每位小朋友的拓印作品，並要他們將這些作品與實物配對。

延伸活動

1. 讓孩子剪下自己的拓印作品，黏在紙上做成個人或小組拼貼。最好做一本活頁簿（將打字紙或影印紙裁成一半，數張疊在一起，再將這一疊紙折成一半，裝訂妥當），把拓印作品黏貼在書頁上。

2. 鼓勵小朋友從家裡帶一些有質地紋理的物品到課堂上來，製作班級質感物品袋和海報樣本。記得常常加入新的物品，以便重複進行這個遊戲。

3. 請小朋友在戶外散步或玩耍時順便蒐集一些有質地紋理的物品回來，將其分類裝袋並製作海報樣本，例如可設定主題為「自然質地的物品」或「人工質地的物品」。

4. 和孩子一起欣賞不同的素描和圖畫，討論畫中對質地紋理的運用。你可以用下列問題引導孩子：

• 在這些圖畫裡你可以找到哪些不同的質地紋理？

• 藝術家如何以線條表達這些質地紋理？

• 你可以用鉛筆和紙呈現流暢的、崎嶇不平的、潦草的、鋸齒狀的、波浪起伏的、尖銳的線條嗎？

藝術領會與覺察　　　　　　　教師導向的小／大團體活動

感官學習

活動目標：藉由感官增加對物體的了解，
　　　　　並將其概念化
核心構成要素：能覺察物品的不同特徵
教學資源：可供看、聽、摸、聞、嚐的物品

活動程序

1. 展示你所準備的物品，請孩子進行分類，並要求他們說明分類的依據。

2. 認可小朋友分類的方法，提醒他們還可以利用感官看、聽、摸、聞、嚐作分類。

3. 請小朋友想一想如何利用直覺感官更加認識一件物品。向小朋友說明當我們對正在畫或雕塑的物品了解得愈多，就可以創作出更好的作品。舉例來說，如果我們可以摸到、感覺到、聞到、嚐到蘋果的話，就可以將蘋果畫得更生動。如果可能，讓小朋友欣賞可以證明這個觀點的作品（如 Henri Matisse、John James Audubon、Georgia O'Keeffe 的作品）。

4. 在沒有蘋果當靜物的情況下，要小朋友畫一顆蘋果。接著，讓小朋友摸、聞、品嚐蘋果之後，要求他們再畫一次。鼓勵小朋友談一談畫第二幅蘋果時，是否與畫第一幅時所看到的及所感覺到的有不同之處？

延伸活動

這種所謂「前後對照」的學習經驗可以應用在許多方面。小朋友可以

先畫，然後經由直覺感官去感受物品之後再畫一次。例如他們可嚐嚐紅辣椒，發現它有多辣；或者就突然意會到如何以適當的方式表現該物體。

藝術領會與覺察　　　　　教師／學生導向的小／大團體活動

黑白照片展覽

活動目標：增進對黑與白表達方式的敏銳度

核心構成要素：對藝術風格的敏銳度

　　　　　　　對黑白照片的形狀、光影、線條等特色的敏感度

教學資源：雜誌（最好是有黑白照片的攝影或藝術雜誌）

　　　　　剪刀

　　　　　黑色硬紙板或大張黑色紙

　　　　　白紙

　　　　　黑筆

　　　　　膠水

活動程序

1. 請小朋友翻閱雜誌，並把喜歡的黑白照片剪下來。提醒他們只找黑白照片。

2. 與小朋友一起欣賞照片，並解釋在攝影技術剛被發明時，所有的照片都是黑白的，那時候並沒有彩色照片。目前我們欣賞黑白照片有幾個理由：我們的視線較能集中在照片的形狀和影子，也較能清楚地看到照片中人物的表情。此外，黑白照片能留給觀賞者更多的想像空間。

3. 讓小朋友對彩色和黑白照片發表正反兩面的意見。

4. 將孩子分成小組，籌辦一個黑白照片展。首先讓每組挑選四～五張互有關聯的照片，將它們排列成一個故事，貼在大張黑色紙上。請小朋友回答下列問題：如果照片裡有人物，他們是誰？他們如何認識彼此？正在發生什麼事？將要發生什麼事？這些照片帶給你什麼

感覺？

5. 鼓勵小朋友用白紙和黑筆為每張照片寫下一個短短的標題或故事，解釋每張照片的關聯性。將照片和標題貼到黑色的背景上，然後將這些海報張貼在牆上，開一個小小的照片展。

延伸活動

1. 在本活動中可以用真的照片代替雜誌上的照片。大部分的舊貨店和古董店裡都會有舊的黑白照片，家長們也可以提供一些他們自己或祖先的照片。

2. 如果你或家長願意出借相機的話，可以教小朋友拍照。小朋友們可以用黑白底片拍教室裡的東西，然後再用彩色底片拍一次。請小朋友觀察黑白照片，根據照片上的色調猜猜看不同物品的顏色，例如一個深的顏色應該會呈現黑色。然後要求小朋友比較同一件物品的黑白和彩色照片，跟真實的物品比較起來又有何不同呢？

藝術領會與覺察　　　　　　　　教師導向的小／大團體活動

大自然特寫

活動目標：體驗從近距離和從遠處觀看物品的不同感受

核心構成要素：藝術領會覺察

　　　　　　　對細節的注意力

　　　　　　　對不同藝術風格的敏銳度

教學資源：Georgia O'Keeffe 的複製畫

　　　　　　天然素材（花朵、葉子等等）

　　　　　　放大鏡

　　　　　　橡木小畫框

　　　　　　顏料和畫筆、麥克筆和彩色鉛筆

活動程序

1. 向小朋友展示一張 O'Keeffe 的複製畫（最好是一張放大的花朵）。看看孩子是否能描述這幅畫。

2. 討論 O'Keeffe 畫作的風格。要求小朋友想一想，在畫作中將物品或物品的某部分放大的目的是什麼？

3. 將班上的小朋友分組，並給每一組一片葉子、一朵花、或其他天然的東西（若材料充分的話，給每人一份）。請小朋友將這些天然物品整個畫下來。

4. 請小朋友只畫天然物品的某一部分，比如花瓣。建議孩子們以橡木做的「窗戶」來選取要畫的部分（「窗戶」是指將一小塊橡木的中間部分挖成適當大小，成為像畫框一樣的東西）。

5. 讓小朋友以放大鏡觀看他們手上的天然物品，要他們仔細觀察剛剛所畫的部分，然後根據透過放大鏡所看到的再畫一幅。

6.鼓勵小朋友再將物品的全貌畫一遍，並比較這四幅畫作。和小朋友
討論兩張整體畫有何不同？兩張局部放大的畫作有何不同？

給老師的話

　　和下面兩個活動一樣，本活動引導小朋友體驗藝術家們如何以不同的
方法觀看和解析這個視覺世界；了解藝術作品如何帶領我們以新的角度來
欣賞每天環繞在我們週遭的事物。這裡採用的是 Georgia O'Keeffe 的複製
畫，但是我們希望你選擇自己喜歡和覺得講解起來較得心應手的藝術家作
品。

藝術領會與覺察　　　　　　　　教師導向的小團體活動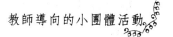

分類藝術卡

活動目標：增進對不同藝術風格的認識

核心構成要素：對各種不同藝術風格的敏銳度

　　　　　　　辨認特定藝術作品或藝術家的能力

教學資源：代表不同畫家、不同風格的畫作明信片

教學程序

1. 讓小朋友根據自訂的標準，將明信片以一種以上的方法分類。

2. 和小朋友討論他們分類的依據：像是根據明信片的主題、形狀、色彩、感受、作者或風格來分。如果小朋友需要提示，不妨向他們做以上建議。

3. 請小朋友指出他們最喜歡的畫作，並說明原因。與大家分享不同藝術家的背景資料，包括他們最常採用的主題，他們最著名的作品和他們所營造的風格。

延伸活動

　　播放各種類型的音樂給小朋友聽，然後要他們挑出一～二張最能與音樂相配的畫作。討論小朋友們所選擇的那些畫作有何異同？

給老師的話

1. 向小朋友展示畫作時，可以幻燈片取代明信片，因為幻燈片較清晰也較大。

2. 明信片可以收藏在盒子裡，或其他容易拿取的地方，供小朋友自由取用。

3. 明信片和海報大小的複製品通常可以在美術社、藝術專賣店或美術館裡買得到。不同文化的月曆、書籤等，也是一種藝術資源。其他參考資料來源包括由 Aline Wolf 所寫的《*Mommy, It's a Renoir!*》。藝術鑑賞的課程及各類成套的藝術明信片都可經由出版商購得。

藝術領會與覺察　　　　　　　　　教師導向的大團體活動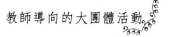

風格與技巧

活動目標：探索與嘗試不同的藝術技巧

核心構成要素：藝術領會覺察

　　　　　　　對不同藝術風格的敏銳度

教學資源：Seurat，Mondrian，Homer 或其他藝術家的複製作品（參
　　　　　考前面「分類藝術卡」）

活動程序

1. 展示 Seurat，Mondrian，Homer 或其他藝術家的複製作品給小朋友
   看，問他們是否注意到每位畫家的畫法有何不同？討論這些不同
   點。

2. 討論藝術家們以不同方法作畫的原因。說明在藝術的領域裡，沒有
   所謂正確的作畫方式或表達方式，每一位藝術家都以自己獨特的眼
   光和角度來看這個世界，並與觀賞者分享。有些藝術家可能對色彩
   特別感興趣，有些可能對看物體的不同角度感興趣，其他的可能擅
   長表達情感和思想。

3. 和小朋友討論這些圖畫裡不同的技巧和風格。例如你可經由 Seurat
   的作品介紹點描畫法（《Sunday Afternoon on the Island of La Grand
   Jatte》是一個很好的例子）。由 Mondrian 介紹立體主義（《Com-
   position in Red, Yellow, and Blue》）。以 Homer 的《Boys in a
   Pasture》為例，介紹美國寫實主義（參考給老師的話）。

4. 讓小朋友欣賞幾位畫家的作品，然後依其所呈現的風格指出每張畫
   的作者。

5. 讓小朋友回顧自己的藝術檔案，試著從這些作品中找出自己的風格

（例如偏好的主題、喜歡的顏色和細部的處理方式）。

給老師的話

本活動中以 Seurat，Mondrian 和 Homer 為例，分別代表不同的藝術風格。請隨意以其他風格、年代或藝術家作範例。學校的藝術專任教師也可以在課堂上為小朋友示範不同的作畫風格和技巧，例如以不同顏色的點形成一張臉（點描畫法），讓小朋友親自實驗各種作畫技巧。

以下是相關用語說明：

點描畫法

一種繪畫技巧，以許多小點的方式將顏料點在畫面上，從遠處看時會呈現整體的效果。

立體主義

一種二十世紀早期的繪畫和雕塑技巧，強調以幾何的形式表達主題，較不注重細部的描繪。

美國寫實主義

一種講究精確的繪畫技巧。

藝術創作／具象表達　　　　　　　　學生導向的小團體活動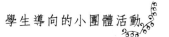

有靜物與無靜物時的素描

活動目標：比較有靜物與無靜物時的素描

核心構成要素：表達能力

　　　　　　　對細節的注意力

教學資源：一個大紙箱，裡面放置許多貼有標籤的小盒子，每個小盒
　　　　　子內裝一種立體的物品（例如葉子、迴紋針、鉛筆
　　　　　等）

活動程序

1. 從紙箱裡挑選一個盒子，說出標籤上的物品名稱，但是先不要打開
　盒子。

2. 要求小朋友憑記憶力或想像力畫出這樣物品。

3. 請小朋友在畫上寫自己的名字、物品的名稱和從印象中想到的文
　字，並蒐集這些作品。

4. 打開盒子，將裡面的物品拿出來放在桌上。鼓勵小朋友花一點時間
　仔細觀察這項物品。誘導孩子說出對這項物品形狀、顏色和質地的
　看法。

5. 現在要小朋友將同樣的物品再畫一次。將該物品放在小朋友面前，
　方便他們一面畫畫，一面仔細觀看。鼓勵孩子儘可能掌握該物品的
　顏色、線條、質感和形狀。

6. 請小朋友寫下該物品名稱，觀察心得，並簽名。

7. 將第一份素描發還給小朋友，並與第二份作品作比較。請他們思考
　下列問題：

● 當你畫一樣不在眼前的物品時，你是根據什麼來作畫的？

●當你仔細觀察該物品後，所畫的素描是否較有改善？

●爲什麼會這樣呢？

●當我們花時間仔細地觀察一件物品之後，是否會畫得比較好，較能
　注意更多的細節？

給老師的話

儘可能挑選小朋友熟悉而且不會太難畫的題材。鼓勵小朋友個別或小
組畫其他物品。建議他們先憑對該物品的印象畫一遍，然後看著該物品再
畫一次，最後比較這兩份作品的不同之處。

藝術創作／具象表達　　　　　學生導向的小／大團體活動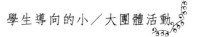

觀察與素描

活動目標：專注地看著特定物體進行素描

核心構成要素：具象表達的能力

　　　　　　　構圖

　　　　　　　對細節的注意力

教學資源：圖畫紙

　　　　　麥克筆或鉛筆

　　　　　遮眼盒

活動程序

1. 請孩子回想上一個活動，強調對所畫物體的線條和形狀仔細觀察是很重要的。

2. 告訴小朋友如果他們將視線和注意力放在要畫的物品，而非圖畫紙上，就愈可以將該物品表現得更好。問小朋友是否同意這個說法？為什麼？

3. 讓小朋友做個練習（這項技巧需要多練習）。拿起畫有圓形、四方形或三角形的素描給小朋友看，要求他們看著範例作畫，但不要看著圖畫紙和手。

4. 請小朋友在教室裡尋找任何中小型的物品作為素描對象。將其擺放在小朋友面前，或讓小朋友圍著該物品而坐。

5. 作畫前請小朋友仔細觀察素描對象，注意其線條和形狀。作畫時將視線放在該物品上不要移開。

6. 建議小朋友試著在圖畫紙上畫下第一筆之後就不要將筆離開畫紙，直到畫完為止。有些小朋友可能希望利用「遮眼盒」幫助他們不去

看到自己作畫的進展；然而，如果他們發現這樣反而壓力更大，就
不需要用這個工具。「遮眼盒」是一個約十二平方英吋的中空盒
子，可以放在小朋友的圖畫上自由移動，同時防止小朋友看到自己
的手或正在進行的圖畫。

7. 引導小朋友整理這個活動經驗。討論爲什麼「注意物品的細節」對
具象素描是重要的？爲什麼不看著圖畫紙作畫可以幫助人們注意更
多的細節？這麼做是否可以幫助藝術家畫得更像？爲什麼？

給老師的話

你可以在一開始的時候向小朋友說明：畫一件物品而不看著手是有點
困難的，但如果多多練習就會覺得愈來愈容易了。這個訊息應該在活動前
就讓孩子了解，他們才不會一覺得害怕、有壓力就放棄。

藝術創作／具象表達　　　　　　教師導向的小／大團體活動

從不同角度作畫

活動目標：注意到從不同角度看同一件物體都呈現不同的樣貌

核心構成要素：具象表達的能力

　　　　　　對不同透視的認知

教學資源：圖畫紙

　　　　　蠟筆

　　　　　一個每面都有不同顏色的箱子

活動程序

1. 將桌椅繞著箱子圍成一圈，讓每位小朋友可以從不同角度看到箱子。

2. 請小朋友用蠟筆畫箱子，但只用從他們的角度看得到的顏色作畫。

3. 將小朋友的作品貼出來展示並比較。問孩子下列問題：

- 從你的位置可以看到什麼顏色？

- 為什麼你畫的箱子顏色、樣子和其他小朋友畫的不一樣？

- 當你看到其中某張畫時，知不知道畫那幅畫的小朋友坐在哪裡？

延伸活動

1. 你可以為某項物品拍攝一系列不同角度的照片作為本活動的導入練習。讓小朋友看這些照片，討論不同角度的輪廓、形狀和顏色。

2. 如果要讓這個活動更具挑戰性，可要求小朋友從不同角度畫一件教室裡的物品。

藝術創作／具象表達　　　　　　　教師導向的小／大團體活動

教室模型

活動目標：建造一個縮小比例的教室模型

核心構成要素：立體具象的表達能力

　　　　　　　空間關係的認知

教學資源：數個小盒子

　　　　　　硬紙板

　　　　　　碎布

　　　　　　小木塊

　　　　　　膠水

　　　　　　資源回收的物品

　　　　　　麥克筆或蠟筆

　　　　　　剪刀

　　　　　　膠帶

　　　　　　耐用的紙箱

活動程序

1. 請一組志願的小幫手畫一張教室的地圖。指導小朋友辨認教室的基本特徵（門、窗戶、書桌、黑板、老師的桌子等等）。當這張地圖完成之後，請這組小朋友向班上同學說明他們的作品。

2. 裁掉硬紙板箱子的上半部製作教室模型。將班上小朋友分成數個小組，讓每組負責製作模型的各個部分。舉例來說，其中一組可以裝飾箱子（如做門、窗、黑板），另一組做桌椅的擺設，另一組將老師和小朋友的照片剪下來，分別貼到木板上。

3. 引導孩子討論關於縮小模型的製作。說明雖然模型比原物縮小許

多，但是每個物體間的相對比例還是維持不變的。舉例來說，椅子仍然比桌子小，門仍然比窗戶高。如果小朋友都懂了，可以說明比例與教室裡真實物品的相關性，如：矮櫃六呎高而拼圖盒一呎高，那麼這六比一的關係在製作模型時就可以做成一個盒子比另一個高六倍。

4. 鼓勵每一組花一點時間計畫如何製作這個模型並廣集意見。請小朋友留意哪些材質最適合教室裡不同物品的特徵。督導每一小組是否有適當的比例，並適時提供建議。

5. 讓每一小組推派一位代表，將做好的成品放進模型裡。

延伸活動

1. 讓每一小組製作一個教室模型。

2. 讓每位小朋友製作一個縮小比例的自己的書桌和教室裡的某項物品。

3. 分發給每位小朋友一張貼紙（或一小片色紙），裝飾貼紙以便容易辨認，然後藏在教室的某處；接著，給每位孩子一張教室的輪廓圖，要他們將這張輪廓變成地圖，讓小朋友在地圖上從他們的書桌畫一條可以找到貼紙的路線；最後，請另一位小朋友利用這張地圖找貼紙。這項活動可用來作課程的導入活動或是作為製作教室模型的補充。

藝術創作／技巧　　　　　　　　　教師導向的小／大團體活動

建立藝術檔案

活動目標：製作與裝飾蒐集原始創作的專輯檔案

核心構成要素：重視裝飾與美化

　　　　　　　想像力的運用

　　　　　　　能發表想法

教學資源：大張的軟木板

　　　　　　膠帶

　　　　　　剪刀

　　　　　　麥克筆和蠟筆

活動程序

1. 和小朋友討論藝術作品專輯。為什麼藝術家保有個人專輯？為什麼小朋友們可能會想要保留自己的作品？邀請孩子製作並裝飾個人的藝術檔案，以保留他們所有的圖畫和素描。如果他們願意，可以在期末的班級展覽會中展示這些作品。

2. 協助小朋友們將兩大片軟木板合在一起，用膠帶黏住三個邊，長的一邊（上面）不要黏，做成一個大信封。

3. 小朋友們可以在專輯首頁寫上自己的名字，必要時幫他們寫。然後用麥克筆和蠟筆以他們喜歡的方式裝飾作品輯。如果他們需要意見，可以建議畫自畫像、家人、房子或他們喜歡的真實或想像中的動物。

4. 常常請小朋友回顧檔案裡所蒐集的作品，想一想：

• 那些是他們最喜歡和最不喜歡的主題？為什麼？

• 在他們的作品中挑兩件最不一樣的，哪裡不一樣？能不能找出任何相似點？

• 他們的作品是否隨時間而改變？

• 他們對自己這個藝術家的身分有何看法？

藝術創作／技巧   教師導向的大團體活動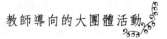

調色遊戲

活動目標：調色實驗

核心構成要素：對色彩的敏銳度

教學資源：投影機

　　　　　平的透明玻璃板或投影片

　　　　　滴管

　　　　　各色染料

活動程序

1. 讓小朋友在手指畫的活動時做調色實驗。和他們討論如何以「三原色」——紅、藍、黃調出身邊美麗的色彩。請孩子試試看利用三原色中的兩種顏色調出橙色、綠色和紫色等新的色彩。鼓勵小朋友發表如何調出這些顏色，並將他們的調色方法和調出的新顏色列舉出來。

2. 你也可以利用投影機向小朋友介紹調色法。放置一塊平坦透明的玻璃板或投影片在投影機上，使用滴管混合板上的染料。先滴一滴紅色染料，然後再加入黃色。每次加一滴水使顏色充分溶解，以產生新的顏色，或輕晃玻璃板也可以。

3. 讓小朋友們輪流用滴管添加顏色。你可以利用空檔拿白色紙巾沾吸玻璃板上的染料，然後把它當成是藝術印染作品一樣的展示。

4. 小朋友可以製作圖表用來記錄混合特定顏色時所形成的新顏色。將這個圖表與步驟 1 手指畫所列出的調色法作比較，重複進行調色實驗並和圖表上的記錄核對。

延伸活動

1. 協助小朋友製作一份蛋彩顏料的色彩圖表。給每位小朋友一個小空杯、兩個各裝有一種原色顏料的小杯、一枝畫筆、一張紙和一枝鉛筆，要求小朋友在紙的最左和最右邊塗上這兩種顏色，然後寫上顏色的名稱；再請小朋友將相等分量的兩種顏色倒入空杯混合。每個小朋友各調出什麼顏色？讓他們把結果在圖表上展示給全班看。

接下來，要求小朋友混合這兩種原色調出第三種顏色，但其中一種顏色的分量必須是另一種顏色的兩倍。例如他們可以加入二湯匙的紅色和一湯匙的黃色來調出第三種顏色——紅橙色；或加入二湯匙的藍色和一湯匙的黃色而調出藍綠色。小朋友可以在圖表上的每一個顏色樣本下畫上適當比例的湯匙或量杯數量。

2. 放置一個裝滿溫水的透明塑膠桶在窗戶邊或檯燈下。小朋友可以個別或小組使用滴管將食用色素滴到水裡，觀看顏料靜靜地滴到水裡慢慢地暈開溶解。這個活動易於準備和收拾，並方便下一個小朋友或小組使用。

撕紙拼貼

活動目標：探討如何運用顏色表達感覺

核心構成要素：構圖

　　　　　　　顏色的運用

　　　　　　　表達能力

教學資源：各類顏色的薄棉紙

　　　　　8 又 1/2"×11"的紙

　　　　　膠水（與水混合）

　　　　　剪刀

　　　　　畫筆

活動程序

1. 引導小朋友討論關於感覺和感情以及與它們有關的特定色彩。你可以提到在我們的社會裡藍色有時候代表憂鬱、傷心，傳統上人們穿黑色衣服參加喪禮，而亮麗的顏色通常應用在生日等歡慶的場合。

2. 將小朋友分成小組，發給每組一盒有色薄棉紙。請小朋友挑選最能表達今天心情的棉紙顏色。

3. 請小朋友將薄棉紙剪或撕成不同的大小和形狀。建議他們先在桌面上練習拼貼構圖。

4. 告訴小朋友如果他們對所安排的拼貼感到滿意，就可以用與水混合的膠水沾濕底紙，然後將一塊塊的薄棉紙貼上去。如果需要的話，可以在薄棉紙上刷膠水使其易於黏貼。

5. 要小朋友注意當薄棉紙弄濕的時候有何變化？

- 當薄棉紙濕的時候是否變得更透明？你如何辨別？

- 當你重疊黃色和藍色的薄棉紙時，有何發現？會不會變成一種新顏色？試試看重疊紅色和藍色？黃色和紅色？
- 你可以用這些新顏色來表達你的感覺嗎？

6. 當小朋友完成他們的作品後，將這些拼貼作品展示在教室的牆壁上，並提出問題，如：

- 這張拼貼表現出什麼樣的感情？你可以從作者的拼貼圖裡看出他當時的感覺嗎？
- 在這張拼貼圖中，哪些顏色是由其他色彩創造出來的？
- 畫中的線條是否使它看起來忙亂、平和、緊張、髒亂，還是井然有序？

延伸活動

本活動可加以修改，應用在多元文化教育，說明不同的文化對顏色有不同的聯想和解析。如果班上有來自不同文化背景的小朋友，可以請他們問父母親通常習慣用哪些顏色代表喜悅、傷心、恐懼、死亡等等；或者你也可以要所有小朋友回家作個調查，然後比較和統計結果。保留薄棉紙碎片，你可以添加幾滴水來染色。

藝術創作／技巧　　　　　　　　　　　教師導向的小團體活動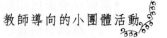

大家來印問候卡

活動目標：設計和印製問候卡來認識實用的藝術設計

核心構成要素：裝飾和設計概念

　　　　　　　構圖

　　　　　　　色彩探討

教學資源：卡紙

　　　　　4"滾筒

　　　　　標準信封

　　　　　蠟紙

　　　　　蛋彩顏料

　　　　　奶油刀當作雕刻刀

　　　　　可用來畫印刷設計草圖的紙

　　　　　問候卡大小的印製版模（視需要而定）

活動程序

1. 與小朋友討論特殊節日寄問候卡的傳統。你可以提出下列問題：什麼時候人們會互相寄卡片？你曾經因為某個特殊的理由寄卡片給某人嗎？告訴小朋友他們將製作一個「版模」：一個像橡皮圖章一樣，可重複使用的圖像。強調小朋友將設計自己專屬的版模來印製卡片，以提醒他們小心地製作，讓他們獨一無二的設計可重複使用。

2. 為小朋友示範下列步驟：首先發給小朋友能放進標準信封大小的紙張，然後讓他們看如何在紙上畫問候卡的設計圖。為他們解釋，通常簡單的圖案比複雜的圖案印出來的效果清晰。讓小朋友練習直到

對自己的作品感到滿意。

3. 協助小朋友將蠟紙貼到他們的設計圖上。利用奶油刀描繪設計圖，然後除掉圖形上的蠟，讓顏料可以滲透過去，這張蠟紙就可以當作版模了。

4. 向小朋友示範如何製作卡片——修剪卡紙大小到對折一次以後可以放得進信封裡。你也可以準備要用的印製版模及不同顏色的卡紙。

5. 確定每位小朋友都將蠟紙放到卡片上。協助他們拿著滾筒沾顏料，然後均勻地在蠟紙上滾動。除去蠟紙後，卡片上會留有圖案。重複這個步驟就可以印製多張卡片。

給老師的話

1. 如果卡片上的圖案印得不夠清晰，那麼版模上的線條就必須再用刀子刻深一點，如果有必要可以挖空。

2. 這個活動可應用在節慶或季節問候上，亦可利用卡片介紹不同國家的節日。

3. 本活動可分為兩階段進行：第一階段先製作版模及剪裁卡片大小，第二階段開始印製卡片。

藝術創作／探索　　　　　　　　教師／學生導向的小／大團體活動

組合自然景觀

活動目標：藉由細心的布置和設計，探討如何運用天然素材仿製自然
　　　　　實景
核心構成要素：材料的靈活運用
　　　　　　　構圖與設計
教學資源：每位小朋友的午餐袋
　　　　　每人一個附透明蓋子或塑膠膜的淺盒子
　　　　　膠帶
　　　　　卡紙
　　　　　剪刀

活動程序

1. 發給每人一個袋子，帶小朋友到郊外散步。欣賞和討論四季的變化
（葉子的顏色、草皮的高度等），並請小朋友蒐集小型的天然素材
（小樹枝、葉子、石頭、雜草）。散步後，與小朋友討論他們所觀
察與蒐集的物品。

2. 給每個小朋友一個盒子。請小朋友將蒐集到的天然素材布置成某季
節的景象或特別的戶外景點（例如森林或草原）。你可以準備一些
額外的物品（如豆子和穀物）讓小朋友運用。如果他們願意的話，
可用卡紙做太陽、鳥或其他無法蒐集到的東西。

讓小朋友了解天然物品的顏色和形狀會受到風、雨和太陽的影響而產
生變化，所以如果作品中的草微微地倒向同一個方向，就會看起來更自
然，好像被風輕拂一般。那些向著太陽的葉子和花朵也會有較鮮艷的顏
色。請小朋友想一想還可以設計哪些其他的景色？如何運用手上的材料創

造最理想的效果？

   3.小朋友完成自然景觀的作品之後，要求他們用膠帶將蓋子固定好，
      或用塑膠膜將整個盒子封起來，將其拉緊，然後用膠帶在後面固定
      住。鼓勵小朋友為他們的作品命名。

   4.問小朋友如何展示這些作品。

偶的製作

活動目標：嘗試用不同材料創造出各種造型奇特的玩偶

核心構成要素：靈活運用各種材料

　　　　　　　設計概念

教學資源：紙

　　　　　紙袋

　　　　　保麗龍

　　　　　馬鈴薯（可作爲木偶的頭）

　　　　　鈕釦

　　　　　布料

　　　　　廢物利用

　　　　　填充材料（紙巾或保麗龍屑）

　　　　　顏料

　　　　　襪子

　　　　　壓舌器

活動程序

1. 與小朋友們一起動動腦想想製作偶的各種方式。如果小朋友們已經能夠閱讀，鼓勵他們到圖書館尋找靈感。接下來請小朋友們列出一張材料清單。幫助他們找出哪些材料是教室裡現成的，或者是否需要小朋友由家裡帶來。

2. 在討論時提醒小朋友要先想好偶的顏色、材質、服裝特徵及面部表情等細節。鼓勵小朋友運用各種材料創造具特色的戲偶，例如罕見的髮型、服裝以及其他的部分。最好建議小朋友畫設計草圖幫他們

決定戲偶的造型。

3.給小朋友充裕的時間完成偶的製作。

4.戲偶完成後，請小朋友們描述以下兩件事：

●製作的過程和方法。

●偶的名字或角色特性。

5.下次上課時，讓小朋友們製作完全不同的偶，可使用相同或不同的材料。完成後，做步驟4的分享。

給老師的話

我們建議將此活動分爲二～三個階段進行。

藝術創作／探索　　　　　　　　教師導向的小／大團體活動

吸管吹畫

活動目標：探索用新的工具——「吸管吹畫」創造藝術效果

核心構成要素：靈活運用材料

　　　　　　　構圖

　　　　　　　表達能力

教學資源：以水稀釋的蛋彩顏料

　　　　　吸管

　　　　　光面紙

　　　　　清洗吸管用的水盤

活動程序

1. 在光面紙上示範作吹畫，這樣較能突顯圖案的線條。發給每位小朋友光面紙及吸管。向小朋友示範如何用吸管底端沾取顏料，然後將手指輕輕覆蓋著吸管頂端，以氣壓將顏料保留在吸管中。

2. 接著示範如何將顏料吹到紙上。請小朋友們自己動手試試看。示範如何利用透過吸管吹出的氣流強弱來控制顏料的流動，創造形體自由的抽象畫。

3. 告訴小朋友們也可以藉由移動紙張做出不同的效果，例如漩渦等形狀。但是注意不要用吸管接觸紙張當作畫筆，重點在利用氣流引導顏料作畫。別忘了示範如何用移動紙張來改變顏料的流動方向。

4. 清洗吸管或換支新的，小朋友們可以換個顏色吹到紙上，讓這個新顏色與之前的顏色部分重疊，看看會產生什麼變化？

5. 在操作過程中與他們討論這個活動。鼓勵他們提出問題，並對其他小朋友的作品發表意見。這些問題可能包括：

- 你創造了怎樣的線條及形狀？

- 你的作品帶給你什麼感覺？

- 顏料接觸紙張後還會向外流開嗎？怎麼流開的？為什麼？

- 吹畫所形成的形狀讓你聯想到什麼嗎？

- 如果你所創造的畫面不像你所看過的東西，你會用怎樣的字眼來形容它？

- 你能用吹畫製造出你先前所畫過的畫嗎？

給老師的話

特別注意警告小朋友別將顏料吸入。

藝術創作／探索　　　　　　　　　教師導向的小團體活動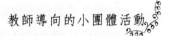

線畫

活動目標：探索用新的工具──「線畫」創造藝術效果

核心構成要素：對藝術要件（線條、形狀、色彩）的敏感度

　　　　　　　構圖

　　　　　　　表達能力

教學資源：馬尼拉紙

　　　　　數條約 14" 長的棉線

　　　　　蛋彩顏料（可加水調和）

　　　　　淺盤

　　　　　牙籤

活動程序

1. 小朋友可按照下面的步驟來作線畫，但最好為他們先做示範。首先小朋友可以一隻手拿著棉線兩端，將之浸入顏料中。如果棉線浮上來，可以用另一隻手拿牙籤將之壓入顏料裡。

2. 請小朋友將棉線拿出來，放到紙中央。

3. 小朋友將紙張蓋過棉線對折，用一隻手輕壓紙張，同時另一隻手將棉線拉出。

4. 請小朋友打開紙看看出現在兩邊的圖案。鼓勵他們試著描述自己所創造出來的作品。

5. 鼓勵小朋友以相同的顏色或其他顏色在同一幅畫上繼續創作。

6. 作品完成後，你可以和孩子討論下列主題：

　•你看到什麼形狀或形式？它們讓你有何感覺？

　•這些形狀和線條讓圖畫看起來忙碌？安靜？平和？活躍？緊張？髒

亂？還是井然有序？

• 你可以將線畫處理得像火山、暴風雨？或表達生氣、快樂等情緒嗎？

• 你還可以用線畫創造什麼呢？

視覺藝術親子活動 1

生活週遭的形狀

活動目標：發現並探討自然及人造物品的形狀
教學資源：紙
　　　　　蠟筆或麥克筆

給父母的話

　　本活動可以加強你的孩子仔細觀察週遭環境的能力，並留意各種圖案和形狀。你的孩子也將練習基本形狀的繪製。

活動程序

1. 安排孩子在住家附近尋找四方形、長方形、三角形、圓形、橢圓形和半圓形等形狀；像是一個鐘面、一扇窗戶或一座山。看孩子可找到多少形狀。
2. 請孩子畫下這些物品並描繪其輪廓。
3. 要求孩子辨認及剪下雜誌照片裡的形狀。

分享

　　將圖畫帶到班上與小朋友分享，並張貼在公布欄上。

視覺藝術親子活動 2

認識物品的質地紋路

活動目標：認識及複製生活週遭物品的質地紋理

教學資源：紙

　　　　　蠟筆

　　　　　不同質地的物品（例如：磚塊、沙、石頭、樹皮）

給父母的話

　　你的孩子會發現每樣東西都有一種「觸感」，而透過藝術作品可以複製這些「觸感」。

活動程序

1. 帶孩子在家中或附近走一走。請他閉上眼睛並觸摸不同的物品——地毯、磁磚、磚頭、草、樹幹——特別注意這些物品摸起來有何不同？

2. 在每件物品上各放一張紙。讓孩子用蠟筆在紙上來回磨擦，直到畫

面上出現圖案。在每一份磨擦出來的圖案上標示所拓印的物品名稱，方便孩子辨識。

3.你的孩子可以將這些磨擦出來的圖案貼在卡紙上製作圖表，或者將所有圖案裝訂成一本活頁書。請孩子說明他是以圖案的質地紋路作分類？還是色彩？尺寸？

分享

孩子可以將圖表或活頁書帶到學校與同學分享，或將圖表或活頁書上的標示拿掉，寫在另外的紙上，然後讓其他小朋友玩連連看的遊戲。

視覺藝術親子活動 3

紋 路 畫

活動目標：協助孩子運用他們對質地紋理的認識去創造抽象或寫實的
　　　　　圖畫
教學資源：紙
　　　　　蠟筆或麥克筆
　　　　　熱膠
　　　　　不同質地的材料（例如：棉花球、線、樹皮、砂紙）

給父母的話

　　注意不同材質的觸感及其質地紋路所產生的圖案，可以幫助孩子應用到他們的作品中。觀察你的小孩對描繪常見事物及創造新造型的能力。

活動程序

1. 讓孩子在家裡或戶外蒐集具有不同質感的物品，像是樹葉、沙、草、海棉或是碎布料。
2. 讓孩子想想如何利用這些素材製作一幅圖畫來表達它們的出處。例如用樹皮和樹葉黏一棵樹，或者用一些小石頭黏一座山。
3. 讓小朋友採用其他物品做出栩栩如生的黏貼畫。可以用棉花球做成雲、用砂紙做海灘、或用撕開的布或紙作特別的設計。

分享

　　這些畫可以掛在教室，展示給孩子的老師、同學或是朋友看；也可以帶一袋所蒐集的物品到學校，讓同學一起試試看。

資料來源及參考書目

　　前面所介紹的活動只是視覺藝術學習領域的序曲而已。為了使你能在這個教學領域進行更深入的探討，在此提供對我們及我們的同事極具參考價值的書單，其用意是希望藉此提供讀者靈感，而非對這些文獻的評論。標明＊者表示本書所引用的資料來源。

Barnes, R. (1989). Current issues in art and design education: From entertainment to qualitative experience. *Journal of Art and Design Education, 8*(3), 247–55.

Cherry, C. (1972). *Creative art for the developing child.* Carthage, DE: Ferron Teacher's Aids.

* Cohen, E. P., & Gainer, S. R. (1984). *Art: Another language for learning.* New York: Schocken.

Engel, B. (1995). *Considering children's art: Why and how to value their works.* Washington, DC: National Association of Education for Young Children.

Gardner, H. (1980). *Artful scribbles: The significance of children's drawings.* New York: Basic Books.

Hart, K. (1988). *I can draw!* Portsmouth, NH: Heinemann.

Hart, K. (1994). *I can paint!* Portsmouth, NH: Heinemann.

* Haskell, L. L. (1979). *Art in the early childhood years.* Columbus, OH: Merrill.

* Herberholz, B. (1974). *Early childhood art.* Dubuque, IA: W. C. Brown.

* Ingram, B. K. (1975). *The workshop approach to classroom interest centers.* West Nyack, NY: Parker.

Kohl, M. (1989). *Mudworks: Creative clay, dough, and modeling experiences.* Bellingham, WA: Bright Ring.

Kohl, M., & Potter, J. (1993). *ScienceArts.* Bellingham, WA: Bright Ring.

Lasky, L. ,& Mukerji-Bergeson, R. (1980). *Art: Basic for young children.* Washington, DC: National Association of Education for Young Children.

* Linderman, E., & Herberholz, B. (1970). *Developing artistic and perceptual awareness: Art practice in the elementary classroom.* (2nd ed.) Dubuque, IA: W. C. Brown.

Rowe, G. (1987). *Guiding young artists: Curriculum ideas for teachers.* South Melbourne, Australia: Oxford University Press (distributed by Heinemann, Portsmouth, NH).

Schirrmacher, R. (1988). *Art and creative development for young children.* Albany: Delmar.

* Stephens, L. S. (1984). *The teacher's guide to open education.* New York: Holt, Reinhart, & Winston.

* Thomas, J. (1990). *Masterpiece of the month.* Huntington Beach, CA: Teacher Created Materials.

Venezia, M. (1993). *Getting to know the world's greatest artists: Georgia O'Keeffe.* Chicago: Children's Press.

Wilson, B., & Wilson, M. (1982). *Teaching children to draw: A guide for teachers and parents.* Englewood, NJ: Prentice Hall.

* Wolf, A. (1984). *Mommy, It's a Renoir!* Available from Parent Child Press, P. O. Box 675, Hollidaysburg, PA 16648 (814-696-5712).

永然法律事務所聲明啟事

　　本法律事務所受心理出版社之委任為常年法律顧問，就其所出版之系列著作物，代表聲明均係受合法權益之保障，他人若未經該出版社之同意，逕以不法行為侵害著作權者，本所當依法追究，俾維護其權益，特此聲明。

多元智慧 2

光譜計畫：幼小階段學習活動

系列主編：Howard Gardner, David Henry Feldman,
　　　　　& Mara Krechevsky
編　　者：Jie-Qi Chen, Emily Isberg, & Mara Krechevsky
總 校 閱：梁雲霞
譯　　者：朱瑛
責任編輯：陳秋華
執行主編：張毓如
總 編 輯：吳道愉
發 行 人：邱維城
出 版 者：心理出版社股份有限公司
社　　址：台北市和平東路二段 163 號 4 樓
總　　機：(02) 27069505
傳　　真：(02) 23254014
郵　　撥：19293172
　E-mail：psychoco@ms15.hinet.net
網　　址：www.psy.com.tw
駐美代表：Lisa Wu
　　　Tel：973 546-5845　　Fax：973 546-7651
法律顧問：李永然
登 記 證：局版北市業字第 1372 號
電腦排版：辰皓電腦排版有限公司
印 刷 者：玖進印刷有限公司
初版一刷：2001 年 10 月
初版二刷：2002 年 05 月

國家圖書館出版品預行編目資料

光譜計畫：幼小階段學習活動/ Jie-Qi Chen, Emily
Isberg, Mara Krechevsky 編；朱瑛譯. — 初版. —
臺北市：心理，2001（民 90）
　面；　　公分. —（多元智慧；2）
譯自：Project spectrum: early learning activities

ISBN 957-702-466-1（平裝）

1.學前教育—教學法　　2.小學教育—教學法

523.2　　　　　　　　　　　　　　90016302

讀者意見回函卡

No._____   填寫日期： 年 月 日

感謝您購買本公司出版品。為提升我們的服務品質，請惠填以下資料寄回本社【或傳真(02)2325-4014】提供我們出書、修訂及辦活動之參考。您將不定期收到本公司最新出版及活動訊息。謝謝您！

姓名：_____   性別：1□男 2□女
職業:1□教師 2□學生 3□上班族 4□家庭主婦 5□自由業 6□其他_____
學歷:1□博士 2□碩士 3□大學 4□專科 5□高中 6□國中 7□國中以下

服務單位：_____ 部門：_____職稱：_____

服務地址：_____ 電話：_____ 傳真：_____

住家地址：_____ 電話：_____ 傳真：_____

電子郵件地址：_____

書名：_____

一、您認為本書的優點：（可複選）

　❶□內容 ❷□文筆 ❸□校對 ❹□編排 ❺□封面 ❻□其他_____

二、您認為本書需再加強的地方：（可複選）

　❶□內容 ❷□文筆 ❸□校對 ❹□編排 ❺□封面 ❻□其他_____

三、您購買本書的消息來源：（請單選）

　❶□本公司 ❷□逛書局⇨_____書局 ❸□老師或親友介紹

　❹□書展⇨____書展 ❺□心理心雜誌 ❻□書評 ❼□其他_____

四、您希望我們舉辦何種活動：（可複選）

　❶□作者演講 ❷□研習會 ❸□研討會 ❹□書展 ❺□其他_____

五、您購買本書的原因：（可複選）

　❶□對主題感興趣 ❷□上課教材⇨課程名稱_____

　❸□舉辦活動 ❹□其他_____   （請翻頁繼續）

廣　告　回　信
台灣北區郵政管理局登記證
北 台 字 第 8133 號
（免貼郵票）

心理出版社 股份有限公司

台北市 106 和平東路二段 163 號 4 樓

TEL:(02)2706-9505
FAX:(02)2325-4014
EMAIL:psychoco@ms15.hinet.net

沿線對折訂好後寄回

六、您希望我們多出版何種類型的書籍

❶□心理❷□輔導❸□教育❹□社工❺□測驗❻□其他

七、如果您是老師，是否有撰寫教科書的計劃：□有□無

書名/課程：＿＿＿＿＿＿＿＿＿＿＿＿＿＿＿＿＿＿＿

八、您教授/修習的課程：

上學期：＿＿＿＿＿＿＿＿＿＿＿＿＿＿＿＿＿＿

下學期：＿＿＿＿＿＿＿＿＿＿＿＿＿＿＿＿＿＿

進修班：＿＿＿＿＿＿＿＿＿＿＿＿＿＿＿＿＿＿

暑　假：＿＿＿＿＿＿＿＿＿＿＿＿＿＿＿＿＿＿

寒　假：＿＿＿＿＿＿＿＿＿＿＿＿＿＿＿＿＿＿

學分班：＿＿＿＿＿＿＿＿＿＿＿＿＿＿＿＿＿＿

九、您的其他意見

＿＿＿＿＿＿＿＿＿＿＿＿＿＿＿＿＿＿＿＿＿＿＿＿＿

謝謝您的指教！　　　　　　　　　　　　　55002